刑事错案制度防范研究

白文静◎著

光明日报出版社

图书在版编目（CIP）数据

刑事错案制度防范研究 / 白文静著 . -- 北京：光
明日报出版社，2024.5
ISBN 978 - 7 - 5194 - 7982 - 4

Ⅰ.①刑… Ⅱ.①白… Ⅲ.①刑事诉讼—冤案—研究
—中国—1979-2020 Ⅳ.①D925.218.4

中国国家版本馆 CIP 数据核字（2024）第 105412 号

刑事错案制度防范研究

XINGSHI CUOAN ZHIDU FANGFAN YANJIU

著　　者：白文静

责任编辑：杨　茹　　　　　　　　责任校对：杨　娜　李佳莹
封面设计：中联华文　　　　　　　责任印制：曹　诤

出版发行：光明日报出版社
地　　址：北京市西城区永安路 106 号，100050
电　　话：010-63169890（咨询），010-63131930（邮购）
传　　真：010-63131930
网　　址：http://book.gmw.cn
E - mail：gmrbcbs@gmw.cn
法律顾问：北京市兰台律师事务所龚柳方律师

印　　刷：三河市华东印刷有限公司
装　　订：三河市华东印刷有限公司
本书如有破损、缺页、装订错误，请与本社联系调换，电话：010-63131930

开　　本：170mm×240mm
字　　数：229 千字　　　　　　印　　张：16
版　　次：2024 年 5 月第 1 版　　印　　次：2024 年 5 月第 1 次印刷
书　　号：ISBN 978 - 7 - 5194 - 7982 - 4
定　　价：95.00 元

序

作为一名老教师，看到自己的学生能够在学业上取得进步，我感到很欣慰。2016年，白文静成为我的学生，2019年，她博士研究生毕业，走上讲台，也成了一名老师。我在校上课期间，曾经与同学们一起探讨过未来的职业规划，我们提出一个自由的假设，如果抛开一切现实规则，大家最想做的职业是什么，同学们畅所欲言，当问到白文静时，她说想当一名法学专业的授课老师，跟导师一样，做一名教书匠。时光荏苒，如今她已经毕业从教，我希望白文静能够不忘初心、继续努力，在传道授业的教师工作中取得成绩。

这本书的初稿是白文静的博士学位论文，在选定题目时，她仔细斟酌，甚至在凌晨还修改过论文的题目，博士学位论文的题目选定不仅需要有专业学术水平的体现，更重要的是还应当具有司法实践价值，对当下法治发展起到现实推动作用。因此，在选定题目的过程中，我们经过研讨最终确定了以我国刑事错案作为研究对象来展开。开题的当天，是一个冬至的节气，我们以饺子作为比喻，形象地将博士学位论文开题比喻成"饺子皮"，看看我们的"饺子皮"能否包得住里面的"饺子馅儿"。

在论文撰写过程中，她出现了资料搜集不足的问题，我建议她可以去基层搜集资料，特别是相关案例，面对面地接触案件当事人，这样才能写出有"温度"的博士学位论文。写刑事错案相关的论文，前期搜集、整理、分析案例资料是关键，同时，在众多案例中筛选出具有典型性的案例，也需要研究人员在非常熟悉所有案例的基础上才能够做到游刃有余。功夫不负有心人！厚厚的案例资料和白文静黑了一圈的眼眶，证明了博士学位论文的写作不仅是完成一部作品，还是一段艰苦的奋斗岁月！记得席慕蓉说过："生命是一条奔流不息的河，我们都是过河的人。"生命之河的左岸是忘记，生命之河的右岸是铭记。我们乘坐着各自独有的船在左岸与右岸间穿梭，才知道要忘记该忘记的，铭记该铭记的。行走在人生路上，我们笑看窗外花开花落，叶枯叶荣，静观天外云卷云舒，风停云起。在人生路上，我们经历着悲喜交集；在生命之河的航行过程中，我们学会了铭记该铭记的点点滴滴。博士学位论文写作的时光，对每一位求学之人，都是一段值得铭记的岁月。

论文写作完成后，又进入了修改阶段，为了避免出现电脑上看不清楚的问题，白文静将论文专门打印成册，我们用最原始的方法，进行仔细的修改，先标记在纸稿上，再看着纸稿修改电子版的论文，在反复修改中，论文终于成形。从学术角度而言，白文静的这篇论文采用了制度分析法进行研究，以时间为纽带梳理我国刑事错案治理的过程，这一工作对我国未来刑事错案的治理具有较大的参考价值。

毕业后，她的博士学位论文能够以著作的形式出版，是她不断积累、坚持研究的最好体现，作为她的老师，我祝愿她能在学术上不忘初心、笃行致远，在未来的学术研究中取得更大的进步！

刘万奇

2024 年于北京

目　录
CONTENTS

插图或附表清单

引　言

　　1978—2018 年是改革开放的四十年，也是我国刑事诉讼法学发展的四十年。四十多年来我国治理刑事错案的实践证明，防范是对错案最好的治理，而制度是其中最有效的防范。本书运用制度分析法，梳理我国 1979—2020 年在刑事错案防范制度变迁中积累的经验与成果，为未来我国刑事错案防范制度的发展，构建制度体系，进一步推动我国刑事错案的治理体系与治理能力的现代化。

　　正文由绪论、四部分章节组成。

　　第一章为刑事错案的基本问题。以与研究相关的现有文献资料为基础，提出学界通认的刑事错案这一基本概念。围绕概念，依据我国刑事诉讼法审判监督程序提起的理由界定刑事错案的范围，通过对其内涵、外延和分类的阐述，以及对刑事错案的标准的梳理与比较，展开基础性研究。这一章旨在厘清刑事错案基本问题，给刑事错案的成因研究划定范畴。

　　第二章为刑事错案成因分析。刑事错案的防范需要有针对性，成因研究必不可少。在这一部分利用比较研究的方法，对美国、英国、加拿大、日本刑事错案的案例及成因与中国刑事错案的成因进行横向比较。总结各国刑事错案成因的共性，并对我国刑事错案的成因进行反思。这一章从刑事错案成因的角度，为刑事错案防范制度的研究提供方向。

　　第三章为刑事错案防范的制度变迁。选取制度分析法为主要研究工具，包括使用制度经济学中具有代表性的道格拉斯·诺斯的制度变迁理论作为认识方法，将历史制度主义的时间理论作为分析方法，对我国 1979—

2020 年的刑事错案防范实践进行梳理，并从中总结出经验与成果。这一章通过制度分析法梳理刑事错案防范制度变迁，为未来刑事错案防范制度的创新提供实践基础。

第四章为刑事错案防范制度变迁的路径。以第一、第二、第三章的研究为基础，将刑事错案防范制度实践与制度分析法相结合，运用制度分析错案，用错案诠释制度。将制度理论与我国四十年错案治理的实践相结合共同进行研究，发现我国刑事错案成因的多元性，归纳我国刑事错案防范制度变迁的基本规律与演进模式，深入剖析刑事错案防范制度变迁的原动力与路径依赖，将制度范式与我国改革开放四十年刑事错案防范的司法实践相融合，立足于现阶段我国基本国情，以世界的眼光，解决中国问题，为未来刑事错案防范制度的变迁提供理论支撑。

"夫以铜为镜，可以正衣冠；以史为镜，可以知兴替；以人为镜，可以明得失。"① 刑事错案可以作为刑事司法的一面镜子，由此反射出世间百态。我们对国外部分国家与我国错案研究进行横向的比较，并通过制度分析法对司法实践进行梳理与总结，反思制度的变迁、探索制度的规律。同时，这些个案与国情、国内与国外理论与实践相结合的经验和教训，对司法改革与依法治国都具有重要意义。

当下，我国正处于全面深化改革的攻坚期，也处于司法改革的深水区。中共中央高瞻远瞩地把握了这一历史必然进程，在这种新的时代背景下，刑事错案的防范与治理已经成为我国当前司法改革领域的重要课题。面对刑事错案的治理问题，必然需要有所作为。本书通过对刑事错案防范制度的研究，为新时期刑事错案防范制度的发展以及我国刑事错案的治理提供新思路。

---

① 刘昫. 旧唐书人物全传：魏徵传［M］. 北京：时代华文书局，2015：81.

绪　论

一、问题的提出

冤假错案虽然是个别现象，但冤假错案的发生绝非偶然，它对正义的冲击和破坏是致命性的。审判作为维护司法公正的最后一道防线，审判监督的职责就是依法纠错，当案件再审时，正义可能已经迟到，法官能做的是让正义绝不缺席，让正义来得不要太晚。守住正义的底线，需要通过个案来触及刑事错案。每一个国家的刑事错案都是刑事司法的伤疤，但世界刑事司法的正义也正是通过守护来实现完善与进步的。

众所周知，作为刑事司法的规律，刑事错案不可避免。我们在思考防范错案的方法时，要善于结合实践，积累经验与教训。错案产生的原因复杂，且与一个国家的法治水平、执法环境、法律意识、制度保障、体制构建、人员素质等一系列问题息息相关，治理刑事错案需要从不同的情境出发，具体问题具体分析，探索出适合本国治理刑事错案的模式。

从某种程度上说，刑事错案的治理更像是一个影响因子，需要社会环境中各个因素共同作用才能实现最后的飞跃。这一思路与制度变迁理论有异曲同工之处，制度变迁理论也是把制度当作因变量，分析制度在什么客观条件和情境下会发生再生、转型、替换与终止的过程。因此，笔者利用制度变迁理论，将刑事错案作为变量，分析刑事错案在不同情境下产生的变化，而对这一变化进行总结提炼之后就是我国刑事错案治理的经验与成果。首先，我们需要思考用制度变迁理论分析刑事错案防范的可行性。通过研究制度范式发现，制度研究范式是起源于制度经济学的研究方法，随着新制度经济学等不同学派的衍生，制度分析法逐渐被应用到政治学、社会学、历史学等不同学派中。法律制度作为制度的一部分，是制度理论中不可或缺的体系。刑事诉讼法律制度作为法律制度的一部分，又与刑事错案的防范密切相关。由此可见，制度与刑事错案防范有着天然的、不可分割的关联性，而制度分析法因其兼容性与本土性也可以融合到刑事错案防范的研究中来。

因此，本书试用制度变迁理论来分析刑事错案的防范，以诺斯对制度的定义来思考制度与刑事诉讼、刑事错案的关联性，通过历史制度主义的方法来梳理刑事错案防范的司法实践，以制度能力、制度作用理论、制度的路径依赖等方法来分析中国制度结构中刑事错案的治理。同时，通过刑事错案防范制度的研究，我们可以发现，我国的制度结构是在特定的中国历史条件和现实条件下的综合性产物，包含了多重复杂的要素，有历史传统的文化和制度要素，有现实的经济社会条件要素，还有国际交流的规范性要素，以及地理状况和政治要素。中国制度结构在历史发展中展现出了自己的特征，这些特征也或多或少地表现了制度作用的进步和滞后的功能。当然，在思考我国制度结构的落脚点时，我们还是以刑事错案防范制度变迁与路径预测为本书的最终研究目的来展开。

二、文献综述

（一）国内刑事错案的研究现状

我国刑事错案的治理伴随着法治的进程，已经初步形成了一条中国式的刑事错案治理道路。从古至今，我国有无数治理错案的经验与成果，如何进行吸收与整理，并提炼出适合我国基本国情和中国特色的刑事错案治理模式是笔者撰写论文的基本思路。

目前，刑事错案的治理出现了新的契机，我国正处于全面深化改革的攻坚期，也处于司法改革的深水区，中共中央高瞻远瞩地把握了这一历史必然进程，在党的十八届三中全会上做出全面深化改革的决议，明确提出完善人权司法保障制度，建立健全错案防止、纠正、责任追究机制，严禁刑讯逼供、体罚虐待，严格遵守非法证据排除规则。在新时代背景下，政治氛围日益开明，政治生态风清气正，刑事错案的防范与治理已然成为我国当前司法改革领域内的重要课题。

我们可以发现，社会的多元行动者正在以各自的方式主动参与刑事错案的防治。通过文献整理发现，关于刑事错案的研究主要分为两种类型。一种是学术研究型，这种类型以概念为基础展开研究，通过探讨刑事错案的具体标准、特征，结合刑事诉讼程序中的侦查、取证、审判等基本程序进行研究，例如，以证据为角度、以侦查为视野、以正当程序为支撑收集文献资料。另一种是实践拓展型，这种类型以我国刑事错案的案件为样本进行研究，围绕司法实践中存在的具体问题提出修改意见，同时，在全面深化司法改革的背景下勇于创新、敢于担当，以新的制度、新的方法获得刑事错案治理的实践成果，例如，通过针对收集案件的实证分析、错案统计数据分析，结合司法改革论述等方法与实践进行研究。

通过文献整理发现，我国对刑事错案的研究大致可以划分为探索、发展、繁荣和反思四个阶段。阶段划分是以 1979 年刑事诉讼法的诞生以及 2001 年全国人大批准我国加入《经济、社会及文化权利国际公约》、2010 年两规①、2012 年刑事诉讼法修改、2013 年四规范②等制度构建为依据，对我国刑事错案治理的研究现状进行归纳总结。

---

① 最高人民法院、最高人民检察院、公安部、国家安全部和司法部联合发布的《关于办理死刑案件审查判断证据若干问题的规定》《关于办理刑事案件排除非法证据若干问题的规定》。

② 2013 年 6 月，公安部发布了《关于进一步加强和改进刑事执法办案工作切实防止发生冤假错案的通知》；8 月，中央政法委出台了《关于切实防止冤假错案的规定》；9 月，最高人民检察院发布了《关于切实履行检察职能防止和纠正冤假错案的若干意见》；10 月，最高人民法院发布了《关于建立健全防范刑事冤假错案工作机制的意见》。

1. 探索阶段（1979—1999 年）

改革开放后，刑事错案的治理以纠正冤假错案为基本内容，同时，对刑事错案的研究以实体法为主。这一时期涌现了一批具有代表性的著作，例如，张卫平撰写的《绝对职权主义的理性认知——原苏联民事诉讼基本模式评析》，于伟撰写的《错案标准的界定》，周永坤撰写的《错案追究制与法治国家建设——一个法社会学的思考》，金汉标撰写的《"错案"的界定》，杨文杰、李昊撰写的《论错案行为及其监督》，樊崇义撰写的《底线：刑事错案防范标准》，张松美撰写的《试析民事再审程序中的"错案"标准》，高一飞撰写的《刑事法的中国特色研究》。可以说，这些关于刑事错案问题的科研成果，标志着我国法学界迈出了研究刑事错案问题的重要一步。尽管这些研究成果总体而言只是处于初步探索阶段，对刑事错案问题的研究基本上还局限于对刑事错案的概念、范围、特征等问题的探讨上，研究成果较为缺乏，研究内容涉及的范围也较为狭窄，如原因、对策等基础性问题还在研究的盲区；但是在这一阶段，学者对刑事错案的理论探索为以后进一步深化刑事错案问题的研究奠定了基础。

2. 发展阶段（2000—2011 年）

这一时期代表性的研究著作有陈瑞华撰写的《程序性制裁理论》，王健、马竞撰写的《冤狱是怎样铸成的——二级警督遭受刑讯逼供实录》，李奋飞撰写的《对"客观真实观"的几点批判》，张建伟撰写的《刑讯者的心理透视》，刘志远撰写的《刑事错案与刑事赔偿》，张远南撰写的《刑事错案辨析》，宋远升撰写的《刑事错案比较研究》，王莹、夏红撰写的《对刑事错案形成原因的分析》，王乐龙撰写的《冤假错案与刑事错案之辨析》，余光升、邱振华撰写的《刑事错案的认定与责任追究》，王乐龙撰写的《刑事错案概念再分析》。这一阶段我国刑事诉讼法学界对刑事错案问题的研究主要有以下几个特点：第一，对刑事错案的研究逐渐呈现出独立性的理论品格。在此阶段，我国刑事诉讼法学界摆脱了以往在基本概念、范围等方面的争论，开始独立思考刑事错案的一些本体性基础问题，呈现出独立性的理论品格。第二，对刑事错案形成原因等问题的研究逐渐趋于全面和深入。相对前一阶段，这一阶段对刑事错案理论研究的深度和广度都有了突破性的进展，反映了我国刑事诉讼法学界研究刑事错案的整体学术水平有了较大的提高。第三，研究成果仍然不够丰富，对刑事错案的研究没有形成独立的体系。

3. 繁荣阶段（2012—2014 年）

这一时期，学界对刑事错案问题的研究进入了一个全新的阶段。2012年，刑事诉讼法修改，从具体法律制度的完善上推动了刑事错案的治理与研究。2013 年，各机关密集性地出台了四部防范冤假错案的规范，在司法实践领域规定了防范刑事错案的具体举措。2014 年，中央出台措施从整体上引领司法体制改革，直指冤假错案的弊病。

这一时期，我国刑事诉讼法学界对刑事错案的研究呈现出繁荣的景象，相关学术论文大量涌现，之前许多关于刑事错案研究较为薄弱的问题也得到了学者广泛的关注。例如，刘品新撰写的《刑事错案成因考量》，李春刚撰写的《刑事错案基本问题研究》，何家弘主编的《谁的审判谁的权》，冀祥德撰写的《反思错案根源实现公平公正》，刘仁文、刘泽鑫撰写的《刑讯逼供——冤假错案的罪魁祸首》，何家弘撰写的《错案为何能复制》，张保生撰写的《刑事错案及其纠错制度的证据分析》，冀祥德撰写的《如何遏制冤假错案的发生》，王敏远撰写的《死刑错案的类型、原因与防治》，樊崇义等撰写的《底线：刑事错案防范标准》。仔细分析，我们不难发现，此阶段的研究主要有以下两个特点：第一，开拓和挖掘了刑事错案研究的一些新领域、新问题，并产生了不少有深度的研究成果。例如，2014 年 3 月 19 日，中国社会科学研究院法学研究所冀祥德教授在中国法学网上撰文《如何遏制冤假错案的发生》，这恰恰是以往我们研究刑事错案容易忽视或关注不够的问题，冀祥德教授所做的上述相关研究无疑弥补了这方面的缺憾。第二，此阶段的研究成果丰富，但是缺乏对我国刑事错案治理的反思与总结。

4. 反思阶段（2015—2020 年）

这一时期司法改革进入了攻坚期，刑事错案的治理通过制度构建已经初步形成单独的制度结构。人民法院审案的关注点从审理的案件内容转移到审理过程中采用的巡回法院制度、异地复查制度、听证制度等一系列新方法，这一系列新方法既体现了公平公正的刑事诉讼审理过程，又丰富了刑事错案防治的司法实践。与此同时，学者开始对我国刑事错案的治理模式进行反思与总结。

这一时期的著作以总结和梳理为主，通过不同视角来分析刑事错案的问题。例如，樊崇义教授等著《底线：刑事错案防范标准》，陈国庆主编的《冤错案件纠防论：〈最高人民检察院关于切实履行检察职能防止和纠正冤假错案的若干意见〉辅导读本》，刘品新、王燃、陈颖编著的《所有人的正义：中国刑事错案预防与救济指南》，叶青主编的《国家治理体系与治理能力现代化进程中法制对策研究》，刘文会所著《刑事错案的法文化透视：一种法理学的视角》，江国华所著《错案追踪系列》，孙应征主编《刑事错案防范与纠正机制研究》，吴庆宝著《避免错案裁判方法》，姜保忠著《以审判为中心视角下刑事错案防范机制研究》，唐亚南著《刑事错案产生的原因及防范对策：以 81 起刑事错案为样本的实证分析》，时延安、刘计划主编《大案聚焦：前行的中国刑事法制》，谢进杰著《无罪的程序治理——无罪命题在中国的艰难展开》，陈永生著《刑事冤案研究》等文献。

（二）国外刑事错案的研究现状

近年来，西方国家对刑事错案的研究主要以判例法为主，同时，判例法的传统也为错案的研究提供了便利的原始数据，其中一部分学者以案例数据为基础，应用定量的实证分析方法进行研究，另一部分学者进行定性比较研究。这些国家主要以英国、美国、加拿大为典型，英国的刑事错案治理基本与司法制度的完善、与司法制度的构建相吻合，换句话说，英国的司法制度是以错案的防范与纠正为背景逐渐发展起来的。从 1907 年的贝克案件开始，英国就为该案成立调查委员会，并以贝克案为防范错案的样本，制定了《1907 年刑事上诉法》。1965 年，英国又相继曝光了三起刑事错案①，引发了公众对错案的关注，也激起了民众要求废除死刑的社会运动，通过了 1965 年颁布的《谋杀罪法》。1984 年的英国《警察与刑事证据法》② 同样也是以错案③的发生为契机，这部法律是英国为防范错案，对侦查权进行系统性规范的重要法典。在此之前，英国对警察权力的约束主要分散在普通法之中。该法的意义在于，为刑事侦查活动中的侦查权划定了明确的权力范围，从实践结果来看，该法的运行从整体上提升了英国警察执法的平均水平。随后的 1995 年、1996 年、2003 年，英国相继出台了包括上诉、侦查证据使用规则、沉默权制度、品格证据、陪审团的具体适用规则等一系列为防范刑事错案、维护司法公正而构建的司法制度和法律规范。可以说，英国以正当程序的视角为我们展现了一个充分保障人权的刑事错案防范制度体系。④

美国的刑事错案研究资料较多，其中，纽约大学法学院亚美法研究所的 Ira Belkin 教授与我国高校交流较多，该研究所专门对美国刑事错案进行研究，并以 1989 年以来 2193 余件 DNA 脱罪的案例为研究对象，以 353 件

---

① 这三起刑事错案分别为：1949 年的蒂莫西·伊文思案、1952 年的德雷克·宾利案、1955 年的露斯·埃利斯案。

② 1984 年《警察与刑事证据法》的实施规程主要包括截停、盘查权、逮捕权、拘留权、讯问权、逮捕后的人身搜查权、身体检查和提取标本、住宅搜查权。同时，该法规定了警察在行使权力时必须对公民权利给予关怀和照顾，其中包括犯罪嫌疑人保持沉默的权利，接受律师帮助的权利，告知家人的权利，查看相关法律的权利，以及享有足够的休息、饮食、良好的监狱环境等权利。为了保证这些规定能够得到很好的实施，英国制定了权利告知书，以便犯罪嫌疑人、被告人准确地获知自己享有的权利。

③ 1972 年 4 月 22 日，消防员在伦敦地区的房屋内发现了一具被勒死的男性尸体，死者名为迈克斯韦尔·康菲特，随后，警方逮捕了三名少年犯罪嫌疑人，在审讯中对他们进行殴打讯问，三名少年不堪折磨，被迫做出有罪供述，后经上诉法院的再审，三名少年被宣告无罪。

④ 在英国刑事错案防范的制度改革中，民权运动起到了重要的辅助作用，包括洗冤工程，保障人权的正义组织、自由组织。同时，从刑事诉讼惩罚犯罪与保障人权并重的角度来看，过度的人权保障可能会导致放纵罪犯的现象。

案例为样本，发现 274 个刑事错案的成因是虚假口供，并对以虚假口供为成因的刑事错案进行研究。他们通过研究总结出有四种判断口供虚假的方法，分别为：（1）无犯罪发生，（2）身体上不可能，（3）科学上排除，（4）找到真凶。在他们的研究中，美国大多数案件脱罪都是通过 DNA 排除的方式，另外，还会有一个无辜者计划，将排除的无辜者登记在册。据统计，通过 DNA 脱罪的人中有 20% 都提供了虚假口供。与此同时，美国从 2012 年开始在全国范围内推行一个注册系统，其中收集了 DNA 证据和非 DNA 证据，可帮助无辜者脱罪。登记的人中有 15% 都有提供虚假口供的现象，且此现象多发生于重案。① 有关美国的刑事错案研究各州都有不同的研究方法，其中，对获取虚假口供的防范是其研究的重点。

加拿大开始研究刑事错案是源于 1986 年加拿大省政府为错误判决对公众进行了七次不同的公开质询。加拿大与美国有着相似的法律制度，另外，加拿大的制度实施与英国的司法制度也有诸多相似之处。我们以加拿大多伦多大学教授肯特·罗奇（Kent Roach）的刑事错案研究为代表进行研究，他的研究涉及刑事错案的定义、刑事错案的比较、救济措施等方面的内容。

事实上，在全世界的许多地区，都存在与保护无辜或者惩罚犯罪相冲突的刑事错案治理问题，这一冲突在某种程度上体现在《公民权利和政治权利国际公约》② 之中，加拿大、英国、美国以及许多国家根据公约的规定而出台了刑事错案赔偿法案。通过法案，我们可以发现，公平正义与清白无罪之间的矛盾，既是公约的一部分组成内容，也是遵循该公约的许多国家刑事错案治理模式的组成部分。

此外，亚洲国家日本也在进行刑事错案的治理研究，日本的错案研究

---

① 研究发现，在美国冤假错案的发生原因方面，主要包括证人指认错误、司法鉴定结论错误、被告人错误的认罪、辩护没有发挥应有的价值。

② 《公民权利和政治权利国际公约》第 14 条第 6 款规定，赔偿并不适用于所有侵犯人权或者无罪释放的条件，而仅仅适用于"在某人按照终局判决已被判定犯有刑事罪之后，根据新的或者新发现的事实确实表明了司法不公，从而其定罪被推翻或者被赦免"的情形。

主要围绕已经发现和纠正的错案中的具体案例展开，通过对案例研究发现，在日本的刑事诉讼中，刑讯逼供也是导致错案的成因之一。例如，1997年日本律师堀田宗路以成功辩护的刑事错案为基础撰写了《三十四年冤案昭雪记》，通过错案发现、纠正过程的论述，阐述了日本律师对刑事错案的基本观点。由此可以发现，大陆法系因为自身特点在研究刑事错案中存在固有的结构性约束，错案都是以辩护人的视角去阐述，而司法机关则处于被动保守的状态，这就导致文献资料中更多出现的是辩护方的观点，而控方、审方的意见较少。所幸的是，2018年11月，日本学者秋山贤三出版了一本名为《天下·法官因何错判》的书，该书从一位有多年法官和律师从业经验的法律人的视角，对日本及大陆法系刑事司法制度中的诉讼基本结构、法官和律师的角色、错判和冤案的成因都做出了精彩而独到的叙述与分析。作者通过对自己亲手办理过的三个刑事案件的讨论，深入描述了法官在审判过程中的各种实体和程序性"陷阱"，并对预防和纠正错案的制度性保障做了有益的学理性探讨。

三、研究方法

本书主要采用制度变迁理论分析我国刑事错案防范制度变迁的规律与经验，对制度变迁理论中的历史制度变迁、制度的路径依赖、制度变迁动力分析、参与行动者分析、制度设计方法等进行论述。除采用制度分析法以外，本书还综合使用了比较分析法、法理分析法等其他研究方法。

笔者采用制度变迁理论分析中国刑事错案防范制度研究的优势在于以下几方面：第一，可以认识中国刑事错案治理的历史沿革，以制度为线索可以很恰当地解释中国刑事错案防范制度的同构表现，了解刑事错案法文化的背景。第二，制度理论包括正式制度和非正式制度，其中，正式制度以文字的关系结构，嵌入到司法环境中，表现出文化传承的永久性和制度形态的稳定性的特征，而我们需要认真面对中国刑事错案防范这一问题。第三，制度变迁分析是把制度当作一个因变量，分析外部和内部因素如何影响与改变制度的形态。以关键时间节点为理论能够很恰当地划分中国刑事错案治理的研究层次，通过不同层次的制度演变，在中国刑事错案防范制度的变化中总结出制度变迁模式的实践样态，把握变迁规律，预测未来的演进路径。

第一章

刑事错案的基本问题

从历史传统来看，我国一直有冤假错案①的习惯提法。冤假错案通常出现在政策性文件之中。从文献资料来看，多数采用刑事错案、司法错误、刑事误判、刑事冤案②等表述，同时，还存在表述不合理和术语使用混乱的问题。从国外的研究来看，英国和美国的学者最常使用的英文词汇

---

① 在党的十一届三中全会上制定了一系列拨乱反正的政策。在拨乱反正的工作中，1978 年中共中央批转中共最高人民法院党组《关于抓紧复查纠正冤假错案认真落实党的政策的请示报告》，其中首次提到纠正冤假错案。

② 现在国内大量文献频繁使用"刑事错案"的概念进行研究。如刘品新．刑事错案的原因与对策［M］．北京：中国法制出版社，2009；刘丽云．刑事错案与七种证据［M］．北京：中国法制出版社，2009；胡志风．刑事错案的侦查程序分析与控制路径研究［M］．北京：中国人民公安大学出版社，2012；郭欣阳．刑事错案评析［M］．北京：中国人民公安大学出版社，2011；王佳．追寻正义法治视野下的刑事错案［M］．北京：中国人民公安大学出版社，2011；王乐龙．刑事错案：症结与对策［M］．北京：中国人民公安大学出版社，2011；李建明．刑事司法错误：以刑事错案为中心的研究［M］．北京：人民出版社，2013；张德利，陈连福．非法取证与刑事错案问题研究［M］．北京：中国检察出版社，2007；陈学权．刑事错案的三重标准［J］．法学杂志，2005（4）；何家弘，何然．刑事错案中的证据问题：实证研究与经济分析［J］．政法论坛，2008（2）；张保生．刑事错案及其纠错制度的证据分析［J］．中国法学，2013（1）；陈卫东．刑事错案救济的域外经验：由个案、偶然救济走向制度、长效救济［J］．法律适用，2013（9）；卞建林，龙宗智，卢建平，等．非法取证与刑事错案：法学名家高峰论坛［J］．证据学论坛，2017（1）．通过对知网文献进行统计，输入刑事错案的关键词，出现文献总数为 792 篇，其中，刑事冤案 83 篇，司法错误 185 篇，刑事误判 12 篇，以此为依据采用使用频率最高的刑事错案为概念。笔者认为，刑事错案能够准确地包含刑事冤案、刑事假案、刑事疑案等司法错案导致的错误判决、裁定的案件。

是 Miscarriages of Justice 、Wrongful Convictions 这两个概念，翻译为"刑事司法错误"与"冤案"。① 目前，我国就基本概念的争论尚无定论，笔者以国内学者使用频率最高的刑事错案为概念展开研究。② 从辩证法的角度分析，有公正就会有不公正的存在，这就要求人们在实践中，既要从正面保障公正，为实现公正而努力，又要从反面防范不公正的发生，及时纠正

---

① 英国学者理查德在梳理冤案的研究历史以及未来走向时，交替使用了 Miscarriages of Justice 和 Wrongful Convictions 这两个词，均为冤案的意思。参见 LEO R A. Rethinking the Study of Miscarriages of Justice：Developing a Criminology of Wrongful Conviction [J]. Journal of Contemporary Criminal Justice，2005，21（3）：201-223。雨果和迈克尔在文章中用 Miscarriages of Justice 指代那些事实上无辜的被告人被定罪的案件。参见 BEDAL H A，LESTRADE M L. Miscarriages of Justice in Potentially Capital Cases [J]. Stanford Law Review，1987，40（1）：45-46。比如，根据《布莱克法律词典》的解释，刑事司法错误（Miscarriages of Justice）是指"在司法程序中产生的极其严重的不公平的结果，即：尽管缺乏相关证据证明构成犯罪的必备事实，但被告人依然被定罪"。由此可知，词典对这一概念做了狭义解释。许多学者论及司法错误的文献基本上也都是集中在无辜者被定罪这一问题上，然而，这仅仅是刑事司法错误中的一类。参见 BARAK G. Battleground：Criminal Justice [M]. New York：Greenwood Press，2007：464。英国非政府组织 JUSTICE 设置了自己的工作机制和工作范围，许多学者将刑事司法错误（Miscarriages of Justice）定义为无辜者被定罪的情形，并为此进行了激烈的争论。参见 NAUGHTON M. Miscarriages of Justice：Exception to the Rule [D]. Bristol：University of Bristol，2011：29-35；SIMON JENKINS. From Victimization to Mobilization：The Dynamics of Campaign in gaga-inst Miscarriages of Justice [D]. Portsmouth：University of Portsmouth，2006：36-44。

② 目前关于概念的争论主要包含以下几种说法：第一，肯定说。有学者认为，刑事错案这一概念可以准确包含冤假错案在判定实际情况以及适当的刑法上确实有误，一定要依据合法的流程对案件进行纠正。缘由是人民法院生效判决、裁定，应具有严肃性、权威性和稳定性，对其改判、重审或变更应特别慎重，在事实认定或法律适用上确有错误的案件，只能按照审判监督程序予以改判的标准来判定冤案。有专家表示，错案主要是因为相关的司法机关滥用职权，以及在判定的实际情况上，出现适用法律错误的案件，因此使用"刑事错案"的概念能够准确界定错案包含的种类。第二，否定说。有学者认为，"冤案"的定义以及判定规则需要进行进一步界定，一般"刑事错案"的概念包括程序错案说、形式错案说、主客观统一错案说、多重标准说、实体错案说、责任追究错案说、语境标准说等。笔者在引进刑事错案这个定义时，也包括了"刑事错案"，本书中的"错案"是一种司法机关出现的过错，它属于一种不能否定的客观情况，对于它的探究目标，笔者在采纳不同意见的基础上，使用目前被多数司法研究领域承认的概念来进行论述，且本书刑事错案的研究范围主要为错判有罪的案件，不包括错判无罪的案件。

不公正的错误认定。因此，人类对不公正的认定应当采取正确的方法去应对：一是运用人类认识、甄别事实的能力，确定是否真实存在不公正的认定；二是积极纠正不公正，将定量的不公正作为常态予以控制；三是采取科学的措施防范不公正认定的发生。

第一节　刑事错案的概念

概念是理论知识体系思维的细胞，它是构成判断，进而构成推理不可缺少的因子。① 在法学理论的学习中，准确界定研究对象的概念是探究之初最基本的要点，我们可以依据不一样的研究目标，定义"刑事错案"的内涵与外延。

"冤假错案"，是人们在日常生活中对错案的描述用语。冤假错案并不是一个专业的法律概念。自古以来，冤假错案一直存在于刑事司法领域，并逐渐演化为当代的刑事司法错案。冤案，"冤"字按《说文解字》的解释，其字形是兔子被罩入罗网之中，"无过而受罪，世谓之冤"②。总结西方国家及我国关于冤案的解释，一般情况下，冤案仅指错判错罚，如有罪判决被推翻，则案件属于冤案。假案的实质特征是虚假的犯罪事实，即案件事实并没有发生，办案人员出于非法的目的人为制造犯罪事实，并对当事人追究刑事责任。假案对法治的破坏是最深刻的，奉法者监守自盗，显然不是错案这么简单，而是司法的整体扭曲。错案，是指刑事诉讼活动的实体错误或者程序错误。通过对比发现，冤案、假案都是错案的一部分，错案的涵盖范围最广。

错案的字义解释为"判定错误与正确、有罪与无罪或处理的轻重上有错误的案件"③。"错"有三个解释：（1）不正确、不对，与实际不符合；

① 刘炳瑛. 马克思主义原理辞典［M］. 杭州：浙江人民出版社，1988：9.
② 王充. 论衡［M］. 上海：上海人民出版社，1979：9.
③ 《汉语大辞典》编委会. 汉语大辞典［M］. 北京：汉语大辞典出版社，2001：1312.

（2）差、坏，用于否定式；（3）交叉着。古代同"措"。刑事错案为肯定句，无交叉含义，因此，错案中的"错"解释为不正确、不对。错案解释为错误处理的案件，①英语词汇为 Misjudged case、misjudgment ，中文为审判错误、判决错误、误判、错误裁决。《布莱克法律词典》对错案（failure of justice）或误判（miscarriage of justice）的解释更加明确："在刑事诉讼程序中，尽管缺乏关于犯罪要件的证据，被告人却被定罪这样一种极不公正的结果"②。错案的含义在不同语境下也可能有不同的解释。

根据对字义解释的理解，错案，关键是错误，一般是指裁判错误的案件。裁判是纠纷解决的结果，裁判一般可分为诉讼裁判与非诉讼裁判，其中，诉讼裁判主要是法院判决，其中包括刑事判决、民事判决、行政判决。非诉讼裁判主要为调解、仲裁与行政执法裁判。这些裁判发生错误，便产生了错案，但是在错案纠正语境中，错案通常是指刑事错案，即刑事判决发生错误。

一、刑事错案的内涵

刑事错案包含所有刑事审判发生错误的案件，依据刑事诉讼法的规定主要为案件事实认定错误、案件定罪量刑的证据错误、案件法律适用错误、案件法律程序错误、司法工作人员导致错误。③ 刑事错案的定性可以通过刑事错案的相关特征获得相关表现。

特点一：刑事错案本质上是认定事实或法律适用的错误。

---

① 王兆鹏．美国刑事诉讼法［M］．沈阳：元照出版公司，2007：24.
② GARNER B A. Black's Law Pictionary, Eighth Edition ［M］. Toronto：Thomson West, 2004：1148.
③ 《中华人民共和国刑事诉讼法》（2018 年修正）第 253 条规定，当事人及其法定代理人、近亲属的申诉符合下列情形之一的，人民法院应当重新审判：（1）有新的证据证明原判决、裁定认定的事实确有错误，可能影响定罪量刑的；（2）据以定罪量刑的证据不确实、不充分，依法应当予以排除，或者证明案件事实的主要证据之间存在矛盾的；（3）原判决、裁定适用法律确有错误的；（4）违反法律规定的诉讼程序，可能影响公正审判的；（5）审判人员在审理该案件的时候，有贪污受贿，徇私舞弊，枉法裁判行为的。

　　认定一起案件的事实，证据就是最有效的证明，但是证据也会出现一定的错误，导致人们对案件事实的判断出现错误。审判作为维护司法公正的最后一道防线，没有严格依法排除非法证据，没有彻底解决事实证据疑问，没有认真落实疑罪从无原则，庭审程序和审级制度的功能作用形同虚设，这些是导致冤假错案发生的最终原因。当时的相关司法部门并没有掌握有力的证据证明，就判定结论，导致对案件结果进行错误裁判，关键证据缺失是冤案形成的主要因素。事实认定错误，必然带来法律适用上的错误，这不仅表现在罪与非罪的案件之中，而且表现在罪轻与罪重、此罪与彼罪的案件之中，显然事实认定错误常常是导致这些案件在适用法律上发生错误的根源。例如，在身份犯中，行为人的特殊身份是某些犯罪的构成要件，特殊身份的事实认定错误势必导致此罪与彼罪的适用法律错误，甚至导致罪与非罪的适用法律错误。

　　在有些案件中，案件事实清楚，证据也确实充分，但是司法人员对刑法某一规定的理解发生分歧，这也可能导致适用法律的错误。例如，在某一执行判决、裁定滥用职权罪的案件中，作为执行法官的行为人在收受利益关系人7000元人民币的贿赂之后，超值查封被执行人的财产，指使评估机构低估被执行财产的价值，还指使参与拍卖的"竞买人"低报竞买价格，对拍卖机构拍卖的"最高价"加以限定，从而造成被执行人数百万元的财产损失，这应该是典型的执行判决、裁定滥用职权罪的案件。本案的事实清楚，证据确实充分，而由于我国法律规定在此情形下"从一重处"，在审理本案中，究竟是受贿罪重于滥用职权罪，还是滥用职权罪重于受贿罪，法院存在分歧。多数法官认为，受贿罪的法定最高刑是死刑，而执行判决、裁定滥用职权罪的法定最高刑是10年有期徒刑，所以他们认为受贿罪重于执行判决、裁定滥用职权罪，法院判处被告人免予刑事处罚。笔者认为，本案就是适用法律错误的错案。从本质上看，形成刑事错案最终结果的误判一方面体现在对案件实际情况的误判上，另一方面体现在运用法律适当的误判上，正是这两类错误导致了刑事错案的产生。

　　特点二：刑事错案主要是以司法部门不正确的判决、裁定作为介质。

刑事诉讼是以司法机关的一系列决定作为开启、中止或终结刑事程序的形式。刑事错案存在于这些决定之中，同时以这些决定为载体来运行程序。可以说，没有判决、裁定，就没有错误，没有错误的判决、裁定就不能称其为"错案"。在此意义上，刑事错案表现为错误的立案决定、不正确的羁押决定、不正确的起诉决定和不正确的判决、裁定，除此之外，理应不存在刑事错案。

司法机关的决定在做出之时都具有某种程度上的合法性，这种合法性又支撑起司法机关决定的正当性，在错误被发现、认定之前不能说司法部门做出的判决、裁定是不正确的。从意识到错误再到改正、救济需要一定的时间，刑事判定的不正确被真正发现并认定后，人们才会对其进行改正。也就是说，已经发生且得到纠正的刑事错案，大家可以发现错误是因为司法部门的错误是以各种各样不正确的判决、裁定为介质，表现为刑事错案动态变化中的具体行为，并产生了实际后果。不管是不正确的判决、裁定，还是不正确的事实认定，都对司法公正造成不同程度的损害，或者对案件当事人相关的权利与义务采取不正确的处理方法，导致其本该享有的合理权益受到不同程度的损害，这些都会对社会造成负面影响。所以，从这一层面来看，人们不应该把刑事判决、裁定或者其他决定以有没有被发现、有没有被认定、有没有被改正作为基础，不应该对刑事错案的存在予以否认。错案就是错案，一旦形成，其对于法律秩序的破坏就已经发生。

特点三：刑事错案是对正常法律秩序的破坏。

一个良好的社会环境必须有严格的法律规定来维持。不管是在哪个国家，良好的法律秩序是决不允许被打破的，否则整个社会将处于混乱的状态。

司法机关最重要的任务之一就是保持法律的良好秩序。在此过程中，法律尊严、公平正义的社会风貌得以彰显。因此，法只有正常运行，良好的社会氛围才能得以营造，社会生活才能正常开展。基于刑事司法的根本使命，刑事司法不应当有不正确的决定。然而，在客观与主观因素的影响下错误的发生不可避免，这会导致司法机关做出不正确的决定，而此种不正确的决定最恶劣的表现形式便是刑事错案的产生。刑事错案的产生大大降低了司法机关的公信度。司法机关因刑事错案而缺乏公信力，或者其公信力程度较低，这将造成非常严重的后果。其一，这种情况一定程度上会让司法机关变得有名无实，同时，也会让法治环境回到"有仇必报"的局面。当社会处于这种局面的时候，也就会出现以强凌弱的现象，人人平等很难得到根本保证，这样的社会被称为"原始社会"，与"文明社会"大相径庭。其二，它可能导致刑事司法的低能力和"劣质效果"。司法机关的作用力主要体现在办事的效率与决定的公平上，司法机关的公信力降低了，那么就表明案件的司法通道缩小了，其结果是实质意义上的犯罪行为在进行实质意义上的社会破坏时，不能够受到法律的追究。这就是刑事司法的低能力带来的"劣质效应"。其三，它可能导致现行司法体制的彻底颠覆。司法体制是法律秩序的一种表现形式，同时又是维护法律秩序必不可少的工具，司法机关的公信力降低，将会引起司法制度的变革，从而会影响法律秩序即法的运行，混乱状态也会由此产生。"涅槃"可获得新生，也可能就此消亡。

特点四：对刑事错案的发现及纠正出现延迟。

刑事案件的错误最开始出现在侦查阶段，这种错误一旦形成，证据形成锁链，在后面审核以及起诉阶段一般难以察觉和及时改正。审查批捕的任务只是做出正确的逮捕决定，以保证侦查、审判程序的顺利进行。在实践中，侦查监督机关不会像审查起诉阶段和审判阶段那样关注案件的实体问题，而更多地将精力集中于侦查程序的合法性和证据材料的确实充分程度上。我国法律虽然赋予了侦查监督机关纠正错误的权力，但是法律上的实施行为十分有限。当案件处于审查批捕阶段时，司法机关如果通过调查发现，不能提供有力的证据证明犯罪事实，没有达到逮捕条件，最后只是不进行逮捕。在调查环节，侦查人员一般都不想否认自己"证明"的案件事实，这也正是人类的弱点。在此情况下，在调查的时候，司法机关尽管觉得判定罪名的证据不是特别确实、充分，但是在申请逮捕后，司法机关在明确说明不予以批捕时，实践中的多数情况还是将案件转移到审查起诉部门，同时，侦查人员会尽力劝说该部门对案件进行公诉。刑事案件一旦做出裁定、判决，就拥有法律权威和稳定性，案件被追诉人或者家属提出申诉，对判定结果进行更改的流程往往很漫长，有时这种漫长还没有结果。例如，佘祥林被羁押 11 年后才获得无罪判决。吴鹤声申诉 8 年，若不是"真凶出现"，或许终身不能沉冤得雪。从这些案例中可以看出，要纠正错案实际上是非常艰难的，时间相对来说也是漫长的。刑事错案的发现及纠正的时间延迟，给错案的受害人带来了严重损害。

　　认识事物的特点在于把握事物的特性。对于刑事错案而言，认识刑事错案的特点，不仅对判断刑事错案有重要意义，而且对于防范刑事错案来说也是题中之意。

二、刑事错案的外延

（一）刑事错案的现象

　　我国的刑事错案具有自身特点，了解这些特点有利于把握其发生的规律。经过比较和总结，发现已纠正的刑事错案有以下几点。

　　1. 蒙冤之人多为弱势群体

　　从中国目前已纠正的刑事错案来看，大部分受害人都是普通公民，其中，刑事错案的受害人是农民身份的占了很大一部分。造成这一现象是由于案件发生时，我国农村整体的司法水平低，当时的侦查技术落后，国家公权力以及公民的私权利之间不平衡，最根本的原因是保障人权的意识薄弱，导致公民私权利被漠视。普通公民一般无法通过正常的途径为自己辩护，这就使得错案受害人只要进入刑事诉讼程序，就很难对自己的合法权利进行保护，想要证明自己无罪更是难上加难。

　　2. 案件多为恶性犯罪

　　目前已经发现及纠正的刑事错案很大一部分都涉及重罪，例如，强奸罪、故意杀人罪以及抢劫罪。造成这种现象的主要原因可能有两个。其一，以上的犯罪行为对公民的生命财产安全有巨大的损害，对维护社会和谐造成了负面影响，所以这一类型的刑事案件给司法机关的相关工作带来了一定的压力，相关人员甚至对所谓的"犯罪嫌疑人"采取"拷打"等暴力方式的审讯策略以获得口供，快速破案，以免刑事案件受害人及其家属状告、新闻媒体渲染形成不稳定的社会氛围。公安机关的工作人员为了快速破案，会使用一些非法的方法收集证据，再加上实践中有时工作不仔细，以及对有些证据的疏忽，最终导致错案的发生。其二，这些犯罪的性质极其恶劣，社会影响很大，往往容易引起公众和媒体的关注，如果发生错误，相对来说更容易被媒体揭露。当然，还有一些其他类型犯罪的刑事错案可能尚未被发现，但不能否认其他类型错案存在的可能性。

3. 刑事错案受害者及家庭遭受严重伤害

我国目前已经纠正的刑事错案大都伴随着刑讯逼供，因此，给部分受害人造成了身体伤害。除此之外，刑事错案还会给受害者带来心理疾病，主要包括短期、长期两种。短期症状主要以胸闷、委屈、不安全感、情绪低落、恐惧、自卑等为主。长期症状则是指以上症状持续时间在一年以上，并逐渐加重出现精神疾病，如反应性精神障碍等。少数刑事错案的受害人会出现极端心理，会出现仇视或者报复社会的行为。

刑事错案对受害人的家庭也会造成直接影响。由于受到刑事错案判决的影响，亲属会不惜一切代价为受害人申冤，这会导致一个家庭的生活水平降低，他们承受的不仅是经济压力，还有来自社会的压力，整个家庭都会在一定程度上受刑事案件的影响。例如，被他人歧视甚至报复。

（二）刑事错案的影响

刑事错案会影响司法权威和司法公信力，影响公民对社会法律面前人人平等的信仰，影响正常的法律秩序。第一，对刑事错案的受害人造成的创伤。当事人的人身自由、财产权、尊严和名誉被错误的刑事诉讼活动无情地剥夺了。在刑事诉讼中，刑讯逼供、不合理的起诉决定、错判等对其精神上的伤害是无法弥补的。第二，刑事错案的受害人得不到应有的法律慰藉。刑事错案发生后，错案追责、错案赔偿的滞后，导致刑事错案受害人得不到及时的法律慰藉。第三，真正的刑事案件的罪犯不能及时受到法律制裁。第四，对司法权威和司法公信力造成破坏。第五，损害党和国家的形象，不利于国家稳定、社会发展。融媒体时代，一起错案的曝光，其浏览量、传播速度是前所未有的。根据舆情统计结果，人们可以从侧面看出社会民众对刑事错案的关注度，以及司法机关面临的舆论压力。从这一层面上，错案影响的不仅仅是当事人的权利，以及司法系统、司法公信力等，还有人们对法治的信仰、国家的稳定。

三、刑事错案的分类

刑事错案的分类有很多种，有按照刑事错案产生的诉讼阶段来进行划分，有按照刑事错案包含的内容来进行划分，也有按照刑法犯罪构成理论来进行划分。笔者在解释刑事错案的概念一节中，根据"错"产生的原因进行了分析，总结出了刑事错案的内涵，因此在本节中，笔者选择按照诉讼阶段进行分类。刑事诉讼具有鲜明的阶段性，在进行初步了解之后，通过动态的分类，对刑事诉讼司法实践中产生的错案进行动态的把握。

（一）立案阶段的错案

无论通过主动还是被动方式启动刑事立案程序，立案作为刑事诉讼活动必经阶段具有重要地位。《中华人民共和国刑事诉讼法》（以下简称《刑事诉讼法》）规定了立案的条件是有犯罪事实发生且需要追究刑事责任。如果立案之后发现犯罪事实不存在或者出现法定不应当或不需要追究刑事责任，或者无法收集到确实、充分的证据证明犯罪嫌疑人的犯罪事实，立案阶段发生错误，则会采用撤案的程序终止诉讼程序。立案阶段发生错案的特征主要为以下几点：（1）立案条件认定错误；（2）民刑交叉案件，例如，经济类案件，是民事纠纷与刑事案件交叉的案件类型；（3）社会影响恶劣，在舆论压力下立案，但实际未达到立案条件。立案阶段的错案，一般出现在撤销案件环节，如果撤销案件意味着案件立案错误，就会给侦查机关带来考核压力。此外，立案后撤销案件都是由侦查机关控制的，如何进行科学、全面的外部监督，防止立案阶段错案发生也是目前研究的重点。

（二）案件侦查阶段的错案

通过对刑事错案的统计发现，侦查阶段是刑事错案发生频率最高的诉讼阶段。在这一阶段，错案很难被发现，都是在检察机关公诉时，以不起诉决定、补充侦查后撤诉的情况居多。刑事侦查是收集证据、揭露犯罪事实的过程，侦查阶段直接决定了后续刑事诉讼活动的整体质量。侦查阶段错案发生频率最高的两个阶段如下。

一是强制措施使用阶段。在我国的侦查实践中，刑事拘留和逮捕是最常用的强制措施。在刑事错案案例里，也可以发现强制措施的滥用，导致监视居住和取保候审都沦为变相的羁押措施。在刑事诉讼中，被告人、犯罪嫌疑人人身权利在不合理地使用强制措施的过程中被侵犯，这也是许多刑事错案发生的重要原因。尤其是在使用强制措施以后，即使案件在调查过程中发现问题，也会由于不合理的强制措施已经对被告人、犯罪嫌疑人造成了人身伤害，为维护司法机关的"权威"，往往在错误的强制措施之上捏造犯罪事实，掩盖错误，进行下一步的诉讼活动，人为地造成错案，"一步错，步步错"，最终形成错案，由此可见强制措施对刑事错案的影响。

二是收集证据阶段。首先，在讯问犯罪嫌疑人的过程中，刑讯逼供、暴力取证的行为导致犯罪嫌疑人虚假口供问题突出。其次，在收集证据过程中，违反刑事诉讼证据收集的规定，收集实物证据不规范，例如，在搜查、扣押、查封的过程中，扣押物品清单不规范、物证照片不规范、电子证据收集不足等。现场勘查，人为导致涉及案件的重要证据流失、损毁等，这都是出现刑事错案的关键原因。最后，一直以来侦查讯问都是采用讯问笔录的方式，这在司法实践中容易出现代签、签字时间重叠、事后补签的情形。

（三）审查逮捕阶段的错案

从理论上说，羁押率越高，错捕的风险也会相应增大，且错捕的案件一般会多于被判决无罪的案件。在逮捕的阶段，侦查机关与侦查监督机关在认识上有着明显的差别，侦查机关往往倾向于逮捕，以获得与案件相关的线索，而检察机关则认为，逮捕只是一种强制措施，其目的是保证刑事诉讼活动的进行。二者思考角度不同，在逮捕中，检察院的逮捕决定权尤为重要。检察院如果在批准逮捕的过程中，考虑侦查机关的"情面"，就会为之后的错案埋下了隐患。在决定逮捕以后，侦查机关往往以逮捕对象为中心进行调查取证，搜集有罪证据、忽视无罪证据，形成错案。

（四）起诉阶段的错案

起诉阶段的错案通常表现为起诉之后的撤回。撤回起诉意味着先前的起诉行为存在问题，撤诉本身不是错案，而是对错案的纠正。因此，撤诉率可以在一定程度上反映审查起诉阶段的错案情况。此外，检察机关做出的不起诉决定也反映了审查起诉阶段的错案。在法定不起诉和证据不足的不起诉中，错案存在较少，而相对不起诉不能排除错案。相对不起诉是认定以有罪为前提，认定犯罪嫌疑人实施了某种有罪的行动，只不过这种有罪的行为不是很严重，根据刑法的规定不用对其判刑，因而终止刑事诉讼的一种决定。不起诉决定虽然具有定罪的性质，但与法院的判决存在着本质区别。在司法实务中，对原本属于证据不足或者不构成犯罪而应当撤销的案件做出不起诉的决定，目的在于使得侦查机关规避错案责任，这种情形从《刑事诉讼法》规定来看属于错案的性质。

（五）审判阶段的错案

刑事审判是刑事诉讼活动的核心，具有终局性。立案、侦查、逮捕、公诉阶段诉讼活动都是围绕着案件真相进行的，但审判是利用现有的接近真相的一切资料，认定案件事实，准确适用法律，进而做出不偏不倚的裁判。审判的功能是最复杂的，其既具有对错误的排除功能，也有对错误的纠正功能，其终局性又涉及国家刑罚权的实现、当事人的人身财产剥夺等。因此，如果从整个刑事诉讼阶段层面来看，无论是立案阶段、侦查阶段的错误，还是逮捕阶段、起诉阶段的错误，都可以在审判阶段进行纠正。此外，有些审判阶段需要发现一系列的"错误"，进而做出公正的裁决。必须承认，公正的审判是不容易的，最谨慎的法官也可能把案件判错。还有一些外在的原因也很有可能误导谨慎仔细的审判人员，导致错判，信息的不确定、相关证据的怀疑、证人作假、不正确结果的判定等，这些或许都会导致产生错案。人类的认识能力是有限的，在承认这一认识论的基本前提下，根本杜绝错案是不可能的。如何正确对待刑事错案，尽量避免刑事错案的形成是本书研究的重点。

第二节　刑事错案的标准

一、刑事错案的标准梳理

刑事错案的认定标准对刑事错案的防范、纠正、救济等具有规范作用，刑事错案的认定标准模糊不清，既不利于人们对刑事错案的纠正，也不利于正确引导民众通过合法途径纠正错案。关于刑事错案的认定标准，国内外有不同的观点，归纳起来主要有以下几种。

（一）客观标准说

客观标准说强调的是任何案件正确的处理结果只有一个，司法人员主观意识除外的因素导致错案的发生，主要是事实出现错误与法律本身适用的错误。如有学者认为：错案是司法机关在认定事实、适用法律上确有错误的案件。①

（二）主观标准说

主观标准说是以司法人员主观上是否有错误作为判断案件是否为错案的标准。有学者认为，应该把对案件结果的关注转移到对诉讼行为的监控上来。② 该说法强调司法人员办案过程中的合法性与合理性，注重过程对结果的重要影响，试图通过对程序的管控来保证案件结果的质量。这种说法接近罗尔斯（John Rawls）《正义论》中对程序正义的解释，但将司法人员主观上是否存在过错作为判断是否为错案的标准，显然无法证成。如果简单地用主观错误来判断刑事案件是否为错案，就无法明确刑事错案的范围。

---

① 金汉标. 错案的界定 [J]. 法学，1997（4）：9.
② 周永坤. 错案追究制与法治国家建设 [J]. 法学，1997（9）：5.

（三）综合标准说

综合标准说分为主客观统一说与三重标准说、程序违法说、法治标准或程序标准说等几种不同的说法。主客观统一说的重点是以唯物辩证法为认识论，在刑事案件中坚持主观能动性与客观事实相一致。三重标准说是将刑事错案按照纠正、赔偿、追究等不同的阶段进行划分。① 程序违法说认为，程序不公是导致刑事错案的根本原因，只要程序存在问题，即使事实正确也应认定为错案。法治标准或程序标准说认为，刑事错案要区分不同的语境来确定其认定标准。该观点认为在生活情境中、司法情境中、法律职业人情境中，法官、检察官、侦查人员等在不同的情境中，其思维的角度不同，而这就引起了刑事错案的认定标准在不同情境下具有不同含义。② 例如，对于未接触过法律的普通人来说，判断一个案件的错误是依据传统的刑事诉讼文化进行判断的，如当事人的生活情况、外貌特征等，其朴素的个人判断不会依据事实或者程序。而法律人则会透过案件本身，运用法律进行裁判。因此，刑事错案的认定标准会依据认定主体以及认定的情境发生变化。

二、刑事错案的标准比较

（一）我国刑事错案的标准沿革

从我国古代开始，在西周时期就对法官的错误定罪进行了规定。"五罚不服，正于五过。五过之疵，惟官、惟反、惟内、惟货、惟来。"③ 此规定的意义是如果法官错判了无辜的人，应当释放无辜的人，并追究法官的责任，其中，因为畏惧势力、利用职权、内亲用事、贪赃受贿、接受请托而徇私枉法导致轻判错判的，与罪犯同等处罚，这也是针对刑事错案标准的最早记录。在 2000 多年的封建专制统治中，法律成为维护专制统治的工具，"以权代法"的现象越多，产生的刑事错案就越多。中华人民共和国

---

① 胡志风. 刑事错案与侦查程序研究 [D]. 北京：中国政法大学，2011：24.
② 李春刚. 刑事错案基本问题研究 [D]. 长春：吉林大学，2010：37.
③ 李交发. 西周审判心理思想试探 [J]. 人文杂志，1991（5）：87-91.

成立后，作为拨乱反正的一部分，冤假错案得到纠正，这与司法概念上的刑事错案不完全相同。党的十一届三中全会以后，关于刑事错案问题的法律规范不断完善，我国刑事错案的标准承袭了客观真实的刑事诉讼证明理念。2010 年两规①出台后，我国的刑事司法逐渐吸收正当程序的理念，开始注重程序正义。

　　刑事错案认定难、纠正难、救济难是世界各国刑事司法普遍存在的问题。如何界定刑事错案也是国内外学者一直探讨的问题。② 刑事错案是在事实认定上发生了根本性错误，产生刑事错案的前提如下：一是事实上无罪的公民。实际没有犯罪是产生错案的基础。实际没有犯罪是指没有采取行动或者没有参加有罪行动。如果没有犯罪会有下面这两种情况：被犯罪行为实际上是不存在的；或者是犯罪行为存在，但不是判定的犯人所为。第一种情况是被告人被控告故意杀人罪，实际上是没有发生的。第二种情况是发生错误但认定不准确。二是生效的有罪判决。有罪判决是在法律意义上真正认定无罪的公民有罪，在法律层面上判决没有生效，按照无罪推定的原则实际上即使被告人有罪未经判决也是无罪的。所以判定一起刑事错案，有效的刑事裁判是防范刑事错案的基本。毋庸置疑，只要与上面所说的两种情况相匹配那便是错案。但是在实际生活中，想要很明确地分辨一起案件是否为错案也是一件很难的事情，有时候几乎是无法辨别的。辨别是不是错案的重点在于怎么确认已经判定有罪的当事人实际上是没有犯罪的。

　　学者对这个问题一直以来都存在着很大的争议。错案不应该以案件本人、专家以及律师的个人断定为根据，同时，也不应该以司法机关内的工

---

① 最高人民法院、最高人民检察院、公安部、国家安全部和司法部联合发布《关于办理死刑案件审查判断证据若干问题的规定》和《关于办理刑事案件排除非法证据若干问题的规定》。

② 易延友教授曾经提出过这一区分，即无论是"无罪"还是"有罪"，这两个概念都存在"事实上的有罪"和"法律上的有罪"以及"事实上的无罪"和"法律上的无罪"之间的区别，但未进行深入阐述。参见易延友，高鸿钧，张建伟. 清华法治论衡：第 10 辑［M］. 北京：清华大学出版社，2008：14.

作人员的改正为条件。判断刑事错案的依据必须是客观情况，即使没有出现客观实际情况，人们也不应去否定这个根据。由于受到客观和主观因素的影响，人们认知的以往的客观存在的实际情况是受到限制的，认知结果也是受限的。人们在认知实际情况的这条路上必须退让，要证明案件当事人并没有犯罪，这在大部分时候是无法实现的。所以，采用什么样的标准在最大限度上来判定案件当事人在实际情况中并不存在犯罪，是更为实际的问题。从根本上来说，辨别错案是一种证实行为，是一种用有力证据证实被告并没有实施犯罪的行为。因为其是一种证实行为，所以必须有一个衡量准则。

现在的刑事判决机制还没有比较确定的依据来判定被告方在事实上没有犯罪。在如今的刑事审判程序中，判决的关键已经不再是事实上有没有存在犯罪行为，重要的是，控告方有没有足够的证据去证实被告方有没有存在犯罪活动。因此，被告方实际没有犯罪的证据被模糊化，缺少相匹配的法律以及相关的司法判定标准。法院在进行有效的罪名判定之前，被告方仅仅被假设是没有犯罪的。如果控告方出示的证据符合标准，法院做出有效的犯罪判定，那么之前的无罪假设将不存在，而被告方将被判定为有犯罪行为；相反，被告方将被判定无罪。法院进行的无罪判决结果，也并不能说明被告方实际上没有犯罪，被告方只是没有进行法律规定的有罪活动，也可以说是没有进行法律规定的犯罪活动，这种活动只是怀疑犯罪，并没有证据证明。

（二）国外刑事错案的标准梳理

美国已经确认从 1989 年至 2017 年间有 340 起刑事错案[1]，从 1989 年首例此类免罪案件以来，到 2018 年为止的 354 起经由脱氧核糖核酸（DNA）检测被开释的案件，其中，152 起案件找到了真正的罪犯。[2] 在英国，成立于 1997 年的刑事案件复审委员会，把 444 起涉嫌错判的案件发回至上诉法

---

[1]　参见 The Innocence Project Home Page：http：//www：innocenceproject.org//know。

[2]　参见 The Innocence Project Home Page：http：//www：innocenceproject.org/know。

院重新审理。① 在加拿大，刑事错案数量的增长导致错案防范意识增强，这促使最高法院于 2001 年推翻了 1991 年的先例，使用了存在错案风险因而有悖于宪法的规定。在所有普通法国家或地区，无一刑事司法制度可以避免错误的判决。② 美国、加拿大的刑事错案大部分都是通过 DNA 技术在实质上确定被告人无罪的，但不包括程序错误而实体正确的案件。英国刑事错案，主要是指原审做出有罪判决后被改判、原审所定罪名不变但量刑被改判的案件。加拿大的刑事错案是遵循不处罚无辜的基本原则，以《加拿大权利和自由宪章》为依据，注重保护无辜者的权利，并通过上诉法院进行错案的认定。加拿大皇家学会院士、多伦多大学法学院讲席教授肯特·罗奇认为，如果刑事司法制度主要关注对罪犯的控制和惩治，那么只有在一个判决招致无辜的人被定罪的时候，才可以认定此判决是有错误的。③ 实际上，如果一项判决导致一名有罪的人被无罪释放，则该判决也可能是不公正的。相反，如果一国的刑事司法制度关注保护人权和正当程序的话，那么通过侵犯人权的方式获取的定罪将是不公正的，或者说在法律非正义的情况下，即使被告人可能在事实上有罪，也将导致错案的发生，在一个正当程序或者保障人权的制度下，如果仅有关于某人罪行的合理怀疑，那么此人应当被无罪释放。显然，美国是典型的事实上无罪的模式，澳大利亚和加拿大都准予推翻有罪的判决，因为司法不公的关注范围，比事实上的清白无辜的外延要宽泛些，它还包括非公平公正的审判在内。

---

① Criminal Cases Review Commission. Case Library – Case Statistics ［EB/OL］. CCRC, 2018-09-30.

② 具体而言，美国的刑事错案主要包括四种基本情况：一是州长或其他行政官员基于被告人无罪的证据而签发赦免令；二是法院在发现证明被告人无罪的新证据之后，撤销了先前提起的有罪指控；三是被告人在再审中基于那些证明自己并未实施犯罪行为的证据而被无罪释放；四是州政府宣告已经死于狱中的被告人无罪。

③ 罗奇. 错案问题比较研究 ［M］. 蒋娜，译. 北京：中国检察出版社，2015：259-261.

第三节　刑事错案的防范

国家设计了一个精密的规则，希望可以避免错案，但在刑事诉讼中，错案的发生是不可避免的：一是因为人类的认识是有限的，世界上没有完美的法律；二是司法工作人员的疏忽以及在收集证据时出现的差错都是不可避免的。当然，这样的失误不能出现得太过于频繁，不然它将会导致审判过程缺乏权威性与公正性。人类探究错案最终还是以减少错案的数量与防范刑事错案的产生为目的，同时，及时改正错案，对已经发生的错案进行相关补偿。与事后救济相比较，事前预防是最重要的，案件发生前的防范是更好地减少错案的方法，不仅能让错误在早期出现时就被控制，而且会取得良好的社会效果。刑事错案的防范问题，最基本的指导思想包括以下几点：第一，保障公民权利。这一思想在国际人权文件和各国立法中均有体现。"人权公约是确保每个公民的权利都能得到最低标准的保证，它就好比一张保护每个人的'安全网'，而细小的网洞就好比对控诉人的特别庇护。"① 有专家认为："法律所规定的权利是对没有犯罪公民的庇护，不过那些犯罪的人也得到了相应的庇护，当然对于有罪人的庇护仅仅是在庇护无罪公民时产生的附属品。"② 第二，对公权力的控制。"权力对人身自由以及权利提供了有力的保障，而另一方面又要对这种权力进行约束。"③"约束权力不能只是在纸上写写，只有真正的权利才能约束权力。"④ 司法行为一定要在各种严格限制下运行，虽然这样有可能妨碍对案件真相的寻

---

① MARK A S, MIREILLE D M, MIREILLE D M. The Criminal Process and Human Rights: Toward a European Consciousness [M]. Leiden: Briu Academic Publishers, 1994: 15.
② AMAR R A. The Constitution and Criminal Procedure : First Principles [M] . New Haven: Yale University Press, 1998: 154.
③ 哈耶克. 自由秩序原理 [M]. 邓正来，译. 北京：生活·读书·新知三联书店，1997: 162.
④ 摩根索. 国家间的政治 [M]. 北京：商务印书馆，1993: 224.

求，但司法文明的一条重要原则就是反对不择手段地发现真相，"事实的真相必须以保护公民权利为首要条件，获得真相必须用合法的手段才可以"①。我们能做的是把权力关进制度的牢笼，利用制度约束权力、保障人权，尽一切努力防范刑事错案。

---

① 田口守一．刑事诉讼法［M］．北京：法律出版社，2002：10.

第二章

刑事错案成因分析

　　防范刑事错案的前提是发现刑事错案的形成原因，以刑事错案的成因为导向，通过制度的修正与完善，达到防范刑事错案的目的。刑事错案的成因是相关制度修正与完善所要解决的问题。本书通过对时间维度典型案例的总结归纳，提炼出刑事错案的成因，同时，与空间维度的普通法系和大陆法系国家刑事错案及其成因进行比较，更加全面立体地解析目前刑事司法中存在的刑事错案问题，并通过多维度的成因分析，探索可能的防范模式，在此基础上将稳定的、具有实践基础的模式抽象为司法制度，以制度的形式保障刑事错案的防范。

第一节　我国刑事错案成因剖析

一、刑事司法案例在刑事错案与制度完善之间的经验性规律总结（2003—2018 年）

　　第一，"错杀"的刑事错案情况基本消失。在 2003—2009 年的案例中出现了"错杀"的情况，但是在 2009 年之后的案例中这种情况基本消失。2007 年死刑核准权被收回最高法院收回，使得我国刑事错案中"错杀"的情况基本消失，此外，死刑罪名的减少也是"错杀"减少的原因之一。从2010—2015 年典型错案纠正过程中可以发现，刑事错案的发展模式从为防范"错杀"而演变成为"疑罪从轻"的模式。这种模式使得一些刑事案件因为事实不清、证据不足而成为疑难案件，疑难案件因为当时侦查技术以及证据取证、收集、保存等技术因素或者重要证据、证人资料丢失，行政权力干涉等其他因素而成为"疑罪从轻"类错案。在这类案件中，刑事错案的受害人因为司法"疑罪从轻"而被迫选择申诉。

第二，"亡者归来"和"真凶浮现"这类事实明显错误的刑事错案基本已经得到纠正，目前，已经纠正的刑事错案的主要案件类型是以判决事实不清、证据不足的案件为主。这类刑事错案的纠正特点是在辩护的过程中坚持无罪辩护，同时通过申请再审，获得新的证据或者通过调查研究获得新的事实，论证哪些事实是事实不清，对证据的疑点等进行归纳和总结，对原有的审判事实和证据进行推翻再审。

第三，刑事错案的纠正以地方高院和最高法院为主。2017 年，在最高法院第二巡回法庭上纠正了多起刑事错案，以福建省、河北省为主的地方高院也成为刑事错案纠正的重要机构。其原因在于第一审刑事案件的管辖法院为基层法院或中级人民法院，如果案件本身发生错误，由原审理法院进行纠正的难度较大。

第四，刑事案件的检察机关再审抗诉不足与刑事辩护意见的不采纳成为刑事错案的普遍特点。在已经纠正的典型刑事错案中，通过检察机关再审抗诉得以纠正的刑事错案较少。不采纳刑事辩护意见也是刑事错案发生的重要原因。在刑事案件中，均有律师做无罪辩护，但无一例外都未被采纳。笔者在刑事错案司法实践的调查中发现，甚至有律师在审理前劝错案受害人放弃无罪辩护或者出现律师收受刑事案件被害人财物导致辩护不利的事实。在 2017 年纠正的刑事错案中，30 起典型刑事错案共涉及 31 位律师，其中有 16 位是北京律师，可见北京刑辩律师成为错案纠正的主力军。近年来，更多的中国律师主动参与刑事辩护，实际上我国刑事辩护率不到

30%，① 因此，在我国的司法改革中推行刑事辩护全覆盖制度很有必要。②如何提高辩护质量，增强民众对刑事辩护律师的信任感，实行刑事辩护法律援助，提高刑事辩护率，更好地有利于刑事错案的防范，这些是目前需要解决的主要问题。

第五，刑事错案的期限。在刑事错案的纠正中，无论是申诉、再审还是判决，时间久成为重要的特点。在刑事错案中，纠正的平均时间约为 6 年，最长的时间为 20 年，最短的时间为 1 年。在 2015—2018 年的案例中，刑事错案的发现与纠正的工作效率在逐渐提高。③ 但是在偏远地区，例如新疆、云南等地区，因为法治水平发展程度的不同，其纠正的难度更大、时间更久。时间跨度最长的案件从 1997 年一直延续到 2017 年，在此期间，本案经历了两次发回重审、三次申诉，最终在 2016 年由最高人民法院指令再审。2017 年，新疆高院做出终审判决，宣告原审被告人无罪。本案纠错时间跨度大，这也反映出"短期破案"和"无期纠正"之间的冲突。

第六，刑事错案的纠错途径有限。相对于众所周知的美国"无辜者计划"纠正刑事错案的民间团体而言，我国为蒙冤者建立的民间援助组织才刚刚起步。纠错的途径主要以被动的审判监督程序为主，司法机关的主动纠错难度较大，国家赔偿的压力与责任追究制度使得司法机关的主动纠错动力不足，因此，申诉难的困境成为刑事错案的最大顽疾。

第七，刑事错案法律援助的困境。对被追诉者提供免费的法律援助是符合法治精神的重要内容，根据联合国《律师行为准则》的基本要求，2012 年修正的《刑事诉讼法》在法律援助范围方面做了扩充，但由于我国经济发展水平不平衡，部分地区法律援助经费严重匮乏。部分地区不重视法律援助工作，法律援助律师的专业水平参差不齐，对再审案件申请法律

---

① 胡云腾. 改革开放 40 年刑事审判理念变迁 [N]. 人民法院报，2018-12-18 (T31).
② 蒋宏敏，田娜西，刘瑶，等. 刑事案件律师辩护率及辩护意见采纳情况实证研究（下）：以四省（区、市）1203 份判决书为研究对象 [J]. 中国律师，2016 (12)：60-62.
③ 唐亚南著. 刑事错案产生的原因及防范对策：以 81 起刑事错案为样本的实证分析 [M]. 北京：知识产权出版社，2016：53.

援助的条件限制过多等，这些是导致刑事错案困境的重要原因。同时，刑事错案受害人家庭经济困难，无力支付律师费，又因对错案申诉花费巨大，二次致贫。在典型案件中，2016 年纠正的刑事错案是由法律援助的律师进行辩护的，在已经纠正的错案中凤毛麟角。这些导致我国刑事错案通过法律援助实现刑事错案救济难上加难。

二、通过不同时期的案例分析总结我国刑事错案存在的共同特点

第一，严重暴力犯罪成为最主要的案件类型。其中，以故意杀人罪、强奸罪、抢劫罪最多，而且大多数刑事案件都有被害人死亡的结果，即俗称的"命案"。之所以出现错误，大致有以下几个原因。

（1）办案机关承受的压力较大。在严重的暴力犯罪中，特别是在案件被害人死亡的情况下，社会关注度比较高，被害人家属对办案机关的要求也是多样化的，例如，一定尽快将真凶绳之以法或要求"限期破案"，"不然就上访或游街示众"等，警方之所以答应被害人家属的要求，也是从维护社会稳定的角度着想，侦查机关普遍秉持着"命案必破"的想法，在有限的时间内承受着巨大的办案压力。面对各方压力，当案件线索毫无头绪或者线索并不确定的时候，有些缺乏法治意识或者法治意识淡薄的侦查人员往往会铤而走险采取一些包括体罚、殴打等刑讯逼供的非法手段，收集以认罪口供为中心的证据材料。

（2）办案人员容易受到各种利益的诱惑。在很长一段时期，侦查机关的工作目标和政绩衡量标准难免以侦破犯罪案件的数量为准，而命案就更显得有分量了。只要侦查机关单方面宣布侦破重大暴力犯罪案件，相关的办案人员就会得到上级机关的立功、晋升等嘉奖，而且因刑讯逼供罪受到惩罚的概率几乎为零。这使得有些急功近利的工作人员在现实利益的诱惑下，会突破法律的底线，在毫无线索的情况下，片面地先入为主，怀疑某某作案，而后千方百计收集各类有罪证据材料，甚至不惜伪造、捏造证据材料，完成所谓的"破除案件"。

（3）无辜者及其家属在坚持申诉的路上竭尽全力。在严重暴力犯罪案件中，判以重刑甚至死刑是刑事案件被告人的结局。这种长期被剥夺自由甚至生命的结果，让很多原本无辜的被告人和其家属不能接受，他们想方设法努力坚持申诉，倾尽所有为刑事案件的被告人翻案。例如，在一些典型案件中，无辜者本人或其家属一直都在想方设法进行申诉，有的错案受害人在服刑期间一直喊冤，拒不认罪，拒绝减刑，有的亲属甚至辞去了工作，专门向有关机关和部门反映问题，投入大量的财力、物力，还有的在服刑完毕之后仍设法翻案。正是这种锲而不舍的申诉，才使有些案件受到了媒体以及社会的关注，那些错案才得以纠正。

第二，刑事错案的发案时间主要集中于 20 世纪 90 年代，大部分案件是 20 世纪 90 年代发生的。主要原因可能有以下几项。

（1）刑事诉讼法治化处于起步阶段。全国人大常委会法制委员会于 1979 年 2 月成立，该委员会对 1963 年刑事诉讼法草案初稿进行经验总结，重新起草了法典草案，并将该草案提请给 1979 年 6 月召开的五届全国人大二次会议进行审议，审议后于 1979 年 7 月 1 日正式通过。新法典的颁布和实施标志着我国刑事诉讼活动正式走向法制化轨道，这部法典也是刑事法治建设中一座重要的里程碑。从此，我国司法机关办理刑事案件有了共同的准则和程序，办理刑事案件无法可依或者只凭政策、依照单行法规办案，甚至仅凭经验办案或以言代法的时代已经成为过去。与此同时，新法典的制定和实施，有效地保证了惩罚犯罪，为改革开放和社会主义现代化建设保障工作做出了很大的贡献。但是受其制定时的历史条件限制，新法典仍存在一些不足。例如，被告人在审判阶段才能委托律师为其辩护，权利最需要保障的侦查阶段却无权获得律师辩护，没有确立无罪推定原则；证明责任和证明标准以及疑罪案件的处理缺乏可操作性的依据；非法取得的证据效力不明，致使一些违反或变相违反刑事诉讼法的行为屡禁不止；等等。这些制度上的不足为刑事错案的发生埋下了隐患。

（2）人权保障的理念和程序意识较为欠缺。即使制定了刑事诉讼法，人们对刑事诉讼法的认识也较为落后，许多司法人员受传统思想和惯性思维的影响，一时难以转变做法。有的人甚至认为刑事诉讼只是惩罚犯罪，特别是那些在司法实践工作中坚持重实体、轻程序的人。

（3）受"严打"刑事政策的影响。中央于1981年召开的五大城市治安座谈会上发布了21号文件。①"打击不力"的问题也正是由该文件首次提出来，文件明确指出："我们需要依法从重从快打击的百分之六左右的重大恶性案件的首要分子是目前群众认为我们打击最不力的人群，也是群众对我们最大意见的部分。"② 所谓的"首要分子"主要是指"涉及杀人、放火、抢劫、强奸、爆炸及其他对社会造成严重危害的现行犯罪分子等"。基于这一问题，1983年9月，全国人大常委会进一步做出了《关于严惩严重危害社会治安的犯罪分子的决定》，该决定要求依法从重从快，稳、准、狠地打击严重危害社会治安的暴力犯罪、经济犯罪、黑社会犯罪等刑事犯罪活动，"严打"的序幕从此拉开。至此，我国开始了近十年的刑事司法"严打"主题，我国刑事司法活动也成了若干阶段的"严打"战役。"严打"看似可以迅速扭转一个地方社会治安的面貌，但绝非长久之计，没有具体操作制度予以保障的司法实践活动注定留有后遗症，在实践中其弊端暴露无遗。盲目随意、执行不一等问题一一出现，在"从严""从重""从快"的要求下，错案产生在所难免。

第三，绝大部分刑事错案都存在不同程度的刑讯逼供，口供不合常理，反复甚至相互矛盾，而且没有关键物证予以印证。

改革开放初期，在经济发展水平不高的情况下，公安机关的侦查技术较为原始和简单，侦查技术水准有限，主要是通过走访或者现场勘查锁定犯罪嫌疑人，逐步排查，并以获取口供作为破案的突破口，过分依赖口供，必然导致错案的发生。

第四，绝大部分刑事错案的律师提出了无罪辩护，而且提出的辩护意见被证明是合理、正确的。

---

① 1981年中共中央21号文件又批转了北京、天津、上海、广州、武汉《五大城市治安座谈会纪要》，在这个文件中，党中央第一次提出"综合治理"这个概念，正式把"综合治理"作为解决社会治安问题的方针。

② 张晋清. 浅谈依法从重从快［J］. 法学杂志，1981（3）：2.

在刑事案件中，大部分都有律师担任辩护人，而律师的担任者可以是法院指定的辩护律师，也可以是受犯罪嫌疑人或是被告人委托的律师。他们都针对案件的情况给予了合理的辩护意见，而且绝大部分提出了证据不足的无罪辩护；但是在司法实践中，无罪辩护在"坦白从宽，抗拒从严"的刑事政策影响下，通常会被认定为"认罪态度不好"，从而导致案件"从重"，因此，大部分律师在受理刑事案件的过程中进行罪轻辩护。即使事实证明，这些律师所做的无罪辩护意见都是正确的，基本上都指出了案件证据存在的重大疑点，可惜的是，法院基本上都是以一种简单的方式拒绝采纳，而且没有说明具体的缘由。

三、我国刑事错案的成因剖析

司法制度通常包括两个层面，即司法运行机制和司法体制。前者主要涉及司法运行的规则、具体程序、制度等微观技术方面的内容。后者主要涉及司法机关之设置、职能、地位、人员及内外关系等宏观结构方面的内容。刑事错案的成因大致也可以从这两个层面进行剖析。

实际上，刑事错案的产生本质上就是证据和证明，本书顺着这条思路，通过对现有文献成果做批判性吸收及对近年发现和纠正的典型刑事错案进行总结分析，从三个层面对中国刑事错案的成因进行分析：（1）不规范的侦查行为是刑事错案证据收集过程的源头；（2）侦查监督职责失守，刑事错案证据审查不足；（3）疑罪从有、从轻，不重视辩护意见等庭审过程中出现的问题。司法运行过程之所以会出现上述现象，根源在于司法制度出现了问题，司法运行机制和体制均存在不符合司法规律的问题。

（一）刑事错案的成因：侦查行为不规范

立案侦查是刑事诉讼最开始的程序，侦查机关一旦发现犯罪事实并需要追究刑事责任时，便会立即立案并迅速展开侦查工作。侦查人员在侦查过程中，通常通过锁定犯罪嫌疑人和查明犯罪事实两个核心问题来展开，从而进行一系列侦查行为和相关证据的收集工作。但是，通过对刑事错案案例的研究，笔者发现，在这两个问题上，有的侦查机关会犯致命性的错误。例如，杜培武案件，有可靠的犯罪事实，然而侦查机关对犯罪嫌疑人的锁定有误；对佘祥林和赵作海的案件，侦查机关却将犯罪事实调查方向弄错了。综上所述，不规范的侦查行为导致错案，最常见的主要有以下几种类型。

1. 暴力刑讯逼供获取虚假供述问题

刑讯逼供是刑事错案的成因之一。随着司法体制不断改革，我国侦查阶段刑讯逼供的状况在 2010 年以后明显减少。在典型案例中有不少案件是通过刑讯逼供取得的口供，并以此作为定案的依据，因而产生了刑事错案。在司法实践中，刑讯逼供问题根源在于口供证据是"证据之王"。与此同时，不可否认，在侦查实践工作中通过讯问获取口供的重要性以及口供作为犯罪证据的重要性。很多刑事案件的线索在没有任何提示的情况下很难获得，高科技的技术侦查受技术、设备、人的认识范围的限制，在实践中发挥作用的概率并不高，尤其是在环境复杂的案发现场。为了高效地遏制犯罪，在侦查过程中通过侦查讯问获取与案件相关的信息成为侦破案件的关键。世界著名审讯专家佛瑞德·英鲍（Fred lnbau）认为，犯罪学的侦查技术和科学还没有发展到能在案件，哪怕在大多数案件中，通过查找和检验物证来提供破案线索与定罪依据的程度。在犯罪侦查中，甚至在最有效的侦查中，在完全没有物证线索的情况下必然需要询问其他可能了解案情的人。这些审讯和询问，特别是对犯罪嫌疑人的审讯，都必须在保密的条件下进行，而且需要持续相当一段时间，侦查人员还经常使用些心理学策略和技术。①当前，如何展开有效的审讯以获得犯罪嫌疑人口供，同时，如何切实保障犯罪嫌疑人的权利等，这些问题成为理论界与实务界关注的热点，也是审讯面临的难点。刑讯逼供是在侦查讯问的过程中出现的问题，刑讯逼供作为一种非法手段，却能在侦查讯问过程中长期存在，其治理难度可想而知。

---

① 鲍，莱德，巴克利，等. 刑事审讯与供述［M］. 刘涛，译. 5 版. 北京：中国人民公安大学出版社，2015：8.

2. 非法证据排除规则适用问题

中国确立非法证据排除规则最直接的目的是遏制刑讯逼供。关于以刑讯逼供的方式获取的口供排除问题，首先需要确定的是刑讯逼供的概念。刑讯逼供的行为主体主要是侦查人员，但并不限于侦查人员，任何公职人员或官方身份的人员或者其指使、默许、唆使的人员都可以构成刑讯逼供的主体，所以，在我国参与刑讯逼供的主体不仅限于公职人员，也可能是临时工、辅警或其他人员。执法人员不仅自己不能进行刑讯逼供，还有义务保护他人不受非法取证行为的伤害，即有义务保护被讯问人免受其他人，包括其同事的刑讯逼供。① 当然，治理刑讯逼供现象，仅依靠非法证据排除规则还是远远不够的，行为人实施刑讯逼供行为还必须承担相应的法律责任。② 相比之下，排除刑讯逼供所得的言词证据并不是对责任人的处罚，但是责任人可能因排除非法证据而被否认刑讯逼供取得的证据。

在非法证据排除规则中，排除刑讯逼供的证明标准与刑讯逼供真实存在的证明标准并不一样。法律尽管已经明确了刑讯逼供的定义，但是如何认定侦查人员不规范的侦查行为，仍然没有具体的规定。同时，刑讯逼供的认定是个更复杂的问题，需要出具能够确认刑讯逼供存在的调查报告。在国际法中认定刑讯逼供行为的法律规定是，联合国需要依据法律规定③在合理时间内提出一份书面报告，其中应包括调查的范围、程序与评价证据所用的方法，以及根据对事实的认定和适用的法律提出的结论与建议，

---

① 依据联合国大会通过的《执法人员行为守则》第 1 条规定："执法人员无论何时均应执行法律赋予他们的任务，本着其专业所要求的高度责任感，为社会群体服务，保护人人不受非法行为的伤害。"

② 《执法人员行为守则》第 5 条明确规定：执法人员不得施加、唆使或容许任何酷刑行为或其他残忍、不人道或有辱人格的待遇或处罚，也不得以上级命令或非常情况，例如战争状态或战争威胁、对国家安全的威胁、国内政局不稳定或任何其他紧急状态，作为施行酷刑或其他残忍、不人道或有辱人格的待遇或处罚的理由。联合国《保护所有遭受任何形式拘留或监禁的人的原则》原则 6 也规定：对于遭受任何形式拘留或监禁的人不应施加酷刑或施以残忍、不人道或有辱人格的待遇或处罚。任何情况均不得作为施以酷刑或其他残忍、不人道或有辱人格待遇或处罚的理由。

③ 联合国《有效调查和记录酷刑和其他残忍、不人道或有辱人格待遇或处罚的原则》。

报告编写完毕后应立即公布。报告还应详述查实确已发生的具体事件、据以做出这些判断的证据，并列出做证证人姓名，但须对给予保护的证人不能公布其身份。国家应在合理时间内对调查报告做出答复，并酌情表明为此采取的步骤。

刑讯逼供程度不严重或者刑讯逼供的证据不足，没有达到刑事立案的程度，则可能不需要有明确的认定，证据不足就难以认定刑讯逼供。在非法证据排除规则中，并非必须认定刑讯逼供，只要不能否定刑讯逼供，则相关证据就必须排除，这两种情况的证明难易程度区别很大。① 当事人一方申请排除刑讯逼供获得的证据需要提供线索和材料。有学者指出：证明标准到底有多高，其决定权来自对案件的认知程度。② 那么，法官能够达到何种程度的认识？在非法证据排除规则的审理过程中，控辩双方提供的截然相反的证明材料通常使法官难以对非法证据的存在做出肯定判断，但是可以达到"有合理怀疑存在刑讯逼供"的程度。当事人的这种举证标准很低，但是很难达到此标准，因此，审理机关可以不予受理，在侦查机关、检察机关和法院主动排除刑讯逼供证据的情况下，其需要对案件的事实和证据做全面审查，来认定是否存在刑讯逼供的合理怀疑。

控诉方承担对非法证据的证明责任需要达到排除合理怀疑的程度。这种证明标准虽然在表述上与证明有罪的标准一致，但因为证明方式不一样，有罪供述笔录与自我供述等文字材料、有罪供述的录像片段，以及情况说明都不能单独证明审讯合法。从表面上看，公诉方证明的难度较大，但实际上证明难度并不高。在对案件事实进行审理来达到排除合理怀疑的目的而判处当事人有罪的情况下，控诉方要达到排除合理怀疑的程度是指要排除一切其他可能性，得到被告人有罪的唯一结论。在非法证据排除的证明中，往往排除证明的一个可能性要比排除一切其他可能性来得容易得

---

① 2012 年修正的《刑事诉讼法》第 56 条第 2 款规定：当事人及其辩护人、诉讼代理人有权申请人民法院对以非法方法收集的证据依法予以排除。申请排除以非法方法收集的证据的，应当提供相关线索或者材料。

② 魏晓娜. "排除合理怀疑"是一个更低的标准吗？［J］. 中国刑事法杂志，2013（9）：57-63.

多，还可以运用反证法，只要证明当事人声称的刑讯逼供不存在就可行。所以，当控诉方针对不存在非法取证行为的证明而需要承担相关责任时，也就无可厚非了。因此，在非法证据排除规则当中，若刑事案件的控方不能证明刑讯逼供不存在，相关证据即应当排除。证明刑讯逼供的行为认定，尤其是当需要对实施刑讯逼供的责任人进行处罚时，控方需要通过调查报告来证明刑讯逼供的存在。国家是刑讯逼供调查义务的承担者①，刑讯逼供调查的信息来源有很多种，包括被刑讯逼供人及其亲友的控诉或申诉，还有执法人员的报告②，这是国家执法人员的义务。

　　任何人知悉刑讯逼供都可以向有关部门报告，包括媒体的披露③，这种披露或报告不属于义务性质，而是公民享有的控告检举权利。国家对刑讯逼供等酷刑的调查并不是完全被动的，而是可以主动进行调查。联合国大会通过的《有效调查和记录酷刑和其他残忍、不人道或有辱人格待遇或处罚的原则》规定，国家应确保立即切实调查关于酷刑或不当待遇的申诉和报告，即使没有明示申诉，但有其他迹象显示可能发生了酷刑或不当待遇，也应进行调查。调查员应独立于涉嫌施行酷刑的人及其服务的机关，并应具有能力、公正无私。他们应能咨询公正的医疗专家或其他专家，或有权委托这些专家进行调查，进行此种调查所用的方法应符合最高的专业标准，调查结果应予以公布。这一条明确指出，对酷刑调查的主体应当独立于涉嫌施行酷刑的机关。所以，当侦查机关的有关人员涉嫌使用酷刑时，应当由其他机关的人员或委托专家来进行调查。该文件第 3 条（a）款规定，调查当局应有权力和义务取得调查所需的一切资料。负责调查的

---

① 联合国《保护所有遭受任何形式拘留或监禁的人的原则》原则 7 第 1 款规定："各国应通过法律禁止任何违反本原则所载权利和义务的行动，规定任何这种行为应受适当制裁，并应根据指控进行公正调查。"

② 《保护所有遭受任何形式拘留或监禁的人的原则》原则 7 第 2 款规定："有理由相信违反本原则的情事已经发生或将要发生的官员，应向其上级当局就该情事提出报告，必要时并应向拥有复审或补救权力的其他适当当局或机关提出报告。"

③ 《保护所有遭受任何形式拘留或监禁的人的原则》原则 7 第 3 款规定："有理由相信违反本原则的情事已经发生或将要发生的任何其他人应有权将该情事向有关官员的上级提出报告，以及向拥有复审或补救权力的其他适当当局或机关提出报告。"

人应有进行有效调查所需的一切预算和技术资源。他们也应有权要求所有以官方身份行事涉嫌参与施行酷刑或不当待遇的人到场做证。此种权力也应适用于任何证人。为此目的，调查当局应有权向证人，包括任何被指控参与其事的官员发出传票，并有权要求其提供证据。应当指出的是，由于这种调查可能涉及案件事实、证据等事项，在刑事诉讼中，尤其是在侦查阶段，这些事项可能需要保密，所以调查人员应当严守保密义务。该条（b）款还规定，应保护据称遭受酷刑或不当待遇的受害人、证人、进行调查的人及其家人免遭暴力、暴力威胁或可能因调查而引起的任何其他形式的恐吓。酷刑或不当待遇的可能涉案人员，当其职位可直接或间接控制或影响申诉、证人及其家属以及进行调查的人时，应解除其职务。该条所说的受害人并不是在刑事司法上受到犯罪行为侵害的人，而是指受到刑讯逼供的人。

调查发现，刑讯逼供的非法证据排除问题除典型的暴力获取被告人、犯罪嫌疑人的供述以外，还包括威胁、引诱欺骗方法收集的供述，冻、饿、晒、烤、疲劳等方式获取的证据。依据刑事诉讼法的规定①，应当纳入排除范围的非法证据有威胁、引诱、欺骗等方法收集的证据，对于法律没有明确规定的证据，当然也不排除给司法机关自由裁量的余地。

以冻、饿、晒、烤、疲劳等方式获取证据属于不人道的行为，包括对被讯问人施以肉体或精神上的虐待，暂时或永久地剥夺其视觉或听觉等任

① 《刑事诉讼法》第54条没有明确规定以威胁、引诱、欺骗方式获得的犯罪嫌疑人、被告人供述是否排除，这引起一些人的困惑。陈卫东等学者指出，2012年《刑事诉讼法》通过以后，第50条、第54条等条款禁止以威胁、引诱、欺骗以及其他非法方法收集证据，其明确规定非法证据排除规则在司法适用中既为保障犯罪嫌疑人、被告人、证人、被害人等主体的合法权益提供可依赖的法律支撑，也对侦查人员的侦查活动提出挑战，即如何在正常进行侦查活动、使用侦查谋略的同时，又能够避免陷入被指责使用了引诱、威胁等手段的困境。该问题可以结合《刑事诉讼法》第50条进行理解，该条规定：严禁刑讯逼供和以威胁、引诱、欺骗以及其他非法方法收集证据。

何自然感官的使用，或使其丧失对地点或时间的知觉。① 通过刑讯逼供与非法证据排除的关联性，我们不难发现，遏制刑讯逼供是非法证据排除规则设定的直接原因。我国设定非法证据排除规则的目标实际上是对以刑讯逼供的方式获取的口供进行排除，这就涉及如果是以刑讯逼供的方式获取的实物证据，如何适用非法证据排除规则的问题。②

　　实际上，我国迫切需要解决的问题是遏制刑讯逼供获取供述问题，所以在我国排除非法言词证据是重点，对于排除非法实物证据的规定模糊，这也与我国保护个人财产和隐私权的法律法规不完备，非法搜查、扣押的法律法规不健全有关。我国关于收集物证、书证的法定程序很多，包括法律规定、司法机关的解释规定、公安机关的各项规定等。但因非法证据排除规则是有法可依、有章可循的，所以不符合法定程序收集的证据不一定是非法证据，还有可以补正的瑕疵证据。2012 年《刑事诉讼法》第 54 条规定，有关物证的排除并不完全属于非法证据排除规则的范围，如果以这条法律规定为线索论述非法物证范围，是不符合非法证据排除规则的理论和逻辑的。在我国司法实践中，非法实物证据排除很少与这条规定有关，因为如果非法证据可以补正，就不发生排除问题了，非法证据排除规则也没有存在的必要。同时，实物证据不仅可以通过搜捕、搜查和扣押的方法取得，还可以通过犯罪嫌疑人供述获得，或者其自己交出实物证据。这就可能发生以刑讯逼供的方式使其交代出犯罪的工具、赃物等实物证据的现

---

① 判断取证方法是否构成了刑讯逼供或者冻、饿、晒、烤、疲劳审讯等非法方法，这需要司法人员根据取证时的不同情况加以分析。不同的人在不同的环境下对刑讯和冻、饿、晒、烤、疲劳等承受力不一样，但是，也应当有一个判断标准，否则司法人员很难把握。对于以冻、饿、晒、烤、疲劳等非法方法获得口供的判定，可以参照联合国《禁止酷刑公约》等文件中对酷刑的认定方式，即一切通过蓄意使被讯问人在肉体或精神上遭受剧烈疼痛或痛苦的任何行为所取得的证据应当认定为非法证据予以排除。2013 年 10 月，最高人民法院发布《关于建立健全防范刑事冤假错案工作机制的意见》，明确规定："采用刑讯逼供或者冻、饿、晒、烤、疲劳审讯等非法方法收集的被告人供述，应当排除。"
② 2012 年《中华人民共和国刑事诉讼法》第 54 条规定："收集物证、书证不符合法定程序，可能严重影响司法公正的，应当予以补正或者作出合理解释；不能补正或者作出合理解释的，对该证据应当予以排除。"

象。以刑讯逼供的方式获取的实物证据会产生两个不同的情况：一是获取的实物证据能证明罪行，二是获取的实物证据不能证明罪行。在以客观真实为主的刑事诉讼证明标准的引导下，获取实物证据证明罪行，成为刑事诉讼案件侦查过程中默认的规则。目前，我国针对实物证据如何适用非法证据排除规则，也缺乏相应的制度予以解释适用。

3. 取证中忽视无罪证据问题

依据我国刑事诉讼法的规定，公安机关对已经立案的刑事案件，应当及时立案侦查，全面、客观地收集、调取犯罪嫌疑人有罪或者无罪、罪轻或者罪重的证据材料。① 公安部规定，对案件进行客观、公正的侦查是侦查机关的义务。证据收集过程中要收集有罪证据，同时不能忽视无罪证据。但是，从已经发生的刑事错案案例来看，侦查机关在认真、全面履行职责上的表现并不尽如人意。前文通过对典型案例的分析发现，侦查人员视野既受侦查机关控诉角色的影响，又受有罪证据的限制，这是世界性问题，在我国也无法避免。针对这一限制性问题，笔者翻阅案卷后发现各种问题层出不穷。例如，侦查机关对可能排除犯罪嫌疑的证据材料不但不调查甚至故意忽视，更有甚者在罪证收集或是在移送至侦查机关的过程中，有的侦查人员通过各种不正当手段对证据进行虚构或者蓄意捏造事实根据，还有以暴力手段胁迫证人提供伪证或者故意篡改、捏造证人证言。这些行为让人们望而生畏，却是已经发生的案例。例如，在赵作海的案卷中，侦查机关曾强迫赵作海妻儿辨认包裹尸体的编织袋为自家工具。在张氏叔侄案中，作为唯一的直接证据却是伪证，更没想到该伪证是由警方的狱侦耳目提供的。这是侦查人员为提供不利于犯罪嫌疑人的证言，故意利用监狱线人并唆使其做伪证的案例。这些体现了我国当时刑事案件侦查的状态，特别是针对一些疑难案件的侦查，有些侦查人员为形成有罪的证据链，结束案件侦查工作，在侦查过程中蓄意制造或利用伪证来掩盖案件存

---

① 公安部制定的《公安机关办理刑事案件程序规定》（2012 年修订）第 187 条亦规定，公安机关对已经立案的刑事案件，应当及时进行侦查，全面、客观地收集、调取犯罪嫌疑人有罪或者无罪、罪轻或者罪重的证据材料。

在的疑点。

4. 侦查阶段律师辩护权问题

在刑事诉讼过程中，控诉方与辩护方是相互对应的两方。有效的辩护不仅是对被告人权利的保护，还可以限制公权力的滥用。刑事诉讼法针对这一问题进行了具体的规定①，律师讯问的在场权、调查取证权也在逐步完善。但是，有学者在论及律师在场权时，主张把律师在场权适用于所有讯问场合，即主张在讯问过程中全面引入律师在场权②，主张对可能判处死刑的案件，讯问犯罪嫌疑人应当有辩护律师在场。随着我国刑事辩护制度的改革，刑事辩护执业环境不断得到改善，刑事辩护律师人数不断增加，在这一背景下构建我国刑事案件律师辩护全覆盖机制的时机已经成熟。2017 年最高人民法院、司法部联合出台《关于开展刑事案件律师辩护全覆盖试点工作的办法》，要求在北京、上海、浙江、安徽、河南、广东、四川、陕西 8 个省（直辖市），试点刑事案件审判阶段的律师辩护全覆盖。2018 年 10 月 26 日，刑事诉讼法修正案明确将认罪认罚从宽制度纳入刑事诉讼法，其中规定了法律援助机构在人民法院、看守所派驻值班律师，以及认罪认罚从宽制度中值班律师的相关职责。截至 2020 年，我国共有 2368 个市县区开展了刑事案件律师辩护全覆盖试点工作。③ 其中，北京等 16 个省、区、市和新疆生产建设兵团实现了县级行政区域试点全覆盖。中共中央印发的《法治中国建设规划（2020—2025 年）》中明确要求，健全落实法律援助值班律师制度，实现刑事案件律师辩护、法律帮助全覆盖。这意味着刑事案件律师辩护全覆盖试点工作将得到进一步深化。刑事案件

---

① 在法律规范上，《中华人民共和国刑事诉讼法》吸收律师法的相关规定，对我国刑事辩护制度进行了较大范围的修改，如在会见权和阅卷权上突破了以往的条框设定，这有利于充分保护犯罪嫌疑人和被告人的诉讼权利，但对于国际通行和最低准则的律师讯问在场权与律师取证权，则还是采取了相对保守的态度。就总体趋势而言，律师讯问在场权和一定的调查取证权是律师辩护权不可缺少的重要组成部分，需要引起重视。

② 万毅. 侦查讯问程序的批判性重塑 [J]. 安徽大学学报，2006（1）：67-73.

③ 白阳. 去年中国有 2368 个县市区开展刑事案件律师辩护全覆盖试点 [EB/OL]. 新华网，2021-02-11.

律师辩护全覆盖将大幅度提高律师刑事辩护率，让被告人在刑事案件各个阶段得到律师的辩护和帮助，从而防范刑事错案，促进刑事司法公平、公正。

通过分析导致错案的侦查行为不规范，笔者发现，讯问过程是产生错案的"虎口"，因此，在讯问中如何遏制刑讯逼供是防范刑事错案的重点。通过研究可以发现，我国刑事司法制度中防范刑事错案的法律法规均围绕遏制刑讯逼供而展开，关于防范刑事错案的法律法规制定的背景是在刑事错案引起公众关注后做出被动"止疼剂"式的规定，因而出现了法律优先于社会本身法治环境的情况。法律先进但具体实施难，缺乏配套的制度保障和实施细则，因此，防范刑事错案的制度完善应以刑事错案的防范为目的，不以个案为基础，通过制度的全面完善以多元化的模式保障司法公平、公正。

（二）刑事错案的成因：侦查监督不足

在公、检、法三机关中，检察机关的诉讼监督职能包括全过程参与刑事诉讼，监督立案、侦查、审判、执行等，尤其是对侦查终结的案件，补充侦查后仍需依法做出不起诉的决定的情况有事实不清、证据不足，达不到起诉条件等。倘若在刑事错案中，在审查起诉环节就予以纠正的话，无辜者就能及时从错误的刑事诉讼中解脱出来，这一阶段也是刑事错案防范的"黄金期"。通过研究可以发现，由检察院认为不构成犯罪或证据不足的决定不批捕、不起诉的案件人数是很庞大的。在这些统计的数据中，将事实不清、证据不足的案件在审查起诉阶段进行无罪化处理，也是刑事错案防范与纠正中一直被忽视的重要组成部分。

根据有关刑事错案产生原因的部分文献资料，学者普遍将错案成因归于刑讯逼供等不规范的侦查行为。不可否认，侦查行为确实是错案发生的成因，但同时负责审查起诉的检察机关全程参与案件的刑事诉讼程序，其诉讼监督职能对纠正侦查阶段产生的刑事错案也有直接作用，尤其是对侦查终结的案件以及补充侦查后出现事实不清、证据不足，达不到起诉条件的案件。依法做出不起诉的决定，对刑事错案的受害人来说具有挽救的功能。如果刑事错案在审查起诉环节予以纠正，就可以及时把无辜者从刑事诉讼中解脱出来，对刑事错案产生关卡作用。在刑事案件纠正的途径中，通过检察机关进行纠正的案件数量较少。对当事人的申诉，检察机关通常消极处理，一般不会主动调查，申诉难是刑事错案普遍面临的问题。面对这一系列的问题，最高人民检察院于2013年发布《关于切实履行检察职能防止和纠正冤假错案的若干意见》，强调严格把握法律规定的逮捕、起诉标准等一系列规定，加强侦查监督，这既是对刑事错案的总结，也是新的法治环境对检察机关的新要求。

在对刑事错案的防范中，监督工作意义重大。我国检察机关对侦查机关的监督须依据法律规定，并有三种监督类型：立案监督、逮捕监督、侦查监督等。立案监督可以避免让无辜的公民卷入侦查过程，在立案阶段纠正侦查机关的错误，保障公民的权益。逮捕监督可以纠正错误的逮捕申请和不必要的羁押，减少刑事错案给无辜公民带来的损害。侦查监督则更是对刑事案件侦查的整体监督，主要分为两种：第一，监督审查起诉程序本身；第二，监督具体侦查行为。总体来说，无论从制度设计角度还是从检察机关监督职能方面来看，二者都是为防范刑事错案的"过滤"工作做铺垫。从我国已经发现和纠正的刑事错案来看，检察机关的"过滤"作用并未充分发挥。深入分析导致检察机关侦查监督失效的原因，主要为以下几方面。

1. 检察机关职能配置问题

侦查监督需要配置何种权力予以制衡，应从侦查监督的目的和任务出发进行构建，同时应针对被监督者的权力运行的特性和具体实践中存在的主要问题予以细化。具体来说，就是运用审查起诉权，对侦查的案件适用法律、认定事实以及调查的证据进行审查，或对可能涉及公共利益或公民私益受到侵扰的立案与不立案、撤案与不撤案问题，或督促启动或督促纠正，对一切涉及公民权利与自由的侦查行为和强制措施，尤其是对强制性侦查行为进行审查，或批准或不批准，或要求变更。检察机关监督权的一个重要方面就是检察和督促，建议权是检察机关监督职能的重要体现，否定性评价往往直接导致侦查机关终止一个程序而自然地进入另一个程序。因而,建议权在这个时候可以发挥很好的指引功能和督导功能,评价权往往是被动的,而建议权力是带有主动性的。所以,这种权力是法律监督的一个特有权力。这种监督权应包含以下几个方面的要素:(1)监督机关认为,侦查机关应该对以下违法的措施予以纠正——纠正建议,当不需要或者对一些已经发生违反法律规定或者法律规定不被允许的情况不能追究法律责任时,提供纠正建议;(2)建议整改,即在办案中发现侦查机关在管理中存在漏洞可能导致违法情况发生,建议侦查机关采取措施进行整改,以防止违法行为的发生;(3)针对法定职责没有认真履行的侦查机关,检察机关要求采取补救措施,这也是所谓的"建议处置",检察机关应积极、认真履行监督职责。我国现有法律对上述侦查监督权都有规定,但也存在很多问题,因而直接影响了这些权力行使的效力。笔者总结上述问题的实质,就是法律建议权的范围不够全面,许多侦查措施和侦查行为未被纳入评价序列。建议权行使的范围不够周延,诸如消极侦查、侦查片面等侦查机关许多不作为的问题都未被纳入监督视野,因而影响了建议权的正常行使。法律对检察机关履行建议权之后的效力,侦查机关如何接受建议监督以及接受到何种程度、侦查机关不接受监督的法律责任等未予以明确,这使得建议监督的效力大打折扣;同时,对建议权的行使,亦缺乏规范性和可操作性。

检察职权实现的实效性必须依赖于侦查监督的基础性权力,包括调查权与知情权。其中,知情权是检察机关行使各项法律监督职能的前提条件,检察机关想要有效地对被监督对象的所作行为进行监督,就要做到全面了解,准确掌握被监督对象的真实情况。

2. 侦查权的社会监督问题

侦查权的社会监督体系包括人大监督、组织监督、检察监督以及权利性监督和其他社会监督。法律要发挥这个监督体系的整体功能,就必须明确和完善各监督系统之间的衔接,使其保持相互促进和互动,并处于一种动态平衡状态,促进侦查权与侦查监督权、人大监督权、组织监督权、检察监督以及权利性监督、其他社会监督之间协调运转，促进侦查的法治化，这是完善检察机关侦查监督权力体系的目标和重要内容。为此，法律应当在依法明确、定位各个监督主体任务和职责的基础上，进一步明确各自的法律责任，进一步细化各监督主体行使权力的程序，并通过一个系统的推动作用使各系统的监督责任可以有效实施，实现侦查监督体系的整体效应。在这样的侦查监督体系中，专门的法律监督机关是检察机关，然而刑事诉讼过程是通过法定的程序和手段措施，对个案进行司法性控制。这种监督与被监督对象距离最近，监督的事项最具体，监督手段和措施最具可操作性，监督的效力最有权威性。因此，法律应围绕检察机关的侦查监督依法明确其他监督者的职责。

检察机关的监督设计需要各社会主体的配合与合作，也只有与社会相关主体的监督相结合，才能使检察机关侦查监督权的效能得以充分发挥，监督的效力才可能得到保证。要想发挥整个社会侦查监督体系的作用，必须借助其最能动的力量，即检察机关作用的发挥，必须进一步完善检察监督的权力体系及其与各社会监督主体的能动关系。但是，当前中国侦查监督体系中存在的问题表明，侦查的社会监督体系是不完善和不具有操作性的，因而难以发挥作用。检察监督与权力监督、组织监督以及权利性监督之间缺乏很好的制度衔接，这既使检察监督权的权威性受到损害，也使相关监督的效能未充分发挥，影响了整个侦查监督的系统作用。其一，根据宪法规定，人大监督属于权力监督，这种监督是自上而下的监督，包括工作监督和人事任免监督等，这种监督具有决策性和实体处分性。但是，《中华人民共和国各级人民代表大会常务委员会监督法》仅从宏观上对各级人大常委会对执法机关的执法活动进行调查、检查等权力做了相关规定，各级人大委员会对各级政府、法院、检察院的工作报告有权进行审议和质询，但这些监督内容过于泛化，监督的手段不够得力，对侦查机关侦查权运行情况掌握不够及时，了解程度不够深入、全面。其根本原因在于监督的知情权没有得到保障，监督的途径有待改善。其二，组织监督主要是党纪部门和行政机关的领导者及上级机关对其权限所及的单位与个人，通过发挥管理权能进行工作以及人事上的规制和指挥，具有实体的处分权。组织监督的一个重要内容和监督途径应当包括检察监督涵盖的监督的问题以及监督情况的落实；而法律监督仅仅是一种程序性监督，只是建议启动或终结程序的一种权力，这种权力的效力直接受制于被监督机关的接受程度。因此，国家要发挥检察监督的效力，就必须使检察监督和组织监督进行有效的衔接与合理的配置，但组织监督是一种内部监督，其监督者与被监督者有着共同的利益趋向，其监督的公信力不免受到质疑。同时，对人的制裁与惩戒和对侦查案件的控制是两个层面的问题，其作用和效力所及也同样应该受到质疑。其三，依照法律规定，检察监督实质上是一种权力制衡，而权力制衡的基本理念或者说其基础性根源在于行政权力与权利保障之间的平衡。检察监督的目的和方向必须始终定位在相关当事人权利的保障上，必须在监督的内容和监督的途径上都有权力性监督的一席之地，权力性监督最根本的保障就是必须依靠权力监督发挥作用。因此，检察监督必须始终密切与权力性监督保持良好的信息沟通和对话机制。但是，目前的侦查监督体制缺失诸如被害人的救济性规定，也存在检察监督渠道单一等问题，这些都不符合宪法宗旨，也影响了监督工作质量的提高。

侦查监督作为侦查权控制体系的组成部分，应当与其他监督体系进行有机的衔接。一个国家对侦查的监督也应当是这个系统中一个完整的子系统，各子系统相互作用、相互依赖又互相利用，而且，任何一个子系统发生障碍将直接影响整个系统的有效运转，因而，各子系统必须充分发挥各自的效能，且其相互之间必须做到很好的衔接与牵制。具体而言，就是各监督主体守法执法情况都应受人大的监督，检察机关对侦查实施监督的情况要向人大报告，以督促被监督者接受监督，其他监督者配合监督。国家明确人大对检察机关报告的问题进行调查、质询、人事任免等，以保证法律的统一正确实施，同时，还应以法律的形式明确各监督主体在配合检察监督中的程序和义务，明确检察机关在侦查监督过程中与权力性监督进行衔接的程序和责任，以促进侦查监督的法治化。

（三）刑事错案成因：疑罪从轻与辩护意见不被重视

典型刑事错案成因中普遍存在"疑罪从轻"的"潜规则"，实际上这里的"疑罪从轻"具体是指以穷尽一切证据都无法证明事实为前提而适用的一种裁判规则。"疑罪从轻"是源于刑事诉讼疑罪从无的基本理念，疑罪从无是无罪推定的派生原则。无罪推定的原则落实到存在合理怀疑类型的案件审判阶段时，就造成疑罪如何判决的问题。在判决中是选择打击犯罪，还是保障人权？多数刑事错案最终选择了所谓的"中庸"路线，既不放纵犯罪，也不保障无辜，即"疑罪从轻"。笔者分析"疑罪从轻"判决的原因如下：其一，疑罪从轻不会放纵罪犯。以福建省念斌案为例，在念斌被判决无罪之后，负责侦查该案的侦查人员至今仍然相信念斌是事实上的罪犯并进行重新立案侦查。可见，一旦错案的受害者被司法人员认定为犯罪嫌疑人且在犯罪事实存在疑点时，案件事实仍然不能排除合理怀疑，疑罪从无显然很有可能放纵犯罪。在特定案件中，司法机关会面临案件被害人、社会舆论等各方面的压力，在此背景下，为实现惩罚犯罪的刑事诉讼目的，疑罪从无的裁判不是侦查人员、被害人、民众等预期的"铲奸除恶"的结果。其二，疑罪从轻不会错杀无辜。从典型案例中可以发现，故意杀人罪最高刑罚可以是死刑，但是在死刑执行的过程中，对疑犯较多会选择死刑缓期执行，同时配合其表现，可改为无期徒刑。因此，在多数的刑事错案中，错案的受害人往往被执行无期徒刑。无期徒刑相对于死刑而言是相对较轻的刑罚，如此，即使罪犯是无辜的，"疑罪从轻"的裁判也给了其申诉的时间和机会。其三，"疑罪从轻"是刑事诉讼惩罚犯罪与保障人权两者相冲突并妥协的体现，但也反映了我国刑事诉讼中庸的法文化——权衡观念。在刑事诉讼法领域乃至当前整个中国法学界，权衡打击犯罪与保障人权这项原则是以一股主流意识存在的。"权衡观念"不仅用来协调被害人与被告人之间利益的冲突，还可用于被害人保护和犯罪分子打击案例。当然，针对人权保护范围及界定，学界仍然存在争议。学者认为，"被告人人权"与"被害人人权"的权衡工作无异于是对"打击犯罪及人权保障"的权衡工作，而正是这种权衡思路模式直接导致审判中的

"疑罪从轻"。那么，"疑罪从轻"是否能够实现打击犯罪的目的呢？犯罪事实和证据存有疑点的案件，对被告人处以刑罚，这种打击犯罪的热情，在没有约束与制约的情况下，导致了刑事错案的产生，打击犯罪的理念落空，权力扩张成为必然，然而保障人权在让步于惩罚犯罪的同时，司法制度本身亦成为权力滥用的机器。实际上，"疑罪从轻"并不必然导致错案，作为一种裁判规则，需要以证据裁判为前提。

刑事错案导致"疑罪从轻"问题的另一原因是律师辩护意见不被重视。为做好被告人合法权益维护工作，存在于控方证据体系中的虚假与瑕疵，成了现代辩护制度的主要功能之一。我国辩护律师有权参与法庭调查中证据的调查核实工作，同时，也有权就案件的事实和充分证据与公诉人在法庭中辩论，并发表辩护意见。很多时候辩护律师的辩护意见能为检验控方证据提供协助，同时能准确发现案件中隐藏的疑点，为案件审理提供有效的质量保障，这也体现了"兼听则明"的基本道理。有的学者对辩护律师给予了高度评价："现代刑事诉讼构造的首要功能就是防止冤案发生，其中辩护律师的作用至关重要、不可或缺、不可替代。"[①] 因为，就目前我国已发现和纠正的错案来看，不管是履行辩护职责的指定辩护律师还是委托辩护律师，都会因所谓的"证据不足"而成为有理有据无罪辩护意见的发出者。那就意味着辩护律师的辩护意见根本没办法受到法官的重视，被采纳概率低，而在不被采纳的情况下，又没有说明理由。实践证明，往往在错案再审纠正的程序过程中，当初辩护律师提出的辩护意见均被印证是正确的，并且对案件纠正至关重要。换言之，很多错案的发生是因为辩护律师提出的正确的辩护意见不被法官重视乃至被扼杀了。律师的辩护意见不被采纳、不被重视，辩护意见在审判中对法官的裁判不具任何实质性意义，也因此造成法官的裁判不受有效辩护意见的制约，导致疑罪从有、从轻等事件的发生。

---

① 顾永忠. 刑事冤案发生的深层认识原因剖析：以刑事审判为分析视角 [J]. 法学杂志，2013，34（12）：89.

（四）刑事错案的成因：三机关配合有余，制约不足

"分工负责、相互配合、互相制约"是法院、检察院以及公安机关的工作原则，也是我国宪法和刑事诉讼法的规定，然而，在实际操作运转过程中，这一原则却发生了质变并产生了一系列问题。我国相关规定都是建立在宪法和法律的基础上的，我国实行的"一府两院"制度，即同级人民代表大会选举产生人民政府、人民法院和人民检察院，并对后三者实行监督工作，后三者对人民代表大会负责，互相牵制。公安机关作为政府的一个职能部门，从法律位阶上来说，并不与法院、检察院在同一个层面。造成公安机关在三者中处于强势地位的原因有三：第一，受深远长久的"公安统率司法"体制的影响。第二，中国政治现实状况常常以"公安局局长进常委""政法委书记或副书记兼公安局局长"现象居多。这也导致司法实践过程对公安机关的侦查权起不到有效的监督制约作用。第三，三机关内部没有严格遵守工作原则，形成配合有余、制约远远不够的局面。通常法、检、公所谓的互相"照顾"、搞好关系等，以及"流水线式"的工作方式，导致刑事案件在侦查阶段或者审查批捕阶段存在审查不严格的现象，公安机关的关键性作用无法进入庭审或是审判阶段，更有甚者，一些被有关领导"协调"的案件，在庭审过程中对证据根本没有进行实质性的审查，庭审如形同虚设，而复制版的侦查结论成了最后判决。在法官认为应当"疑罪从无"的情况下，这种所谓的"案外协调"给司法人员带来不正常的心理压力，让他们变得有心无力，甚至不再认真调查、核实案件的疑点，养成盲目遵循"协调"的统一处理的习惯，最终使案件的审理出现失去独立、公正、理性的状况。这成了过去一些刑事错案最重要的成因，也于无形当中增加了刑事错案发生的概率。

人们研究我国刑事错案的成因必然会以已经发现与纠正的刑事错案案例为基础，尽管这些案件的再审是在近几年，但实际上出现的错误案件却发生在20世纪八九十年代，这就使得我国刑事错案成因的研究出现滞后性。如果根据这些错案的成因对现有制度进行修改，必然会无法适用，因为我国防范刑事错案的制度是随着法治的进程不断发展的，很多错案的成

因都是制度完善前导致的，因此，应当以辩证、历史唯物主义观点，对刑事错案、涉案人员进行分析、评判，做出正确的、符合客观规律的论断。一方面，要把历史事件、人物、观点放到当时的历史条件下进行考察、评论，不能以现在的眼光去苛求前人；另一方面，要用辩证的观点，全面地、一分为二地去考察、分析评价对象，讲清评价对象的积极性和消极性、进步性和落后性。因此，笔者不建议以旧案发生错误的成因作为依据去研究现有的制度创新，参考案例进行分析的目的是通过个案，研究我国刑事错案防范制度的演变过程。

第二节　国外刑事错案及其成因

目前，世界各国法律体系根据自身特点，基本可以划分为普通法系与大陆法系，这两种法律体系下的法律制度不尽相同，在不同的法律制度之下，产生了不同的刑事错案，同时，其刑事错案的防范制度也体现出不同的特点与一般的规律。本书将通过研究世界各国刑事错案制度防范的特点，对刑事错案的制度防范进行多维空间的比较研究。

一、美国刑事错案及其成因

（一）美国刑事错案概况

2017 年 3 月 7 日，美国密歇根大学下设的国家冤假错案信息中心（National Registry of Exonerations）① 对 2016 年发生的刑事错案进行了总结

---

① 国家冤假错案信息中心的统计数据自 1989 年开始，全面涵盖了美国全境的冤假错案，统计数据实时更新。自 1989 年到 2017 年 3 月 15 日，美国共计有 2000 例入刑的无辜者获得昭雪的案例。从这些无辜者被抓进监狱到最终无罪释放，平均每个人在监狱里失去了 8.7 年，这 2000 名无辜者共计被冤枉蹲监狱 17499 年。截至 2017 年 6 月 7 日，累计有 2043 名无辜者，被冤枉坐牢时间共计超过 17770 年。

回顾，并形成了年度报告，报告中对已经纠正的案件信息做了分析。① 美国冤假错案信息中心是民间机构创立的公益平台，通过该平台可以查询相应的错案信息，并以数据库为依据进一步推动了美国刑事司法制度的完善。该信息平台还希望通过这种方式增强司法从业人员的职业道德，鼓励他们积极为错案受害者昭雪。

（二）美国刑事错案的成因

根据美国纽约大学法学院对 1989 年以来 2193 件刑事案例中刑事错案发生的成因分析，虚假口供是美国刑事错案发生率最高的原因之一，围绕虚假口供为主的刑事错案成因研究可以总结出四种判断口供是否虚假的方法，分别为无犯罪发生、身体上可能、科学上排除、找到真凶。

在美国，有专门机构以陪审团对虚假口供的意见为研究对象，并通过实证数据来分析口供作为证据的有效性。美国公民均有很大机会当陪审团成员，因此该研究将研究对象拓展到了普通公民，他们针对陪审员、潜在陪审员和模拟陪审员展开了调查。结果显示，很多公民认为，提供虚假口供是一个非常不理性的、自我摧毁的行为，因此，他们并不相信会存在那么多的虚假口供。这就导致了这样一种偏见，就是一个人一旦做了有罪供述，法官及陪审团都相信他犯了罪，当发现是虚假口供时，案件已经判决，由此产生的不利后果已经难以挽回。Ira Belkin 教授认为，虚假口供在

---

① 在案件类型上，杀人罪、性侵犯罪、毒品类犯罪、抢劫罪成为无辜者比例最高的指控，分别占到 39%、26%、12%、5%。在 2016 年统计年度内，166 名无辜者 33% 来自杀人罪，15% 来自性侵犯罪，37% 来自毒品犯罪。其中，毒品犯罪和性侵犯罪在美国刑事司法案件中的比例本身就占多数，故而一半以上的无辜者也来自这两个犯罪类型。与此同时，除毒品以外的非暴力犯罪领域无辜者较少。美国控制毒品的法规自 20 世纪 80 年代开始不断加强，因为涉毒而被判刑的人数剧增，甚至导致美国监狱不堪重负。奥巴马任期内提出的一项刑事司法改革措施是减少对毒品犯罪的打击力度，涉毒的无辜者自 2012 年开始也因快速增加而引人注目。在无辜者的身份特征上，47% 的无辜者为黑人、39% 为白人、12% 为西班牙后裔（墨西哥人），包括亚洲黄种人在内的其他人仅占 2%，这个分布比例基本上也与美国各类人种犯罪比例相当。在性别上，90% 的无辜者为男性、10% 为女性，这也基本与男性犯罪率较高，尤其是男性在容易发生冤假错案的暴力犯罪方面比较突出一致。罗奇. 错案问题比较研究 [M]. 北京：中国检察出版社，2015.

制度上的后果导致在美国整个司法系统中，不管是警方、检方、法官都倾向于有这样一种偏见，当他们听见公民做出有罪的口供时，会倾向于相信此供述是真的，由此推进审理案件的进度，结案也会越来越快。结合美国最高法院判例——科罗拉多州诉康纳利（1986年）一案中法官的论述，其强调了口供真实可靠的重要性，也借此提出了研究虚假口供的产生原因和避免机制的必要性。研究总结了三种造成（说服型）虚假口供的原因：错误归类、强迫、污染。"错误归类"是指警方有罪推定后直接将嫌疑人带走审讯。与此有关的现实背景是在美国的警察培训中，会教警察学习如何甄别好人和坏人，这种甄别主要是通过语言上的习惯来辨别。但相关研究显示，通过人的非肢体语言来判断一个人是否说谎这种方法的成功率只有50%~65%。这表明了美国的警察培训是存在问题的，其中，通过非肢体语言识别说谎这一点就与科学研究的结果相违背，这很可能导致警察错误认为嫌疑人有罪，由此也就导致了虚假口供的产生。

"强迫"与警察讯问心理学有关。在这部分的研究中，他们结合实际案例中警方的讯问过程录像看到了警方的讯问技巧。警方通过讯问突破嫌疑人的心理防线有以下两步：第一步，说服嫌疑人他已经被抓住了，抵赖无用；第二步，说服嫌疑人认罪是对他有利的唯一出路。具体而言，在第一步中，警方攻破嫌疑人防御会采取的措施包括以下几种：孤立、建立和谐关系、职责、控制独白、示意希望嫌疑人交代、把嫌疑人有罪当成一个既定事实、攻击嫌疑人的否认、压力及紧张、无限制时间。在此过程中，警方有可能使用虚假证据策略，包括使用虚假的目击证人证言、同案犯证言、实物证据和科学证据及测谎证据来欺骗嫌疑人。第二步在引诱激励嫌疑人认罪的过程中，警方可能会从道德、心理、法律不同方面引诱嫌疑人，同时为他们提供刑事司法中的好处，如减轻刑罚、提出帮助、承诺和威胁。最基本的一个心理技巧就是告诉嫌疑人其所犯之罪的结果并不严重，若承认会减轻量刑，但一直否认的话就会加重惩罚。嫌疑人在这样的心理攻势下有可能提供虚假口供。研究将虚假口供分为三种类型：自愿型、顺从型、说服型。其中，自愿型口供是嫌疑人主动去报案并告知警察自己所犯何罪，顺从型口供是警方在讯问过程中对嫌疑人施加心理胁迫而迫使嫌疑人为尽快结束审讯而给出口供，说服型口供是警方通过让嫌犯相信他是不记得自己作案才不愿意招供而使嫌犯产生自我怀疑。Ira Belkin 教授强调，后两者在心理状态上是有所区别的，顺从型口供的嫌犯知道自己是被胁迫在做虚假口供，而说服型口供的嫌犯已被说服确认自己犯罪。导致虚假口供的情景风险因素有长时间讯问、虚假证据策略、最小化和隐含的许诺与威胁，个人风险因素包括嫌疑人为未成年人、有精神障碍或智力缺陷、具有某些性格特征（极易受人暗示影响、特别顺从）及有精神病。研究指出，警方往往通过证据污染来让虚假口供显得真实，包括向嫌疑人透露不为公众所知的犯罪事实、代写犯罪草稿等。在此部分介绍中，Ira Belkin 教授也为人们展示了一个真实案例的警方讯问录像，说明警方通过让嫌疑人误以为自己就算做有罪供述其结果也不会很严重，来达到警方想要的供述的目的。由于虚假口供对刑事错案产生的影响巨大，政府有必要针对虚假口供做出具有可能性的政策改革。研究提出了以下几条建议：强制电子录音录像、完善的警察培训和工作、修改法律等，其中提出了讯问要有合理根据、规范讯问技巧、规范认罪证据的可靠性、对弱势群体特殊保护（如未成年人、智力有障碍者）、专家证人证言、给陪审团警示性的法律指导书等制度改革。①

通过美国纽约大学亚美法研究所的研究结果以及对美国无辜者计划的了解，我们可以发现美国的刑事错案多数是对侦查阶段的证据的重审，并非法律适用的争议，其中，虚假供述导致的口供证据问题，成为美国刑事错案的重要成因。在刑事错案的防范方面，美国采纳了英国警察培训的方式，通过对警察的素质培训，减少刑事案件中虚假口供的产生，通过减少虚假口供，防范刑事错案的产生。

（三）美国刑事错案防范的制度反思

20 世纪 80 年代末 90 年代初首次运用 DNA 技术成功洗冤后，美国开

---

① 　Ira Belkin. 虚假供述与冤假错案 ［EB/OL］. 中国人民公安大学官网，2018-05-28.

始了"无辜者运动",关于错案成因的研究也步入了"快车道"。综上所述,绝大多数学者都认为虚假供述、目击证人辨认错误、检察官不当行为等是导致冤案的成因。相比之下,很少有人关注诉讼程序,主流研究成果没有将对抗制列为错案的成因。随着发现纠正的错案数量越来越多,大家逐渐意识到可能是对抗式诉讼程序存在问题。从 21 世纪开始,有学者就指出对抗式审判程序是产生错误的来源,而且有 5 位具有影响力的学者专门从刑事错案的视角反思对抗制,他们一致认为应当改革或者摒弃对抗制中的某些传统,来提高判决的准确性,最大限度地减少冤案。例如,芬德雷(Keith Find)教授指出,如果让大家设计一套在刑事案件中发现真相的最佳机制,估计没有人会提出与美国现行诉讼制度相类似的程序。①

具体而言,里辛格(D. Michael Risinger)认为,美国当前的对抗式审判程序具有两大硬伤,所以导致冤案频发。一方面,正式的审判程序妨碍了陪审团正常的事实认定,导致出现错误,如大量复杂烦冗的证据规则将很多可能真实的信息排除在法庭之外。更糟糕的是,现有的程序安排过分顺从陪审团的裁决,在上诉审查中很难对其形成有效挑战。另一方面,由于对抗制的痴迷者过分夸张陪审团认定事实的能力,忽视了对抗制存在的缺陷,特别是当刑事案件的实际问题是被告人是否无辜的时候,陪审团关于有罪与否的事实认定并不能发挥任何实质作用。由于审判程序存在这两个方面的缺陷,特别是使上诉程序中的法官可以顺理成章地不用承担冤案的责任。贝肯(Tim Bakken)认为,对真相的探求是发现无辜和预防冤案

---

① RISINGER D M. Unsafe Verdicts: The Need for Reformed Standards for the Trial and Review of Factual Innocence Claims [J]. Houston Law Review, 2004, 41 (4): 1281–1336; BAKKEN T. Truth and Innocence Procedures to Free Innocent Persons: Beyond the Adversarial System [J]. University of Michigan Journal of Law Reform, 2008, 41 (3): 547–584; FINDLEY K. Adversarial Inquisitions: Rethinking the Search for the Truth [J]. New York Law School Law Review, 2011—2012, 56 (3): 911–942; GROSS S R. Pretrial Incentives, Post – Conviction Review, and Sorting Criminal Prosecutions by Guilt or Innocence [J]. New York Law School Law Review, 2011—2012, 56 (3): 1009–1032; SLOBBED C. Lessonss From In Inquisitor [J]. Southern California Law Review, 2014, 87 (3): 699–732.

最有效的途径。但是，美国当前的对抗式诉讼制度设计并没有蕴含这一价值理念。在现有的制度安排下，政府不需要单纯地追求事实真相，而只是需要证明被告人有罪且程度要达到排除合理怀疑，这必然会导致如下局面：在证据不足的时候放纵罪犯，当证据充足的时候冤枉无辜。具体来说，根据现有的程序，无辜的被告人只能以不正式的方式辩称自己无罪，再由检察官调查核实他们无罪的主张。如此一来，控方在审判前很早就知悉了辩方的所有辩护主张，这在某种程度上很有可能会帮助控方提前做好针对性的准备，在审判时提出更具有说服力的证据。如果出现这种情况，被告人在法庭上会陷入极为被动的局面，唯一的办法只能是想方设法地攻击控方的证据体系，质疑控方的证明达到排除合理怀疑的程度。这种辩护策略面临着极大的风险，因为提交给陪审团的辩护主张很有可能存在自相矛盾的地方。例如，被告人通常会在法庭上辩称："我是无辜的，但是，如果你们认为现有的证据证明我很有可能实施了犯罪，我强烈请求判我无罪，因为控方提交的证据不足以排除合理怀疑。"可见，现有的程序设计缺乏对无辜被告人的足够关注，缺乏对事实真相的追求，这在某种程度上导致了错案。

　　发现真相的最佳方式是平等的双方各自竭尽全力地对抗和竞争，这是对抗制的根本原理之一。然而，芬德雷认为，美国现行的对抗制是经过现实挤压后的结果，是控辩双方在资源和力量上严重失衡状况后的一种异化，理想意义上的对抗式庭审几乎是不可能实现的。在不平等的前提下，具有竞争关系的双方几乎主导着从调查到法庭举证的所有环节，他们在这个过程中的动机和终极目标是赢得诉讼，而不是发现真相。如此一来，控辩双方会按照对自己有利的方式指导证人、剪辑和筛选证据、运用技巧和策略、扭曲事实和操控事实裁定者，审判产生错误判决的概率自然会很高，其中包括错放真凶和冤枉无辜。此外，当前对抗式诉讼制度中的许多程序在客观上妨碍了查明真相。例如，刑事诉讼程序中缺乏广泛的证据开示制度，司法实践中控辩双方依然可以在审前不披露很多证据。法律尽管规定了控方在审前有义务披露被告人无罪的材料，被告人往往也必须披露不在场的证据，双方通常还必须披露各自证人的证言，但这些披露义务属于例外情况，并不是一般规则。于是，控辩双方为在竞争中处于优势，经常使用突袭策略，希望最后亮出"底牌"，来让对方措手不及。这样的审判过程很难保障判决的准确性。又如，当前程序关于科学证据的产生和使用方式不利于发现事实真相。所有的犯罪科学实验室都位于执法机构内，这在某种程度上增加了警察和检察官受到干扰的风险，导致鉴定意见可能有失客观公正。由于这种特殊关系，实验室的分析人员长期处于一种非客观公正的环境之中，他们的技术分析或多或少都会受到执法机构倾向和需要的影响。

此外，执法机构内部的法庭技术实验室一般集中了当地法庭技术方面的精英，而且很有可能是当地唯一的实验室。如果控辩双方求助于官方实验室之外的专家，聘请专家是有偿的且是经挑选的，其很有可能按照聘请方的需求提供专家意见，客观事实并不是首要目标。比如，非专家证人往往会受到控辩双方的引导，提供支持他们主张的证言，这在某种程度上妨碍了对真相的查明。最后，当前对抗式诉讼制度背后蕴含着多元价值，事实真相只是其中之一，有的与事实真相无关，有的与事实真相背道而驰，在很多情况下事实真相并不是最重要的价值。其中，以各种各样的证据排除规则和上诉程序设计最为典型。在法庭上，法官会根据证据规则将某些可能是真实的相关证据排除在法庭之外，这必然会影响后续事实裁定的准确性。在上诉程序中，审查内容主要是程序事项和法律适用，上诉法官一般不会直接审查无罪主张或新发现的无罪证据。整体而言，美国当前的对抗式诉讼制度在查明真相上特别是在保护无辜者方面存在诸多缺陷。格罗斯（Samuel Gross）认为，刑事司法最基本的两项任务是发现和保护犯罪嫌疑人中的无辜者，使真正有罪的犯罪嫌疑人认罪。然而，美国的刑事侦查制度实际上过分关注后者，使那些被认为是有罪的犯罪嫌疑人认罪。他指出，美国的刑事犯罪嫌疑人在审前面临着两种选择：一种是认罪，接受检察官提出的罪状和量刑；另一种是接受正式审判，面临受到更严厉刑罚的风险。多项研究和实践已经表明，无辜的被告人如果选择接受正式审判，现有的对抗式审判制度根本无法保障其可以脱罪，反而很有可能使其受到更严厉的惩罚。于是，大多数被告人总会认罪，与检察官达成辩诉交易。据统计，放弃正式审判的案件可以达到98%，这就意味着绝大多数被告人因为压倒性的动机选择了认罪。不幸的是，这种动机刺激无法区分无辜的被告人和真正有罪的人。

言外之意是在现有制度下，数量不详的无辜者在两害相权取其轻的情况下选择了认罪，接受了辩诉交易。于是，格罗斯认可朗本（Lang Bein）教授的观点，认为在某种程度上，当前美国刑事司法制度中的辩诉交易与欧洲中世纪的刑事司法制度中的刑讯发挥着类似作用，即以某种刺激换取无辜的被告人认罪，造成冤案。斯洛博根（Slobodkin）认为，当前刑事审判出现大量错误的原因是对抗制色彩过于浓重，因为在控辩双方实际力量和资源悬殊的情况下，对抗式审判运行得越充分，裁判结果越容易偏离真相。首先，控辩双方主导的证人交叉询问制度在查明真相方面是具有严重瑕疵的。弗兰克（Jerome Frank）以及威格摩尔（John Wig-more）的研究已经充分论证了交叉询问对证人证言以及陪审团和法官产生的影响不利于发现真相。例如，弗兰克在其著作《法庭中的审判》（*Courts on Trial*）中指出："经验丰富的律师通常会使用各种策略尽量降低其不利证言对法官或陪审团所产生的影响，使他们不怀疑证言的准确性。律师认为重要职责之一就是让法官或陪审团认为不利于己方的证人及其证言缺乏可信性。如果证人胆小怕事，就会对法庭审判产生一种恐惧感，律师在交叉询问中会充分利用证人的这种情绪，以使证人局促不安，让人感觉他在故意隐藏一些重要的事实。这些策略的目的就是组织审判法官或陪审团正确评估证人证言的可信性，排除那些有助于查明事实真相的证据。从实践来看，这些策略往往也的确发挥了这样的作用。"① 又如，威格摩尔指出："以咄咄逼人的方式发问可以让证人形成一种不安，认为自己的答案或许并不符合自己所了解的客观事实。"其次，控辩双方完全可以根据自己的需要来筛选和准

---

① FRANK J. Courts on Trial: Myth and Reality in American Justice [M]. Princeton: Princeton University Press, 1949: 85.

备证人证言，这种安排不利于查明真相。弗兰克指出："在对抗式审判中，控辩双方的竞争关系严重影响了证人。证人通常会认为自己的任务不是协助法庭查明真相，而是帮助己方赢得诉讼。当证人有了偏向和立场后，他们就会按照需要选择性地提供有利于己方的证言。"同时，对抗式审判形成的这种氛围和压力也在某种程度上影响了专家证人。一项对 2000 名审判法官的调查表明，最常见的司法诉求之一就是专家证人具有放弃客观立场的倾向。再次，沉默权在某种程度上妨碍了查明事实真相。被告人可能是关于犯罪过程唯一且最重要的信息来源，但美国宪法修正案第 5 条规定，他们有权在法庭保持沉默，拒绝做证，这使得事实认定者没有机会听取他们的陈述，丧失了查明事实可能最可靠的途径。最后，辩诉交易制度是美国对抗制的自然产物，其运行原理在本质上是不利于发现真相的，特别是在某种程度上会刺激无辜者认罪。由于控辩双方完全掌握着证据的收集和提交，在控方的手段和资源明显优于辩方的情况下，辩方往往处于较为被动的局面。为了避免经正式审判后受到更严厉的惩罚，被告人经常会选择认罪。一旦达成交易，当案件提交至法官时，控辩双方已经就案件相关事实达成共识，庭审的主要任务是简要地审查关于犯罪的基本事实是否存在以及被告人是否理解放弃权利的后果，不再过分关注或者探求相关事实。

二、英国刑事错案及其成因

美国纽约大学亚美法研究所成员、英国警务学院助教、曾任英国萨塞克斯郡警察局高级侦查官的安迪·格里菲斯（Andy Griffith）博士认为，目前，英国刑事错案防范最有成效的制度是对警察进行科学的培训，通过对警察培训模式的不断修正及跟踪研究，经过培训的警察所在的地区，刑事案件在以后的 14 年间未因为虚假供述而产生错案。同时，高质量的讯问发展为谈话，警方通过谈话获得信息，而不仅仅依靠有罪供述来查明案件。

英国较早开始了对于刑事错案的研究，在英国早期的研究中，主要对 1950—1970 年这 20 年间英国赦免和发回重审的案件等进行分析，总结错案成因，包括错案辨认、错误认罪供述、检察官故意隐瞒有利于辩护方的证据、审判错误、伪证、辩护错误、污点证人。笔者搜集到的最新研究成果是，通过分析刑事案件复审委员会（CCRC）发回上诉法院的案例，又发现导致错案的另外两个新的成因：鉴定错误与错误的专家证人证言。在研究中，英国学者将刑事错案的成因分为人为原因和程序原因。辨认错误、专家证人、证人伪证等人为参与的部分，被认为是人为原因导致的刑事错案。

（一）辨认错误

在英国刑事侦查、审判阶段，目击证人是非常重要的案件证据。然而，出于各种目的或原因，目击证人的证词并非绝对可靠可信，目击证人撒谎可能导致冤假错案的发生。不少学者对目击证人证据的可信性做了研究，他们认为目击证人的证词存在偏差主要由以下几点原因造成：一是社会观念，包括对涉案当事人的偏见；二是情感因素，包括自身在案发时的情绪波动引起的视觉偏差；三是现场的客观因素，包括光线、声音等因素的影响。也有研究者对目击证人的证据获取方式做了研究，例如，有人采用辨认列队和模拟人像拼图的询问情境方式进行研究，从而提高目击证人证词的可靠性。笔者总结了对目击证人证据的研究成果，以及综合实际案件中目击证人的错误辨认及错误证词导致的错案，可基本判别：目击证人的证据有一定的可疑性，不可单独作为唯一证据进行判决。

（二）虚假供述

虚假供述分为两种类型：一是主动自愿认罪；二是被动认罪，例如，受到胁迫或者潜在暗示。

（三）被告人或证人伪证

例如受到利益因素的影响，导致案件证人提供错误证据。

（四）警察、检察官等司法人员的违法行为

越来越多的证据表明，警察的渎职行为和玩忽职守是导致刑事错案产生的最常见原因。①

（五）辩护方不适当的辩护行为

支付高额的辩护律师费用才能激励律师做好审前准备工作，如果被告人经济拮据，则会出现律师准备不充分而导致刑事错案的情况。

（六）鉴定错误及错误的专家证言

英国刑事错案中还有由程序导致的错案。程序原因是指由于司法制度设计存在程序问题，导致错案的发生。以辩诉交易为例，无辜者极有可能进行认罪辩诉交易：无法忍受羁押，无法忍受来自控方的压力、辩护律师的建议，辩诉交易透明度不高。

三、加拿大刑事错案及其成因

（一）加拿大典型刑事错案

关于加拿大刑事错案的考察，笔者选取了较为久远的案例。案例发生在 1971 年，一个 17 岁的土著人小唐纳德·马歇尔（Donald Marshall Jr）被误判犯有其从未实施过的谋杀罪。笔者对另一个发生的已被认定为错案的案例，也进行了考察研究。这一判决发生于 1995 年，塔米·马夸特（Tammy Marguita）是一个 21 岁的妇女，因谋杀她的儿子曾被判定犯有谋杀罪。马歇尔在监狱服刑了 11 年，而塔米·马夸特被监禁了 13 年。

案例 1：小唐纳德·马歇尔案②

小唐纳德·马歇尔于 1971 年被判定在加拿大新斯科舍省悉尼的一个社区谋杀了桑迪·西尔（Seale）。这个 17 岁的土著居民经常出入警局，其中调查人员找到主涉案三名重要证人，直到他们最终证实了之前对马歇尔的最初讯问，即他们看见马歇尔在公园用刀刺向了西尔。事实上，西尔是被

---

① 独立警署投诉委员会（Independent Police Complaints Commission，IPCC）的一份报告显示，有证据表明警察的渎职行为和玩忽职守在英国依然会发生，在 2008 年至 2011 年有 8500 份针对警察贪污腐败的投诉。根据这些投诉，英国最终有 13 名警察因被发现确实存在这些行为而获罪，但 IPCC 同时强调，受限于权力和资源，它只是独立调查了其中最为严重的 21 例案件而已。

② 罗奇. 错案问题比较研究 [M]. 蒋娜，译. 北京：中国检察出版社，2015：66-79.

罗伊刺杀的。但证人提出过的不一致的证言，即他们没有看见马歇尔刺杀西尔，从未向被告披露过。当时，不存在披露证据的权利，披露证据曾是自愿性质的。此案中的检察官通常需要向被告披露有用的证据，但是马歇尔的律师甚至没有要求检察官来披露。两名目击者在审判中试图撤回他们错误的证明，但是法官不允许对一名目击者在庭外撤回的原因进行全面的交叉讯问。法官似乎猜想到撤回证明可能与马歇尔的威胁有关，尽管马歇尔已被拒绝保释而处于监禁状态。另一名目击者最初拒绝在法庭上证明马歇尔刺杀了西尔，这和他在初步调查时所做的最初证词不一样，却被理解成他做了一个前后不一致的证词。

小唐纳德·马歇尔在审判中证明，之前由白人男性组成的陪审团对马歇尔和西尔进行了种族主义评论（他们是非洲裔加拿大人），并且讽刺他们。小唐纳德·马歇尔未曾被准予向陪审员提出关于种族偏见的问题，因而现在他将被许可这样做，而且，随后一名陪审员用种族主义的假设，向一名记者解释了对此案的裁决。随后调查马歇尔错案的有关调查委员会并没有审查陪审团的裁决，事实上此案的定罪依赖于他们找到那些不愿意撒谎说他们曾看见马歇尔刺杀了西尔的目击者之证词，这比马歇尔说他自己没有刺杀西尔的证词更可靠。陪审团很有可能被相关的证据所影响，例如，马歇尔关于我讨厌警察的文身，以及西尔的父母提供的证词等。

该调查组发现，马歇尔自行聘请的律师因虽然获得了不菲的律师费，但是他们并未进行过独立的调查，并且相信马歇尔是有罪的，这在某种程度上是因为马歇尔是土著人。在马歇尔第一次上诉时，他的律师团也没有很好地为其代理诉讼，并没有提出法律上的错误，例如，阻止对撤回证词的目击者进行全面的盘问，而随后的有关调查却发现，这本来可以防止他被错判有罪。马歇尔的律师团在上诉法庭上的辩论也是不成功的，所辩解的是由陪审团来决定罪名较轻的过失杀人罪，与马歇尔持续主张的无罪辩护有些不一致。马歇尔的上诉请求被三名新斯科舍上诉法院的法官一致驳回，随后加拿大最高法院拒绝准予其上诉。

马歇尔错案的调查于 1989 年报告，促进了其正式被宣告无罪，包括驳回了上诉法院得出的马歇尔参与过抢劫的结论在内。该调查组曾建议对刑事法典进行修改，要求检察方向被告披露有用的信息，但是建议未被采纳。最高法院在1991年的一个案件中引用了马歇尔案，最高法院用这一案件为被告人创设了一项宪法性权利，可以要求控方提供其掌握的所有相关且非特权的信息。同时，该调查委员会建议，由一位指派的检察官监督所有的控诉，还提出在新斯科舍的法学院加强培训土著的与非洲裔加拿大籍的少数人群，这两项改革随后马上就实行了。调查委员会还提议，一个独立的复审机制应当用于重新调查申诉为错判的案件，但是这项建议当时未得以实施。

案例2：塔米·马夸特案

塔米·马夸特是一个21岁的单身母亲，在1995年被以杀害了她两岁半的儿子为由，判定犯有谋杀罪。她的儿子有癫痫发作的病史，而且在马夸特女士的要求下，也已暂时被送往儿童福利机构接受监护。马夸特女士一直拒绝承认杀害了自己的儿子，她的律师曾尝试向拟任陪审团的成员质疑，认为对杀害儿童这一指控可能存在偏见，但是审判法官未允许律师向拟任陪审团的成员提出此类问题，并让律师相信"在拟任陪审员们的头脑中存在偏见是一个合理潜能，其依据为开庭前掌握的所有相关材料，其中包括这种罪名本身的基本性质在内"。

在庭审中驳倒塔米·马夸特提供的核心证据是言词证据，由史密斯（Charles Smith）医生提供。查尔斯医生主研病理学，他通过医学知识以大脑肿胀和体内出血的医学现象证实了她儿子的死因是窒息而亡。辩方没有提供任何医学上的证据，以向这一证词提出反对，仅仅辩称小孩可能死于癫痫发作。该案件中，查尔斯医生提供的关于小孩窒息而亡的证据在后续审查中被发现存在疑问和漏洞。法医专家发现，查尔斯医生在40起他们审查的关于小孩死亡的案件中，有20起案件的工作都存有缺陷，一个随后进行的调查也发现查尔斯工作有漏洞、缺乏充分的监督，在法庭上常常受到对抗式的充分质疑。在塔米·马夸特的案件中，有关复查的法医发现证据中的窒息是不被支持的，因为在他们看来，死因尚未确定，也不能排除是因癫痫发作引起的。该调查委员会发现查尔斯医生并没有为这一案件提供公正的专家证据，而是支持控方。查尔斯医生还对他的个人经历，以及与已故孩子的家人不相关却引起偏见的因素做了不当的说明，在他做证的时候使用了不恰当的语言表达。

塔米·马夸特针对她的有罪判决，向安大略省的上诉法院提起了上诉，但是这一上诉在 1998 年被驳回了。此上诉并没有驳倒查尔斯医生的证据，这表明了审判法官犯错的原因在于，没有把相关证据与可能被判定过失杀人的一个裁定联系起来。这次上诉的理由暗示了塔米·马夸特可能是有罪的，是不令人相信为一个减轻形式的杀人罪。

有关两个案件的这一特点，说明了辩护律师可能并没有像他们应当做到的那样，注意到他们当事人的无罪主张。如同在塔米·马夸特案中的情况，塔米·马夸特的辩护律师在上诉中提出的过失杀人辩解并不成功，因为上诉法院强调了唯一的辩护理由是她的儿子死于意外。在许多涉及查尔斯医生的其他案件中，加拿大的家长曾接受这种轻于杀人罪的辩诉交易，来避免因谋杀罪而被判终身监禁的强制性刑罚。就自认有罪与上诉而言，加拿大的有关刑事司法制度没有对坚持无罪主张的被告提供充分的保护。小唐纳德·马歇尔和塔米·马夸特都是无辜的，但是如果他们自认犯有过失杀人的罪行，将会在监狱里度过被监禁的时间。从某种程度上而言，加拿大的刑事司法制度支持被告坚持关于无罪的主张。

塔米·马夸特此前从来没有上诉至加拿大的最高法院，因为她已被拒绝提供法律援助。在 2009 年继披露与调查查尔斯医生的问题之后，她上诉至最高法院，并提供新的与庭审时查尔斯医生提供证言的不可靠性相关的证据，加拿大最高法院准予她超过期限的上诉，并移交案件给安大略省的上诉法院以考虑新证据，控方并没有反对。该上诉法院的一名法官准予塔米·马夸特在候审期间被保释，因此，她被监禁了 13 年之后被释放出来，安大略省的上诉法院于 2011 年审查了新的医学上的证据，证明了查尔斯医生所犯的一些明显错误，可能误导了陪审团并导致一个误判的结果。该上诉法院根据新的证据，认为之前的定罪是一个误判，此时并没有宣告塔米·马夸特女士无罪，而是指令开启一个新的审判，这在一定程度上是因为上诉法院并不接受癫痫作为死因的专家证言。官方随后撤销了塔米·马夸特所有的谋杀罪名，而且该审判法官对已发生的事实深表遗憾，政府提供了 250000 美元作为赔偿。

（二）加拿大刑事错案的成因

加拿大刑事错案的成因，同样也是关于如何预防刑事错案发生最重要的思路，通过案例可以总结加拿大刑事错案发生的原因。①

1. 警察

在所有的刑事错案中，警察都扮演着一个决定性的角色。在上述讨论的小唐纳德·马歇尔案件中，警察实质上陷害了小唐纳德·马歇尔，使用压制性的战术应对年轻易变的目击者，直到他们自愿做伪证并提供错误的证词，说他们看见过小唐纳德·马歇尔刺杀西尔。小唐纳德·马歇尔被定罪后，真凶的同伙突然出现并告诉警方，小唐纳德·马歇尔是无辜的，当地警方仍然坚持马歇尔是有罪的主张。

2. 视野狭隘以及确认偏见

许多研究错判的调查委员会发现，警方容易受制于视野狭隘与确认偏见，在这些情况下他们预先选定一个人作为犯罪嫌疑人，并没有对其他假设进行充分的探索，而是通过解释自相矛盾的证据使之与被告的罪行相一致。经过对盖伊·保罗·莫兰（Guy Paul Morin）错判的有关调查，可以发现调查委员会将他视为主要犯罪嫌疑人，其部分原因是他们认为他非常"古怪"。这一调查委员会曾建议，对警察进行培训，使他们了解视野狭隘的危险，其中，视野狭隘的定义为："对调查或者起诉原理的认识单一并且视野过分狭隘，信息与从犯罪嫌疑人获取的信息之间存在一定程度上的偏差。"

在托马斯·索弗诺（Thomas Sophonow）案件中，被告因害怕他们以诋毁的方式来调查而不愿向警方公开他的辩解，实际上，警察确实是以一种

---

① 罗奇. 错案问题比较研究［M］. 蒋娜，译. 北京：中国检察出版社，2015：101-120.

不令人满意的方式进行调查的。在这个案件中，目击者会收到积极反馈，当他们辨认犯罪嫌疑人时，警方会透露只有凶手才知道的犯罪嫌疑人信息，他们试图运用从不可靠的牢房线人那里得到的证据来证明案件。同一警察机关最后重新展开调查，10 年之后洗清了托马斯·索弗诺被判处的谋杀罪名。有关调查建议，在目击者进行辨认时应使用双盲程序，不能使用牢房线人提供的信息，展品与笔记应予以保存，以便向被告披露，涉及不在场证明的谈话应当被录像，警察每年应参加有关视野狭隘的风险方面的论坛讲座或者接受课程培训。

　　在纽芬兰开展的一项调查中曾发现，在两个因 DNA 被赦免的案件中，视野狭隘对警方的调查造成不利影响。在一个案件中，警察迅速做出决定，被告人对他母亲的死亡是有责任的，以暗示被告人有罪的方式询问目击证人，并且夸大证据与有罪一致的重要性，减小证据与有罪不一致的重要性。有关委员会还发现，腐败会更加剧视野狭隘的影响，并批判检察官没有对复杂案件中的警察进行询问，该委员会曾建议记录重大案件中的谈话，可以单独使用测谎仪来减少对警方的依赖，由独立的检察官对复杂的案件更好地进行审查，并允许被告更容易获得赦免的直接判决。不是所有对错判的调查都会发现视野狭隘的现象。有关委员会对戴维·米尔伽德（David Milgoard）案件的调查，曾发现警察有视野狭隘、粗心大意以及处理不当的行为，但是这些并没有展示出来。人们还发现测谎员给证明戴维·米尔伽德有罪的年轻人施加压力。这个调查的方法尤其强调了，在警察正调查一个备受关注的犯罪案件中，人们将视野狭隘作为处理不当行为的一种表现形式，不是一个体系问题的有关风险。加拿大的有关调查经常认定视野狭隘是不当行为，但是不得不运用有效的补救措施来改变这一行为，以便在监督组织内部防范这一复杂过程。有关调查提出了建议，即上级长官应当定期对警察的调查工作进行检查，警方也要接受更好的训练，包括视野狭隘方面的问题在内，但是他们没有想出系统解决方案，来反对在监控阶段通常发生的有罪推定。该调查并没有建议进行体制改革，诸如，在警察机关内部建立质量监督单位，或者持有异议的代讼制度之类的改革。此外，在审判中所称的"视野狭隘"，开启了国家回应支持警方调查的不利传闻的证据之门。

3. 辨认程序

就像美国的错案情况那样，加拿大存在缺陷的辨认也是导致错判的一个主要原因。托马斯·索弗诺的委员会曾关注目击者辨认的弱点，并建议使用一个双盲的辨认制度，在照片列队中至少有 10 张照片，组成这个连续且有记录的展示。一些警察机关遵循这些作为最好做法的有关建议，但是在加拿大并没有关于辨认程序的立法规定。由于缺少立法上的指导，许多为了预防错案而被调查整改的警察，有赖于个别警察机关自愿施行改革。

加拿大最高法院于 2007 年主张，警察机关可能因在调查工作中疏忽大意而被起诉。然而，该法院认为，警方在一个案件中不存在疏忽大意的问题，此案中土著人杰森·希尔（Jason Hill）从 12 个人的照片列队中被指认出来，这些辨认对象包括被告（辨认之前被告的照片已经在媒体上公布过）与 11 名高加索人，辨认之后他被错误判定为犯有其从未实施过的抢劫罪，并因此被错误监禁了 20 个月。这一辨认程序的进行方式也并非双盲的，而是两名目击证人同时进行。在实践中，警方的表现虽然以当前的标准来衡量是不好的，但是也不存在疏忽大意的情况，因为有缺陷的照片列队在被错误辨认时，并不违反法律的适用规定。

4. 审讯程序

最高法院已承认，警方获得的虚假供述是导致错判的另一个原因。该法院强调传统的普通法规则的目的是要求起诉可以证明不存在合理疑点，而官方掌握的供述是自愿的，以便防止虚假供述的风险产生。与此同时，该法院拒绝在审问持续很久之后才获取供述，这种审问会使被告更加痛苦。法院也会做出有疑问的推定："虚假供述几乎不是警方合理运用技术的产物。"加拿大最高法院曾做出裁定："虽然对供述进行录音是明智的，但是对审问没有录音却不会致使一个供述的不予采信。"对决定供述是不是自愿的关注在持续上升，被告人的供述从其特征来看并不是足够敏感的，诸如，心理不健全、不稳定以及停用药物之类的特征，都可能会助推虚假供述的产生。加拿大有关法院试图鼓励警方对审讯进行录像，但是由于没有要求把制作这样的记录作为供述被采纳的先决条件，因而已停止这一努力。这表明存在关于虚假供述的可能是真的危险，因为它只包括只有真正的罪犯与警方才知道的隐藏信息在内。议会没有制作记录的必要条件，或者实际上对任何其他讯问成年人的程序，无法予以相应的立法。这与辨认程序的情况一样，意味着旨在预防虚假供述的有关规则仅仅由有关的法院才可以强制执行。

5. 检控行为

加拿大检察官全部是被任命的，而不是经选举出来的，他们热衷于正义的实现，而非旨在通过简单的对抗来获得定罪。小唐纳德·马歇尔和拉默案件的调查委员会，都要求建立独立的刑事检控专员制度，作为加强检察官独立性的一种方式。这种制度现存在于部分省份。选举出来的检察长具有内阁席位，其所做的任何言论都会被发表与披露。刑事检控专员在供职中，要在一个确定的期限内保持良好的行为。拉默的调查委员会尤其强调，独立的检察官需要检查监督警方的审讯和视野狭隘，因为这些可能会导致错误的判决。加拿大基于对有相应自治权且免予政治干涉的经任命检察官的信赖程度，允许检察官在一些案件中赞同旨在纠正错案的有关程序。例如，检察官在1983年小唐纳德·马歇尔的上诉案中，尽管受到了上级官员的一些阻挠，但是坚持提出一个联合的意见，要求撤销1971年对小唐纳德·马歇尔判定的谋杀罪。源于查尔斯医生所做有缺陷的法医鉴定的许多错案中，有关检察官已同意对超过期限的案件准予上诉，对新证据予以承认与撤销有关判决。在一些省份，检察官已同意对涉及证据的可疑形式或者刑事司法角色进行参与，对这些对错案的形成已发挥作用的相关案件事先进行旁听，对于以控辩制作为查明未受被告质疑的错案之手段而言，这种检查是一种很有前途的可替代措施。检察工作人员已关注错案的预防问题，并主要根据加拿大有关错案的调查发布了一份长篇报告。即便如此，检察官有时也采取一种更加控辩式的态度，并在诸如史蒂文·特拉斯科特（Steven Truscott）之类的案件中采用了这样的方式。

检察官对所掌握相关材料的全面披露不足，已成为许多错案一个重要的成因。正如前述讨论的，因为小唐纳德·马歇尔案的错判，加拿大任命了第一个调查错案的委员会。该委员会发现检察方披露了目击者所做的不一致陈述，目击者在收到警方暗示性询问后，谎称他们看见小唐纳德·马歇尔刺杀受害者，这是小唐纳德·马歇尔案件错判的一个重要原因。此外，一个真凶的同伴在判定小唐纳德·马歇尔有罪之后，告诉警方小唐纳德·马歇尔不是凶手，但是警方和检察官都没有把这一重要信息向小唐纳德·马歇尔的律师透露。作为对这些调查结果的回应，该调查委员会曾建议议会修改有关的刑事法典，规定控方负有一个持续披露的法定义务。遗憾的是，这是常有的事，减小错判风险的立法改革并不是可优先考虑的事情，且议会仍然制定关于披露的法规。实际上，议会在这个领域的行为，只是试图限制披露在性侵犯案件中有关申诉者的医疗记录。

加拿大最高法院裁判关于 R. 诉斯廷奇库姆（R. v. Incombustible）的案件，这是具有里程碑意义的案件。索平卡（John Sopinka）法官曾为一个无异议的法院做出以下声明。

全面回答和辩护的权利，是关于刑事司法的重要支柱之一，我们在很大程度上依赖它，以确保无辜之人不会被定罪。近年的事件已表明：由于不披露信息而导致这一权利的缺失，这是无罪之人被定罪与监禁的一个重要因素。"对小唐纳德·马歇尔起诉的皇家委员会，在第一部分调查结论与建言献策中认为，有关委员发现先前所做的不一致陈述并未向辩护方披露。这是已发生误判的一个重要成因，该委员会发表声明称检察方任何不完全的披露，都不符合行为准则和公平条件。作为检察官，其负有广义的披露义务。检察官的披露义务可以维持审判的进行，而且在受理上诉的背景下，相关信息的范围包括任何存在可以帮助上诉人提起上诉的合理可能性之信息。"

6. 监狱的告发者

因受到激励而说谎的监狱告发者，在许多错判中都已扮演了重要的角色。在刑事错案的调查中可以发现，监狱告发者指控的罪行是完全不可靠的。刑事错案的调查支持了完全禁止对监狱告发者后续使用的观点，并且建议对他们后续使用须得到上级检察官的委员会的批准，这一改革后来被引进了安大略省和一些其他的省份。其中，委员会关于托马斯·索弗诺案的调查采用了更大胆的方法，并建议采用一个通行的规则，即不允许监狱的告发者来做证，这一建议也在关于拉默案的调查中获得通过。但是，最高法院没有采纳此建议，而是已经准许了监狱的告发者来做证，甚至没有一个强制性的规则，要求应当告诫他们可靠性的程度。然而，在后来的一个案件中，该法院却在其接受新证据的方式相当自由的掩饰下，允许采用与监狱告发者提供的证词不一致的新证据。

7. 辩护律师与无效的律师援助

无效的律师辩护，对错案的形成也产生了一定影响。例如，小唐纳德·马歇尔案的委员会曾批评其律师没有按要求披露或展现他们的调查。与查尔斯医生有关的案件中许多涉及自认其罪，律师在不了解全部证据的基础上做出了鼓励错案受害者自认其罪，且在很多案件中没有坚持无罪辩护。无效的法律援助与接收有罪辩护的司法相结合，极大地增加了错判发生的风险。在 R. V. Biniaris（2000）1 S. C. R. 381. 中，最高法院承认获得有效律师援助的权利，是根据《加拿大权利与自由宪章》第 7 条规定受保护的一项司法基本原则。该法院认为，这一权利只有在律师行为不合理、不称职，而且这种行为导致了一个错误判决的情况下才可能被侵犯。遗憾的是，该法院遵循了美国斯特里克兰诉华盛顿（Strickland v. Washington）案中的判决［466U. S. 668（1984）］。①根据这一判决，法院存在一个强大的推定，即辩护律师的行为是合理的，并且一般来说，当被告可以证明是他们的不称职导致了误判发生之时，这个问题才得以确定下来。该法院补充称："误判在这一背景下，可以表现为多种形式，在一些例子中，辩护律师的表现可能会导致程序上的不公正。而在其他情况下，审判结果的可靠性可能会受影响。"最后，该法院查明辩护律师做出了一个战略性的决

---

① 罗奇. 错案问题比较研究［M］. 蒋娜，译. 北京：中国检察出版社，2015：130-135.

定，即不予使用关于受害人称自己没有遭受被告性侵犯的一个录音带。该法院认为没有使用这一录音带，并不会影响有关判决的可靠性。加拿大的被告，在随后的声讨无效的律师援助方面，尚未取得较大的成功。

8. 法医证据和其他的专家证据

加拿大发生的许多错判，是由于法医证据存在缺陷而导致的。为了应对这样的风险，现在主要有两种途径：一种是对国家提供的法医证据进行改革；另一种是由法院对国家提供的法医证据的可采性或者内容问题，以其可靠程度为基础加以限制。

在对刑事错案进行调查的过程中，安大略省的法医研究中心在头发与纤维证据的提供中发现多处错误。为了纠正法医鉴定过程中的错误问题，安大略省的重要犯罪实验室引进过诸多的改革方案。① 这些改革包括关于头发的 DNA 测试、制作初步报告的记录、加大培训的力度、关于举报和投诉的新协议、关于公正性受损的文档、检测法庭证词以及创建顾问委员会与质量保证单位等。后在邻近的马尼托省也开展了类似的调查工作，当时有关头发对比的证据再次被 DNA 检测结果否定了。加拿大普遍存在的问题是法医科学的分散性与联邦制度结合起来就会产生风险。审判法官应该在排除未达到基础可靠性标准的专家证据时更加警惕，不论该门科学是否具有特殊性的特征。刑事错案调查组对国家提供的符合刑事审判机制的专家证据，应当有一个关于明显可靠性的更高标准。加拿大的法院对受多伯特（Dauber）影响的专家证据进行检测。最高法院已强调，在一个诊所可能治疗病人的所采用的方法具有其自身的医学规律，可能会产生太高的错误概率，以至于不能作为法医证据用于刑事诉讼的审判中。在加拿大，一个新的强调的重点在于相对于专家科学观点基础上的经验之"证据"。

9. 法官与陪审员

在加拿大，法官是被任命的而不是由选举产生的。就像在小唐纳德·马歇尔案件中的情况，审判法官认可或者排除证据的决定，可以对错案的

---

① 罗奇. 错案问题比较研究 [M]. 蒋娜，译. 北京：中国检察出版社，2015：135–137.

形成起到重要作用。最高法院在过去已尊重审判法官享有的对认可专家证据的自由裁量权。甚至当注意到专家可能偏离他们的研究领域之时也是如此，（R. v. Mar Quart1993 4S. C. R. 223）允许一个烧伤专家对儿童受虐作证，而让一个受虐儿童研究方面的专家在烧伤的方面作证。Gouged 案的调查委员会曾指出这种做法的危险，现在法院受理专家证据采取更严格的方法，这已表明，审判法官在决定有关证据的可靠性底线，包括认可的专家证据在内的可靠性方面，都应该更加主动一些。（R. v Trochaic2007 1S. C. R. 239）审判法官也应该协助保证，专家不被法庭准许提供专业范围以外的证据，也就是对专家所提供证据可采性的限制，这对被告而言是非常不利的。加拿大法院仍不愿允许被告提供关于目击者辨认的缺陷，或者虚假陈述方面的专家证据。加拿大拥有一个整体的法院系统，在多数案件中它只允许被告对适用法律的错误提起一次上诉，尽管被告有权在上诉法院不同意上诉请求的情况下，对任何有关的法律适用问题都可以上诉至加拿大的最高法院；但是，正如在美国的情况一样，该上诉制度经常无法发现错案。例如，关于威廉·穆林斯·约翰逊（William Mullins-Johnson）案的错误判决，即他被错判犯有谋杀和强奸他四岁侄女的罪行的判决，安大略省上诉法院以 2：1 的表决通过而予以维持，其中，多数派强调了审判法官已向陪审团充分通知了被告的辩护，即没有实施过任何的犯罪行为。加拿大的最高法院对待错案，显然比美国的最高法院更加富有同情心，但加拿大法院的表现并不稳定。该法院对错判的两个最重要的案件，承认了广义上宪法披露的权利。一个是 1991 年在 R. 诉斯廷奇库姆的案件中，另一个存在于该法院于 2001 年做出的主张错判的风险，现在会要求加拿大在引渡逃犯之前确保不予适用死刑。该法院于 2007 年所做的基于其未知的可靠性而排除假设性证词的决定，有希望将源于不可靠证据而招致的错判风险减到最低。

10. 赔偿

刑事错案问题缺少一个立法上的回应，在赔偿方面也可以看出这样的情况。加拿大在错案赔偿方面与其他国家并不相同，包括与美国和英国都有差异。1998 年，加拿大联邦政府对错案的赔偿机制做出了相应的规定和实践指南，但是这一指导方针过于严格，它把与金钱无关的损失金额限定在 10 万美元以内，并且根据"关押时获得的津贴福利"与疏忽大意或者"应受谴责的行为，或者导致错判的申请者一方的其他行为"，都准许减少关于减少赔偿的损失。

四、日本刑事错案及其成因

刑事错案的产生是司法机理失调的一种体现，这种失调通过司法体制影响了社会发展，乃至整个国家的稳定。日本学者认为，错案就存在于我们身边，并且时常发生，无法避免，但是一起刑事错案产生的不幸可以影响整个社会，影响范围广、时间长，造成的后果远远超过错案本身。因此，研究刑事错案的防范是当代刑事司法必不可少的课题。

在日本同样存在刑讯逼供的现象，学者通过对案例的分析发现，近 50% 的刑事错案均存在刑讯逼供的现象。① 以 2002 年发生的柳原案为例，2002 年柳原因为强奸被判处有期徒刑三年，后真凶落网。该案在 2007 年得到纠正，认定柳原无罪。该案曝光后证实，他在审讯时认罪的证据是警察使用暴力逼迫柳原伪造的。通过该案可以发现，除刑讯逼供外，导致日本产生刑事错案的其他原因可以总结为：（1）辨认错误；（2）伪造证据；（3）证据不足但是法官坚持判决无辜公民有罪；（4）辩护错误；（5）虚假的证人证言。通过研究发现，导致日本刑讯逼供多发的原因有二：一是日本拘留所制度。在日本，犯罪嫌疑人被拘留的最长期限是 23 天，在拘留期间，律师没有在场权，且拘留所不属于监狱，一般刑事案件的审讯均在拘留所进行，这一程序的设定为刑讯逼供提供了便利。二是日本法官审理案件主要依据被告人的供述，刑事案件审理对被告人供述的依赖，也为刑讯逼供创造了条件。因此，在日本刑讯逼供成为刑事错案的最主要原因。

为了遏制刑事错案的产生，日本进行了一系列的改革。2008 年，日本警察厅采取了审讯的公开透明化方式，禁止警察直接接触犯罪嫌疑人，在

---

① 最高人民检察院法律政策研究室. 支撑 21 世纪日本的司法制度：日本司法制度改革审议会意见书（中文、日文、英文对照）[M]. 北京：中国检察出版社，2004：104.

侦查阶段允许律师介入，设立公共刑事辩护机构。日本对公诉程序加强监督，设立检察审查会，利用国民对检察机关应对的刑事案件进行监督。在审判程序中，日本实行裁判员制度，引导公民参与庭审，提高庭审的公信力。

日本辩护律师联合会整理了包含死刑案件在内的所有再审、错判事例，分析出以下四点错判原因：（1）搜查、起诉机构存在预判搜查、供述的强制与偏重，证人的诱导、证据的伪造与匿藏，客观搜查不完善；（2）法院、法官存在对检察官的盲目信任，对自白的任意性、可信性判断的失误；（3）辩护方存在不充分的起诉前辩护活动、公审中辩护活动的软弱、证据的科学研究不足；（4）鉴定的失误。依据这些成因，日本辩护律师联合会向司法制度审议会提交了建议，其中关于制度上的改革，提出了严格运用供述法则、传闻法则等建议。①

第三节　刑事错案成因的研究目的

一、归纳中国刑事错案的发生模式

（一）侦查主导模式

"侦查中心主义"背景下导致的刑事错案。在这种司法理念的背景下，错案的生成多是侦查行为的不规范所导致的。案件侦查终结的好与坏对刑事错案的发生概率有直接的影响。当检察与侦查人员对审判工作者配合过度时，案件在诉讼过程中就会缺乏监督，就容易导致在审查过程中配合惩罚犯罪者。这样要想再通过审判环节对前期产生的司法错误进行纠正就更难了，所以刑事错案的发生，也有司法人员"过于相互配合"的因素。如果在诉讼过程中，侦查环节出了错误，并锁定了错误嫌疑人，冤案发生的

---

① 秋山贤三. 法官因何错判［M］. 曾玉婷，魏磊杰，译. 北京：法律出版社，2018：111-113.

概率就非常大，甚至不可避免。侦查之后还有审查、起诉、审判等环节，仅仅是基于对侦查结果的简单再确认，案件论断不会发生根本性的变化。这一事实普遍存在，通过观察在我国司法过程中无罪判决率非常之低便可知晓。与中国不同的是，英美等多数国家采用的是"审判为中心"的刑事诉讼理念，虽然依然是侦查阶段会有错误，且冤假错案发生的根源也在侦查阶段，但是并不一定会有错误的侦查导致错案的发生，因为庭审阶段有充分的对抗式庭审，辩护律师有较大的反转空间。辩护律师可以采取证据不足、证据矛盾等方式协助法官发现侦查资料之外的疑点和错误。美国就有非常多的被错误侦查、逮捕、错误起诉的受害者，通过庭审阶段的抗辩，得以让法官明辨是非，正确判决。所以，在英美等西方国家，侦查阶段的错误并不是导致错案的主要原因，审判环节的错误才是，审判环节的失误所导致的冤案，被称为"审判主导型"错案。①

（二）初级错案模式

在我国刑事案件中，多存在违规办案的现象，甚至部分案件的司法人员存在违法犯罪行为。一个国家或地区的司法体制建设不健全、刑事诉讼制度不完善，其刑事错案发生的概率就高，非法办案的现象就会非常普遍。随着我国司法体制建设得越来越完善，公民以及司法人员的法治意识得到强化，违法办案的情况便会快速减少，尽管错案依然无法杜绝，但发生的错误办案并不会出现明显的违法情况。司法体制从不完善走向完善的过程，并不会有清晰的界限，仅仅是不同时期会呈现明显的错案形态差异化。例如，在西方发达国家，其司法体制较完善，但依然有错案的发生，甚至有极少数错案是由于司法人员的违法行为造成的，多数还是不受司法人员控制导致的，包括证人提供伪证、辨认错误等。在这种非人为控制的因素下，侦查人员不太容易察觉，才导致了错误的侦查。我国刑事错案多发于 20 世纪 90 年代，由于当时的司法体系建设仍处于初级阶段，办案人员法律意识薄弱，体制漏洞较多，遂导致发生错案的情形非常多，分析其

---

① 苑宁宁. 刑事冤案比较研究：一个国际的视角 [M]. 北京：中国人民公安大学出版社，2016：233-235.

成因也以制度缺陷导致的非法取证、刑讯逼供，甚至包括滥用职权、受贿等为主要类型。1978年改革开放后，伴随着社会经济的发展，我国法治建设也步入快车道，随着制度的不断完善，我国的刑事错案模式也逐渐由初级向高级转型。

（三）脱离司法规律模式

中华人民共和国成立70多年的司法制度盛衰枯荣以及司法改革成败的经验教训证明，司法建设必须尊重和遵循司法规律，否则司法的目的将难以实现，甚至会出现司法不公。习近平总书记在主持"深化司法体制改革，保证司法公正"集体学习时强调，"要坚持符合国情和遵循司法规律相结合"。我国刑事错案的发生模式带有浓厚的体制性色彩，从上节剖析我国错案发生的成因可以看出，司法体制存在的问题是根源性问题，最主要的是体现有一些制度安排和职能配置违反了司法规律。通常来说，现代刑事司法的规律要求必须控审分离、控辩平等、审判中立，裁判应当公开，具有及时性、总结性与说理性，特别是司法机关务必依法办案，在法律框架内处理所有案件。在办案过程中，司法机关不应该受到外界干扰、干涉、威胁。分析我国近年来纠正的刑事错案可知，我国的司法体制并没有完全依照这些国际认可的司法规律运行，甚至有些做法违背了司法规律，因此，我们需要从司法规律的角度，分析刑事错案成因。

1. 司法规律的内涵

司法规律是指由司法特质决定的体现司法运行和发展客观要求的法则，具体而言，可以分别从司法与规律两个方向分析。

首先，司法从程序法的角度，可以理解为诉讼，是国家专门的、有特殊性的职能活动。社会上的类似活动如人民调解、仲裁工作等都不叫司法。司法的特点，就是国家通过专门机关以非武力的法治方式最后解决社会的纠纷和冲突。以现行法律体系中的三类诉讼，即刑事、民事、行政诉讼为例，这些都是国家解决社会矛盾、社会纠纷的专门活动，惩罚犯罪也是解决社会矛盾和纠纷的一种方式。解决矛盾、纠纷可以用行政的、社会的方式，但最终要通过司法程序来解决。司法权就是维护和恢复社会公平正义的最后手段与最后防线。司法对定纷止争，化解社会矛盾，维护社会和谐安定，促进社会经济持续发展，保障国家长治久安具有重要作用。

其次，从哲学意义上讲，规律就是一种事物之间客观存在的、内在的必然联系，决定着事物发展的必然趋势。规律具有客观性和必然性，同时也具有普遍性。万物生长，生老病死就是自然规律；制度的变迁，生产力的发展，就是社会规律。同时，由于人类认识能力的有限性，决定了规律的发现与认同都需要一个过程，有时是曲折漫长的过程。由于社会规律需要以人类文明作为基础，因此，社会规律的发现与认同需要更加曲折而漫长的过程。

司法规律，可以理解为社会规律的一种。司法规律是指由司法特质决定的体现司法运行和发展客观要求的法则。它是指司法活动要合乎一定的方式和秩序，也指司法活动过程中的本质联系和必然趋势。司法规律是存在于司法活动中的规律，它是人们根据司法活动的现象总结出来的，是对司法本质属性深刻认识后得出的。司法规律既受有关规律的普遍哲学理论指导，也受司法活动特殊性的制约。司法是一种社会法律现象，其基本功能是根据法律的规定，惩治犯罪和解决法律纠纷。惩治犯罪和解决法律纠纷是一项复杂的工作，它决定了司法活动由许多环节组成，参与司法的主体是多个而不是一个，司法的不同环节和不同主体之间必然产生复杂而紧密的联系。研究司法规律，要从这些司法现象入手，透过司法现象，找到它的内部联系和本质属性。司法规律就是司法本质属性和内在联系的外在反映。司法只有遵循司法规律才能充分发挥其功能与作用。

通过研究司法规律的内涵，我们可以总结出司法规律的自身特点。

（1）司法规律的客观存在性

司法规律属于社会规律的范畴，与其他社会活动的规律一样，是不以人的意志为转移的，具有客观存在性。只有按照司法活动的内在规律从事司法活动，才能实现司法活动的最终目的，也只有按照司法活动基本规律的要求设计司法的各项机制，才能满足司法活动中行动者的诉求，最终实现司法惩治犯罪和保障人权的双重目标。实质上，司法模式的嬗变史，就是人们不断探寻和揭示司法活动规律的必然结果。

通过对各个不同时期刑事错案成因的梳理，可以发现，司法规律的特性必然要在司法构造和司法模式上体现出来。从古代弹劾式诉讼模式到纠问式诉讼模式的嬗变，再到现代的职权主义和当事人主义诉讼模式的诞生，从传统的只注重惩治和控制犯罪的司法制度模式，发展到现代的兼顾惩治犯罪和有效保障人权的司法制度模式，都是人们对司法活动基本规律不断认识的深化，并为实现司法的价值目标，而在司法制度和司法机制上做出的反应。司法制度的发展演变和司法构造模式的变迁，离不开客观存在的司法活动基本规律的调整和控制。不同的司法活动背后是以司法机制为核心的，司法机制是以司法制度模式的演变为基础，司法制度模式的演进则是以司法规律的调整和控制为中心点，人们出于对司法价值的追求，展开了对司法规律的探索与发现。

（2）司法规律的特殊性

司法活动具有定纷止争的属性，司法审理的是已经发生过的事实，决定了它必然具有与其他社会活动完全不同的特质和运行轨迹，由此决定了司法规律必然是司法活动或者司法过程特有的、不同于其他社会活动的内在规定性。司法规律的特有性，又是在司法与行政相比较语境下的概念。行政权与司法权同是国家权力，司法与行政同属社会上层建筑领域政治形态的范畴，都履行着管理、规范、矫治社会运行的职能，司法规律应当被看成是司法活动有别于行政活动和其他社会活动运行机理的内在规定性。

（3）司法规律的普遍性

司法是人类文明进步的产物，是文明社会解决矛盾纠纷和社会控制的重要手段。司法活动除具有与特定政治体制相关联的规律外，还应当具有不受政治体制和司法制度制约的普遍性规律，这种普遍性规律是司法作为社会现象具有的内在规定，适用于所有种类的司法模式。不管是历史上曾经出现过的司法模式，还是现存的不同司法制度背景下的司法模式，都存在着共同的决定司法活动发展趋势且不断重复出现的必然联系，这种联系是在自然法意义上的司法本身应当具有的内在规定性，正如司法活动具有

"相互对立的两造、司法以解决对抗两造的争议为目的"① 等特征一样，司法活动必然存在不受时空条件限制的决定司法活动发展趋势的内在规定。这种普遍存在与司法体制下的司法规律不同，其应当成为司法活动内在的最核心、最基本的规律。司法活动中普遍性的规律对司法职权的配置、司法改革的价值取向具有重要的影响和指导价值。

（4）司法规律的系统性

在系统论的语境中，司法活动组成一级系统。司法体制的设定和司法职权的配置必须与司法活动的根本属性、司法活动要求的运行机制及其价值目标相适应，因此，在司法活动的系统下，还有司法职权配置系统、司法管理系统、司法保障系统等，在司法管理的系统下，又有案件管理系统、司法人员管理系统等。与之相适应，司法规律的构成，除决定和主导司法活动发展趋势的根本性规律外，还有司法职权的配置规律、司法管理规律、司法保障规律等。可以说，司法规律是一个由不同层级的规律组成的规律体系，司法职权的配置规律、司法管理规律、司法保障规律，都是由司法活动的基本规律派生出来的规律，归根到底要受司法活动基本规律的制约和影响。

可见，在司法规律体系中，司法活动的基本规律是最主要、最核心的，是一层级规律，是贯穿司法活动始终并辐射和影响与司法活动直接关联的各种司法要素的产生及发展的根本性规律。在这个一层级规律下，存在若干二层级规律，司法职权的配置规律、司法管理规律、司法保障规律等便是。二层级规律下还有若干三层级规律，例如，在司法职权配置规律下，存在侦查权的配置规律、检察权的配置规律、审判权的配置规律等。正因为其他层级的规律都受制于司法活动的基本规律，我们掌握了司法活动的规律性，就为认识司法规律系统中其他层级的规律提供了条件，也就能掌握诸如司法职权的配置、司法管理、司法保障等规律的基本内容。正是基于这种考虑，本书才将司法规律定位为司法活动的基本规律。

---

① 朱勇．中国法制史［M］．北京：高等教育出版社，2019：34.

　　研究司法规律的要旨在于揭示影响司法活动运行轨迹的主导因素，阐明司法活动中决定或者制约司法质量的基本要素，掌握司法这种特殊的社会认识活动的逻辑结构，为诠释司法职权的配置和运行机理以及司法制度的发展演变趋势提供深层的理论依据。所以，司法规律的研究应当着眼于司法活动的整个运行过程，力求说明影响司法质量的根本性要素及其发挥效用的内在缘由。通过对司法规律内涵的研究，人们可以发现，刑事错案的成因不仅是司法制度层面的问题，更多的还要关注主导司法制度背后运行机理的司法规律，正是由于违背了司法规律，遂导致制度运行出现纰漏，因而产生了刑事错案。

　　2. 司法规律的外延

　　根据司法的属性及其价值目标、司法活动与司法机制的内在逻辑关联、司法机制各要素相互作用的过程和原理，可以推导出，司法规律应当包括以下内容。

　　（1）司法规律依附于司法机制

　　司法活动必须在特定的司法机制中实施，表现出对司法机制的依附性。依附性即司法活动的状况和司法的最终质量依附于特定的司法机制。司法的核心问题是要通过合法有效的证据，回溯性地证明已经发生的案件事实，司法活动对证据的收集、固定和采用，都是在特定的司法机制中通过司法主体履行特定职责实现的。不同类型的司法机制必然影响司法主体在司法过程中的地位和作用，司法机制的基本内容以及运行机理、各主体在司法机制中的相互关系，都制约和影响着司法的质量。譬如，在早期的纠问式诉讼模式下，法官集侦查、控告和审判职能于一身，刑讯被合法化、制度化，在这种司法机制下，再高明的法官也难以避免司法中的冤假错案，司法的公正性只能停留于纸面上。在现代的职权主义和当事人主义司法机制下，由于确立了一系列保障司法民主和司法文明的基本原则，我国实现了控审分离、控辩平等对抗和审判中立，被追诉人的诉讼主体地位得以确立，并建立了现代的证据制度、辩护制度等，这样就能够从机制上避免冤假错案的发生。可见，司法价值目标的实现依赖于司法机制的基本内容，建立健全合理的司法机制是实现司法活动价值目标的内在要求，也是司法活动要遵守的首要规律。实际上，司法机制的发展史就是不断探寻和遵循司法活动基本规律的历史，现代的职权主义和当事人主义的司法机制对纠问式司法机制的替代，表明人类认识到了司法机制对司法活动的重要价值，也标志着人类社会对司法质量由合理的司法机制决定这一规律的认可。

（2）司法规律要求参与行动者的平等性

司法主体在司法机制运行中必须具备同等的法律地位，表现出地位上的平等性。平等性即在司法活动中要做到控辩双方在诉讼地位上的平等对抗。在纠问式司法模式下，冤假错案之所以频频发生，是因为违背控辩平等原则。大陆法各国之所以在 19 世纪的司法改革中废止纠问式诉讼，第二次世界大战后各国之所以普遍确立控辩平等的司法原则，注重提高被追诉者在司法机制中的法律地位，英美法系各国之所以经历了从"形式平等"到"实质平等"的转变，其内在缘由是"控辩平等"揭示和反映了司法活动的内在规律性。

控辩平等对抗之所以成为现代各国司法活动的重要原则，正是人们准确认识和掌握"控辩平等"的司法规律后在诉讼制度上做出的必然反应。被追诉方在司法活动中的地位及其心志的自由，和其具有自由表达其思想意志的外部空间，对保障证据的客观真实和回复案件事实起到了重要作用，尤其是一些依靠言词证据证明犯罪事实的案件，被追诉人客观、真实地提供有关证据，往往会成为突破案件的关键。要使被追诉人能够客观、真实地表明对案件事实的意见，并能对追诉行为进行抗辩，保证追诉行为的客观性、合法性和有效性，就必须保障被追诉人与追诉人诉讼地位的平等性，实现在司法过程中控辩力量的平等对抗。只有保持司法活动中控辩双方诉讼地位的平等性，保证司法机制的动态平衡，才能保证被追诉人在司法活动中的平等参与权，并使其能对追诉活动进行抗辩，或者对追诉人提供的证明其实施犯罪的证据提出疑问，以此对追诉活动形成抗衡，促使追诉人严格按照法定程序和手段谨慎地收集、固定证据。只有这样才能客观、公正地回复案件事实，实现对被追诉行为的准确定性。这是司法活动要实现其内在价值必然要遵循的规律。

（3）司法规律要求司法程序的正当性

司法机制的运行要受到正当程序的规制，表现出程序上的正当性。正当程序，又称"法律的正当程序"或"正当法律程序"，是以个人主义、理性主义、法治主义、民主主义为理论支点建立和发展起来的在司法程序中保护人权的法定措施。当法律程序的概念问世后，其之所以能被越来越多的国家乃至国际社会接受，最终发展为司法活动必须遵循的基本准则，最基本的缘由在于它具有限权和维权的效用，即它既能限制追诉权的恣意行使，又能从程序上确保被追诉人合法权益不受司法权的侵犯，保证司法权在追诉方和被追诉方程序平等的背景下有效运行，确保被追诉人在意志自由的前提下接受国家司法权的审查，从而确保司法价值目标的顺利实现。

也正是由于正当程序的限制，司法权的行使者必然在法定程序的约束和限制下收集与固定能够证明案件事实的证据，保障司法活动能够发现案件事实。现代司法的理论和实践表明，司法活动对案件真实的追求，对案件实体的裁判，裁判对被追诉人合法权益的剥夺，都要求司法必须在正当的法律程序限制下运行。

（4）司法规律决定司法活动的亲历性

司法活动的启动者要亲自接触和审查涉案事实，由此呈现出与涉案信息的亲历性。司法要达到公正惩治犯罪的直接目标，就必须客观、准确地把握涉案事实和证明涉案事实的证据，确保司法活动认定的事实与案件实际相符合，做出的决定建立在与案件事实严格的逻辑关联上。由于司法活动关涉的是要通过能够相互印证的证据，对过去发生的事件进行拼凑和回复，最终对被追诉者是否实施了刑法规定的犯罪、是否应当承担刑事责任以及应承担何种刑事责任加以证明和判断，这就要求证明案件事实的证据是客观真实的。要确保证明案件事实的证据的客观真实性，除要遵循司法活动的其他规律外，还必须确保启动司法活动的人员和决策人员直接接触与审查证据，直接听取和感受被追诉者与相关证人就涉案事实发表的意见及其依据，并依法理性地做出判断，增强对采信证据和认定事实的直观感受。如果司法活动的启动人员和决策人员不直接接触涉案证据，不直接聆听涉案人员，尤其是被追诉者对相关事实和证据的意见，而根据他人的转述或者依据具有较强主观色彩的"传闻资料"对所涉案件做出最终结论，这样就很难确保所做的结论与案件本来的事实之间存在内在逻辑关联，结论的准确性和客观性也就难以保证了。可见，司法具备的对涉案事实的回复性特性及其要实现的对犯罪的追诉目标，要求司法办案人员和决策人员亲身感受过去发生事件的全过程，聆听被追诉者及其他关联者对案件事实和证据的意见与态度，将司法中做出的每个结论性处理意见，建立在亲身感受和认知的证据材料之上，以确保司法活动追求的目标真正得以实现。

3. 司法规律下的我国刑事错案发生模式

通过对 91 起刑事错案的成因统计，以及 30 起典型刑事错案的解析，笔者可以发现，导致刑事错案产生的覆盖概率最高的成因是侦查行为不规范、侦查监督不足、疑罪从轻与辩护意见不被重视、三机关配合有余制约不足。同时笔者分析了成因背后我国刑事错案的发生模式，分别为侦查主导模式、初级错案模式、脱离司法规律模式。

随着我国司法体制改革与司法制度的完善，党的十八大以来，全国法院坚持实事求是、有错必纠，依法办理各类审判监督案件 178 万件、刑罚执行变更案件 386 万件，充分发挥了审判监督的作用。在依法纠正刑事冤错案件方面，全国法院再审改判刑事案件 1.1 万件，依法纠正张氏叔侄案、呼格吉勒图案、聂树斌案等重大刑事冤错案件 58 件，涉及 122 人，让正义最终得以实现。法院再审改判王力军无证收购玉米等案件，以个案公正推动良法善治。我国依法纠正冤假错案决心之大、力度之大前所未有，使人权司法保障水平和司法公信力明显提升，从 2016 年底至 2020 年 6 月，我国通过审判监督程序甄别纠正涉产权刑事冤假错案 190 件，涉及 237 人。①通过刑事错案案例的数据分析，可以发现，目前在纠正的冤假错案中，有

① 最高人民法院. 十八大以来全国法院依法纠正重大刑事冤错案 58 件 122 人 [N]. 法制日报，2020-10-22 (3).

很大一部分都是由于特殊历史背景下的侦查主导模式与中国司法发展水平相联系的初级错案模式所导致的，在这两个发生模式下的刑事错案相对而言特征比较明显，因此，这两种刑事错案的发生模式正在被修正，逐渐发展为脱离司法规律的刑事错案发生模式。这两种发生模式通过司法规律与司法活动产生联系，涉及制度与体制、运行与底线、价值与功能等更深层次的法律概念，因此，脱离司法规律的刑事错案发生模式是未来刑事错案发生模式研究的主要内容。

通过对司法规律的研究可以发现，司法规律与司法不公密切相关，司法不公导致的最严重后果之一就是产生刑事错案。脱离了司法规律的司法活动，就如同脱轨的火车，将走向不公平、不正义的深渊，法律将失去存在的意义。刑事错案的发生是司法不公的表现，司法不公与司法规律存在联系，因此，刑事错案的发生必然与司法规律存在联系。通过司法改革的方向，我们可以发现，司法规律逐渐成为引导司法活动的基本脉络，司法规律内涵及外延的研究总结了司法规律内具有客观存在性、普遍性、特殊性、系统性，外具有依附性、平等性、正当性、亲历性，司法规律是我国司法改革的中轴线。刑事错案作为我国司法的阴影，一直伴随着我国司法的演变与发展，上文所总结的刑事错案是指包含所有刑事审判发生错误的案件，主要包含五种类型：（1）案件事实认定错误；（2）案件定罪量刑的证据错误；（3）案件法律适用错误；（4）案件法律程序错误；（5）司法工作人员导致错误。通过上文可以发现，刑事错案的影响群体、案件类型、影响程度都具有特定性。

实际上，刑事错案的产生本质就是证据和证明问题，本书顺着这条思路，通过对现有文献成果做批判性吸收及对近年发现和纠正的典型刑事错案进行总结探讨，从三个层面对中国刑事错案的成因进行分析。例如，第一，不规范的侦查行为是刑事错案证据收集过程的源头；第二，侦查监督职责失守，刑事错案证据审查不足；第三，疑罪从有、从轻，不重视辩护意见等庭审过程出现的问题。

在众多不规范的侦查行为中，刑讯逼供成为导致刑事错案发生的重要原因，与此同时，刑讯逼供作为不规范的侦查行为违背了司法规律。刑讯逼供的行为将使获取虚假供述具有非常高的概率，虚假供述违背了司法规律的客观存在性，同时，这种获取供述的方式的暴力属性也影响了司法规律的正当性。通过分析可以发现，刑事错案的发生必然会违背司法规律，而违背司法规律所导致的后果并不必然导致刑事错案的发生。对于刑事错案的防范，可以通过规范司法活动来减少刑事错案的发生，而判断的依据就是看其是否脱离了司法规律，从这一层面来讲，遵循司法规律也是防范刑事错案发生的重要途径。

在刑事错案防范角度，国际层面通常有关于刑事司法和人权的条约规定，制定刑事司法原则或准则具有下列性质：制定刑事司法准则的机构必须是国际机构，刑事司法国际准则地域效力的普遍性，刑事司法国际准则效力的多样性。在国内层面则由各国法律加以具体规定。从遵循司法规律、防范刑事错案的角度，对刑事司法活动应当可以提出以下几点要求。

（1）罪刑法定

"罪刑法定原则"包括"法无明文规定不为罪"和"法无明文规定不处罚"。罪刑法定原则在许多国家的法律中有明确的规定，最早体现罪刑法定思想的是英国1215年的《自由大宪章》，该宪章第39条规定："任何自由人，非经其同等之人依法判决或遵照国家的法律，不得逮捕、监禁、剥夺领地、剥夺法律保护或放逐出境，或者加以其他任何损害。"联合国《民权公约》第15条第1款规定："任何人的任何行为或不行为，在其发生时依照国家法或国际法均不构成刑事罪者，不得据以认为犯有刑事罪。所加的刑罚也不得重于犯罪时适用的规定。如果在犯罪之后依法规定了应处以较轻的刑罚，犯罪者应予减刑。"

罪刑法定原则要求没有法律的明确规定，不得对任何人定罪和处罚，包括对立法和司法两方面的要求。在立法方面，只有法律才能够定罪处罚，其他行政命令、长官意志、内部规定不能作为定罪和处罚的依据。在司法方面，只有根据行为人行为时有效的法律，才能对行为人定罪量刑，不能根据无效的法律或在某行为以后制定的法律，对行为人定罪和处罚，更不能依据没有法律根据的指令或内部的规定，对任何人进行定罪和量刑。

（2）疑案有利于被告人

所谓"疑案"，并不是刑事司法中通常所指的"重大、疑难、复杂"的案件，而是特指在控诉方无法完成举证责任时，法院在认定犯罪事实或量刑事实时存在疑问的案件。这种疑问既可能涉及证据、事实问题，也可能涉及法律问题，具体可分为以下三种情形。

1）案件事实认定存在疑问。

控方提供的证据没有达到法律上要求的有罪证明标准，但在很大程度上法官又可据此相信案件事实成立，因此认定案件事实存在与否，法官处于摇摆不定的状态。

2）犯罪性质认定存在疑问。

有证据证明犯罪事实的存在，但对行为性质如何定性存在疑问，对被告人的犯罪行为应定为此罪还是彼罪，由于证据不足或法律适用问题而难以认定。

3）罪数与刑罚适用存在疑问。

在审判实践中，有些犯罪行为貌似一罪而实为数罪，有些犯罪行为貌似数罪而实为一罪，对有些犯罪行为，又难以确定处以何种刑罚。在以上情况下，根据人权保障原则与国际通行的做法，法官应当做出有利于被告人的裁判。但是，"有利"并不是意味着"从无"。在有罪与无罪之间存疑时，应当从无；在重罪与轻罪存疑时，应当从轻；在重刑与轻刑之间存疑时，也应当从轻。

（3）及时纠正错误裁判

错误裁判的及时救济、纠正，有利于刑事司法活动中的错误得到及时弥补，防止因裁判错误导致的冤假错案。当然，错误裁判的及时救济与纠正应当区别对待：对于尚未生效的裁判，应当在坚持"上诉不得不利于被告人"原则的基础上，通过上诉或抗诉程序及时进行救济；对于已生效的裁判，应当在确有错误的情况下启动再审程序。联合国《民权公约》第14

条第 5 款、第 6 款分别规定："凡被判定有罪者，应有权由一个较高级法庭对其定罪及刑罚依法进行复审"，"在一人按照最后决定已被判定犯刑事罪而其后根据新的或新发现的事实确实表明发生误审，他的定罪被推翻或被赦免的情况下，因这种定罪而受刑罚的人应依法得到赔偿，除非经证明当时不知道的事实的未被及时揭露完全是或部分是由于他自己的缘故"。

（4）无罪推定

无罪推定是一项概括性的原则。在现代刑事诉讼中的侦查制度、起诉制度和审判制度中的许多规定是基于无罪推定制定的。根据无罪推定的原则，产生了一系列的刑事诉讼规定，至少包含以下四个方面。

1）犯罪嫌疑人、被告人不承担证明自己无罪或有罪的责任。

2）证明有罪的责任由指控方承担。

3）证明应当达到法律规定的程度，如果不能达到该程度，不能确定任何人有罪。

4）任何公众部门在审判机构宣判被告人有罪之前，不得预断被告人有罪。

联合国《民权公约》第 14 条第 2 款规定："凡受刑事控告者，在未被证实有罪之前，应有权被视为无罪。"联合国人权事务委员会指出："基于无罪推定，对控诉的举证责任由控方承担，对疑案的处理应有利于被指控人。在对指控的证明达到或超出合理怀疑的程序之前，不能推定任何人有罪。而且，无罪推定暗含着被指控的人享有按照这一原则对待的权利。因此，所有的公共当局都有义务不得预断审判结果。"值得注意的是，这里要求的"所有的公共当局"是指政府的所有部门，它们都有此义务。

（5）不强迫自证其罪

《民权公约》第 14 条第 3 款规定了在对任何人提出刑事指控时，人人完全平等地有资格获得法律的保证，法律的保证是指："不被强迫做不利于他自己的证言或者强迫承认有罪。"

在现代刑事司法中，"不强迫自证其罪"的原则已经扩大到法庭审判外的刑事诉讼阶段，主要是侦查阶段。不强迫自证其罪规则在言词证据方面的表现是任意自白规则，其逻辑关系：因为不能强迫，所以陈述必须是任意的。任意自白规则在言词证据方面的内涵比不强迫自证其罪的规则更细致，不强迫自证其罪只是规定了不能强迫，任意自白规则还包含了讯问犯罪嫌疑人、被告人，应当事先得到被讯问人的同意，如果不同意就不符合自愿的要求，从而其供述不能被法庭采纳。

（6）告知指控的性质和理由

在现代刑事司法中，司法机关对任何人采取强制措施时，都应当告知其原因，在起诉和审判阶段应当明确告知对其的指控。《民权公约》第9条第2款规定："任何被逮捕的人，在被逮捕时应被告知逮捕他的理由，并应被迅速告知对他提出的任何指控。"这项原则在刑事诉讼中处于十分重要的位置，与其他权利的行使有着紧密联系。被告人只有及时得知这些信息，才能有足够的时间来应对受到的指控，为自己做有利辩护进行准备，这也是公正审判的基本要求。这一条中包含了指控必须充分具体、有明确的根据并给予被告充分的准备时间。

（7）由合格的法庭进行审理

《民权公约》第14条规定，法庭必须是依法设立、合格、独立和无偏倚的，这里指的是法庭的设立和法庭中的审判人员都必须是合格的，此项要求主要在于强调司法公正与司法独立。司法独立一方面是指法院作为司法机关独立于立法和行政机关，独立行使审判权，不受其他机关的影响和干预，即使是上下级法院之间在行使审判权时也是彼此独立的；另一方面是指，法官在审判案件时，其作为个体也是独立的，不受其他机关、各级法院院长以及同事的影响和干预，只是依照事实和法律独立对案件做出处理。这是一项为现代法治国家普遍承认和确立的基本原则，也是司法人权保障方面最重要的原则。联合国《关于司法机关独立的基本原则》也明确规定各国应保证司法机关的独立，并将此项原则正式载入其本国的宪法或法律之中。司法机关应不偏不倚、以事实为根据并依法律规定来裁决其受理的案件，而不应有任何约束，也不应被任何直接或间接的不当影响、怂恿、压力、威胁或干涉所左右。

（8）被告人出庭和辩护

《民权公约》第 14 条规定，被告人有权出席受审并亲自替自己辩护或经由他自己选择的法律援助替他进行辩护。被告人的刑事责任要通过法庭的裁判加以确定，一旦被判定有罪，他的财产、自由乃至生命都有可能被剥夺。被告人只有在出席法庭的情况下，才能有机会向证人质证，有效地行使辩护权从而反驳对他的指控。刑事辩护制度的完善受到社会各界的高度关注，因为辩护制度在刑事诉讼中被视为保障被追诉者人权的标志性制度，所谓"刑事诉讼制度发展的历史，就是被追诉人的辩护权不断扩充的历史"。

在刑事案件的许多重要程序中，嫌疑人、被告人的人身自由往往受到限制，他们不熟悉法律程序，获得律师帮助则能使他们在刑事诉讼的各个阶段的合法权利得到更好的保证。《民权公约》第 14 条规定，要保证被告人"有相当的时间和便利准备他的辩护并与他自己选择的律师联络"。由于聘请律师的费用比较高，许多人负担不起律师费用，因此，在有些情况下，政府必须为被告人指定免费律师。

（9）审判公开

审判公开应当包括案件的审理过程和判决公开，它的程序是透明的。审判公开原则是为了克服秘密审判的种种弊端而确立起来的，它强调审判程序的进行应当向一般公众公开，使法官在阳光下进行裁判，以防止法官徇私、擅权和对被告人权利的侵犯。现代司法制度有两个重要支点，一是司法独立，二是司法公开。由于前一问题受基本体制约束，操作空间不大，而在为民司法的旗帜下，司法公开的正当性不证自明，且对此法院自身可掌控性较强，因此，改革开放以来，人民法院的司法改革始终将审判公开作为一项重点内容，甚至有时可称为"重中之重"。

程序公开应当辩证对待。程序公开不是要求所有的案件信息绝对地向所有人公开，有时为了更重要的价值需要，可以依法进行限制。《民权公约》第 14 条规定："在特殊情况下法庭认为公开审判会损害司法利益，因而在严格需要的限度下，可不使记者和公众出席全部或部分审判；但对刑事案件或法律诉讼的任何判决应公开宣布，除非少年的利益另有要求或者诉讼系有关儿童监护权的婚姻争端。"法治下的司法是为了维护广大人民群众的根本利益，是不断进步和走向文明的。司法规律还表明，不同的司法制度又呈现出不同的特征，法治状态下的司法制度有其必要的特征。司法公正是法治状态下司法的价值取向。司法公正的实现必须遵循诸如罪刑法定、无罪推定等一系列原则。在我国，建设社会主义法治国家是司法规律的必然要求，研究和探索司法规律对我国的刑事错案防范具有重要的指导意义。当前我国法律体系已经基本建成，法学界有必要探索司法规律，向全社会宣传司法规律，统一认识，使各部门和全民依法办事。国家有关部门有必要遵照司法规律加强法治，解决司法活动中不符合司法规律的问题，指导司法活动，进一步推进全面依法治国，发挥法治在国家治理体系与治理能力现代化中的积极作用。

二、比较各国刑事错案的共因

美、英等国家学者对刑事错案的研究开展较早，形成了完善的原因分析体系。这些国家的学者在错案领域的研究具有世界先进水平，其判例法的传统为研究提供了丰富的资料，因此，英、美国家已经形成了一套相对成熟的理论体系。从国外部分国家刑事错案的研究水平来看，由于受法律传统、历史文化的差异等一系列因素的影响，英美法系国家研究水平总体高于大陆法系国家。以加拿大为例，其刑事错案的成因透过案例逐渐细化到侦查的管状视野、警察的讯问培训等未违反程序法律的层次。形成对比的是中国和日本，从笔者掌握的案例来看，我国目前发现及纠正的刑事错案，几乎均存在刑讯逼供及非法取证、违反程序规定等问题。

综观现有的研究成果，有些适用于各个国家，而有些适用于特定国家。对世界各国的刑事错案成因进行分析后，可以发现各国普遍认可和得到实践检验的成果与共识，这些可以为研究本国的情况提供一个平台与视野。从对各国刑事错案成因的简单了解来看，导致刑事错案产生的共性原因主要集中在以下几方面。

（一）虚假供述

虽然各国的刑事司法制度都受困于虚假供述，但是从不同国家的具体情况来看，英美法系国家与大陆法系国家面临的虚假供述问题有明显的差异。以英国为例，英国虚假供述更多的是警察通过审讯心理学的策略，利用犯罪嫌疑人的心理诱导其供述，或者通过带有强制性的暗示进行指供，这种虚假供述更多偏向于意识领域的博弈，可以称为"博弈型虚假供述"，其审讯的意义不在于是否取得口供，而是为了获取对侦破案件有益的信息。日本的虚假供述则是源于暴力刑讯逼供。他们通过非法的方式，包括虐待、殴打、拘禁等严重侵犯人权的形式，逼迫犯罪嫌疑人以获取口供，通过取得的口供来审理案件，这种虚假供述可以称为"暴力型虚假供述"，其意义并不在于是否真实，而是通过人身体承受的极限来获取口供。

（二）不充分的律师辩护

律师辩护问题也是导致刑事错案的重要原因之一，具体情形也根据各国的情况而进行不同层次的划分。一是因为经济收入较低的犯罪嫌疑人无法支付高额的律师费用，这使得一些律师缺乏准备案件材料的动力，最终刑事案件因辩护不充分，忽视被告人无罪的证据而导致刑事错案的产生；二是在法律传统浓厚的国家，侦查与调查取证的阶段不公开、不透明，律师被排除在刑事案件之外，无法参与到刑事案件之中，从而导致律师不能直接收集相关的资料，准备不充分，无法有效行使辩护权；三是有些国家法治发展水平较低，律师数量少，无法提供法律援助，与此同时，犯罪嫌疑人经济收入低，法律意识淡薄，遂导致刑事错案的产生。

（三）错误的鉴定和专家证言

随着刑事科学技术的发展，法庭科学呈现爆炸式发展。人在未知的知识面前，对鉴定结果和专家证人不具备证伪的能力，但恰恰是由对科学无知的外行人来决定证据的可靠性、有效性，所以存在盲目地信任或者依赖科学证据或者专家证人的倾向，正因为如此，不可靠的鉴定结果和专家证人会误导审判，导致刑事错案的发生，而这一类的刑事错案因为披着"伪科学"的外衣，在发现与纠正的过程中难度系数是刑事错案之最。以美国为例，1989 年之前，美国刑事司法机构没有怀疑刑事科学的正确性，直到 DNA 的出现，才对其他的刑事科学产生怀疑。① 从案例来看，让群众去相信科学错误是很难的。以卡梅隆·托德·威廉汉姆（Cameron Tadd Willingham）被指控故意放火案为例，他被指控谋杀两个女儿，目击证人证言是他跑回房间是要去救女儿，但失火调查员认为是有人故意纵火，案件审理了两天，被告被判处死刑。1993 年他被处死。审判法官认定纵火的科学调查员的鉴定意见是毋庸置疑的。没有任何根本的应用科学来证明其鉴定纵火的正确性，最终案件宣判被告被执行死刑，但是在此时美国已经有很多人对鉴定纵火产生怀疑，也正是因为本案，美国无辜者计划得以展开。实际上，美国鉴定机构是由执法部门控制的，法庭也不愿意去否定由执法部门进行的鉴定，这样就导致鉴定科学研究并不积极。鉴定的确定性无法保证，怎么解决这一问题，美国正在进行新一轮司法鉴定的改革。②

（四）刑事简易程序

各国对刑事简易程序没有统一的规定，但是都出于提高诉讼效率与节约诉讼资源的考虑，设立了刑事简易程序来代替传统的审判。最著名的是辩诉交易，这种审理模式在提高效率的同时，在某些案件处理中可能有损公正，在刑事错案的研究中，因为辩诉交易导致的刑事错案的数量在逐年增加。传统案件审理的羁押时间长、效率低、程序复杂，这使得无辜者重新考虑认罪问题，同时，检察官的各种策略在证据不足的情况下，以从轻或减轻处罚为砝码，导致无辜者在面临刑事诉讼指控时存在主动认罪的可

① 案例1：雷·克朗因为咬痕证据被判处死刑。酒吧女郎被谋杀，目击证人说克朗帮她晚上关门，他成为唯一的犯罪嫌疑人，几天后，警察逮捕了他并搜查了他的房间，受害人乳房有咬痕，医生做证只有他的牙齿才能造成咬痕，遂被判死刑，但是事实证明，认定错误。案例2：艾米·阿尔布列登毒品案件，警方利用检测设备看是否有毒品，在她汽车的座位下有粉末，她在监狱待了三个星期，但是错案对她造成巨大的影响。对当时车里的粉末进行鉴定，确定不是毒品，警方认定错误。案例3：文森特·贝纳斯德斯案，一名年轻的女孩死亡，被告被指控性侵导致女孩死亡，被告称女孩是在街上被撞死的，一年后法医鉴定认为当时鉴定因性侵导致死亡是错误的。（资料来源：2018 年中国政法大学"法庭科学与刑事错案防范"讲座。）
② 资料来源：2018 年中国政法大学"法庭科学与刑事错案防范"系列讲座。

能性。我国也在适用认罪认罚从宽制度，其中对刑事错案的防范也是认罪认罚制度适用的题中之意。

　　除上述这些共同成因外，有些国家有着独特的原因。例如，种族歧视在美国是导致冤案的一个重要因素，但在英国或者加拿大等国就不存在这一问题。又如，司法官僚制在日本是导致冤案的大问题，但在其他国家则不存在类似问题。再如，上诉制度是英美两国冤案发生的重要原因。因此，各国既要重视导致冤案的普遍性成因，又要具体分析本国的独特性成因，这样才能全面、准确地发现刑事司法制度存在的问题。

三、反思中国刑事错案的成因

　　在归纳了中国刑事错案发生模式并比较了各国冤案成因之异同后，再将中国刑事错案具体成因做一番细致观察，会得到诸多具有现实意义的启发，主要有以下几点。

　　（一）刑讯逼供及虚假供述

　　从现已发现和纠正的冤案来看，刑讯逼供获取的虚假口供是中国冤案发生的首要成因。由于目前许多刑事错案研究的样本都是发生在 20 世纪90 年代中期之后的 10 年之内，研究结论肯定带有滞后性，不能用过去的问题回应现在的改革，加之我国当前处在社会转型时期，刑事诉讼制度和刑事司法体制都在不断变革与进步之中，这样，结论的滞后性更为明显。党的十八届三中全会以后，我国从多个方面采取措施遏制刑讯逼供，防范刑事错案，虽然实效性有待考察，但刑讯逼供必然会受到不同程度的遏制。随着我国刑事诉讼法律制度的进步，中国刑事错案的发生模式必然会从初级阶段慢慢向高级阶段过渡，极有可能出现这样一种局面：刑讯逼供现象越来越少，但是虚假口供不会减少，甚至会有增加的趋势。从国外的现状来看，没有刑讯逼供的虚假供述依然是导致错案的主要原因之一，在不使用刑讯逼供的情形下，警察依然会想方设法利用各种带有诱导性、虚假性甚至是强制性的讯问策略。可见，即使解决了刑讯逼供问题，也并不必然会消除虚假供述，作为一个普遍性问题，中国将来肯定不可能绕过这一问题。因此，从理论上来讲，合理吸收国外的经验，加强这个领域的研究是大势所趋。当然也不能过度超前，而应当根据中国的具体情况，适时推进和加以改革。

（二）检察监督不足

检察官在刑事诉讼中负有客观公正的义务，这已经成为世界各国的普遍共识，其中一项重要内容是保障无罪的人不受刑事追究。在英、美、加等国，检察官证据开示义务中最重要的一项是必须将发现和持有的关于犯罪嫌疑人、被告人无罪的证据披露给辩方。然而，在司法实践中，检察官没有履行这一义务。相反，检察官同警察一样经常选择隐匿无罪证据，最后导致无罪之人被起诉和定罪。从我国发生的错案来看，这主要是有少量检察官在审查起诉过程中未能尽到客观公正的义务。从表面上看，二者貌似没有什么共通点，然而从总体上看，它们都是检察官客观公正义务的失守。笔者认为可以通过体制改革、规范完善、法治意识提升、队伍建设等系统化改革方式逐步加以改善。

（三）刑事简易程序

辩诉交易或者类似于辩诉交易的制度到底会不会导致错案的发生呢？从英国、美国、加拿大纠正刑事错案的实践和关于此问题的理论研究来看，答案是肯定的。因此，一直有较为激进的学者主张应当废除辩诉交易制度。2013 年之前，我国刑事诉讼法没有设置辩诉交易制度或者类似制度，但是我国设立了刑事和解制度，采取了犯罪嫌疑人与受害人协商的模式，没有采取检察机关作为和解一方介入的模式，从预防刑事错案发生的角度来看，这是值得肯定的。与美国等国的辩诉交易相比，这种刑事和解制度既可以提高诉讼效率、修复社会关系，又可以最大限度地避免产生冤案。从 2016 年开始，我国进行认罪认罚从宽制度改革试点工作，同时，在试点工作部署中着重强调了防范刑事错案。我国目前的简易程序是否会引发刑事错案问题，还有待进一步观察。

2020 年前 8 个月检察机关办理刑事案件认罪认罚从宽制度适用率达83.5%。在认罪认罚的轻罪案件中，相对于普通轻罪案件，更易出现冤假错案，这是因为：第一，为了减缩办案时间，提高诉讼效率，有可能存在办案人员以不当或虚假利益引诱或以不实信息欺骗，促使犯罪嫌疑人、被告人同意认罪认罚的情形。第二，在诉讼过程中，无罪的犯罪嫌疑人、被告人可能为避免漫长的诉讼，不甘忍受被羁押的痛苦或被指控的严厉刑罚，两害相权取其轻，选择认罪认罚，承受相对轻微的刑罚，以期尽快摆脱诉讼或者出狱。第三，在认罪认罚案件中，要求犯罪嫌疑人、被告人对其涉嫌的犯罪事实、罪名以及认罪认罚的法律后果等有明确的认识，即符合自愿性标准。但是如果犯罪嫌疑人、被告人基于认识错误而认罪认罚，例如，行为本应是正当防卫，但是存在法律认识错误而认罪，则很有可能出现冤假错案。第四，出于现实功利性因素，代人顶罪以保护或者帮助真正的罪犯与承认较轻的罪行以掩饰严重罪行两种情形在我国认罪认罚从宽程序中发生的概率较高，特别是在交通肇事案件中替人"顶包"的情况在司法实践中时有发生。第五，依据刑事诉讼法有关规定，在适用刑事速裁程序，认罪认罚可能判处有期徒刑三年以下刑罚的案件中，庭审环节可以大为简化，能够省掉法庭辩论、法庭调查环节。这有利于提高诉讼效率，但同时也增加了轻罪冤假错案发生的可能性。

第四节　刑事错案的成因与刑事错案防范的联系

通过刑事错案的成因研究可以发现，刑事错案的成因纷繁复杂，刑事司法的每一个程序都有可能导致错案。不管人们怎么努力设计程序规则和证据规则以防止刑事错案，都不可能彻底防止错案的产生。但这不应该是我们止步不前的借口，而更应该有责任和动力寻找制度漏洞，完善法律体系。

刑事错案是不可避免的，也就是说，刑事司法活动时时刻刻存在着发生错案的风险，面对发生错案的风险，最好的治理就是防范。防范刑事错案的产生，通过对制度的完善，从源头上消除刑事错案。研究刑事错案的成因，可以引导人们发现导致刑事错案产生的主要源头，通过对源头的了解，来指导刑事错案防范的研究。通过对刑事错案的成因进行研究可以看到，大部分已经发现的刑事错案均发生在审判之前的侦查起诉阶段，审判中的法律适用错案所占比重较少，因此，本书在刑事错案防范的研究上侧重于对刑事错案整体制度变迁的研究，根据前文对制度的研究并结合最新的司法实践，以侦查讯问、羁押审查、异地复查三个方面为代表提出制度演进的一些建议。其中，侦查讯问是防范错案的关键，无论是国内还是国外的研究，都侧重于通过提升讯问技巧和方法来获取与案件相关的信息，这是未来防范刑事错案研究的一大亮点。

第三章

刑事错案防范的制度变迁

通过上文的阐述可以发现，刑事错案的成因纷繁复杂，我们也深刻地感受到刑事错案引发的一系列后果，以及给公民、社会与国家所带来的不可挽回的损失，因此，面对刑事错案这一难题，最好的方法是防患于未然。刑事错案的防范是世界各国刑事司法共同面临的难题，自古以来刑事错案便是刑事司法不可逾越的鸿沟，近年来世界各国的刑事错案防范水平逐渐成为人们不断探索公平与正义时最为关注的问题。制度是随着人类社会进步不断变化的规则，在人类社会的运行规则中，刑事司法规则逐渐形成了一套完整的刑事司法制度体系。刑事司法制度作为制度的重要组成部分在社会变革中起到了关键性的引导作用。笔者在本章中以制度变迁理论来架构我国刑事错案防范的分析模型，把制度变迁与刑事错案防范之间的相互关系置于特定历史进程的背景中加以研究。本书研究方法的理论假设基于：社会经济发展必然推动制度变迁，制度变迁必然引起刑事司法制度的变化，并由此带动刑事错案防范制度的变化。本书以制度为研究对象是因为制度的变迁对国家、社会的发展与进步至关重要，制度创新能力也是一个国家力量的核心体现。刑事司法制度作为社会制度的重要组成部分，发挥着提升社会治理能力现代化水平的重要使命，而制度又具有依赖性，在人类改造自然、改造社会的历史实践中产生或形成的任何社会制度，决不会不与以前的社会和文化再生产制度或控制制度做决裂而发生改头换面的变化。因此，笔者从制度这一特殊的视角对刑事错案防范的制度变迁进行研究。

第一节 制度变迁理论

刑事错案防范制度是非常具有中国特色的制度，刑事错案作为刑事诉讼的"影子"一直伴随着刑事司法制度的产生、恢复和发展。以刑事错案防范作为线索可以串联起我国刑事司法制度的历史沿革。自中华人民共和国成立以来，刑事诉讼制度逐步完善，刑事错案防范也经历了从无到有、从量变引起质变的飞跃过程。尤其是改革开放后，刑事错案防范制度快速发展，党的十八届三中全会以后，一直到改革开放 40 年后的 2018 年，刑事错案防范制度研究已经形成了"四位一体"的全面部署，为实现每一位公民的公平与正义编织出一张维护法律底线的大网。在此背景下，本书通过制度变迁的研究透过刑事错案防范这一因变量对中国刑事司法制度进行梳理，但是这种梳理需要很强的理论性。制度分析法是一种理论性较强的研究方法，是可用以分析历史变革、社会变迁、制度转轨等宏观课题的研究方法。利用制度分析法研究刑事错案防范，如何切入、连接、融会贯通是一大难点。但是，刑事错案作为刑事司法"不公正"的一面与刑事司法制度如影相随，通过错案可以窥探到公民、社会、国家乃至整个人类对公平与正义的追求。窥一斑可知全豹，利用制度分析法来研究刑事错案，可以宏观的视野来把握刑事司法制度发展的脉络。

从 1949 年中华人民共和国成立以来，我国社会形态发生了剧烈变化，这种社会形态剧烈变化转型期所采用的刑事错案防范模式对分析刑事错案具有较强的理论指导作用。对刑事错案防范制度的梳理，要基于我国刑事司法制度的实践和刑事司法制度运行的基本规律。

一、制度变迁理论的理论分类

制度（Institutions）是一种社会规则，用来约束人类的交换行为。人类通过制度对社会规则进行安排，来减少社会发展的不确定性。制度包含了人类规范社会交往限制的任何形式。正式的制度，如法律法规，非正式的制度，如习惯和礼仪。有些制度是人为制定出来的，例如，美国宪法，有些制度是随着历史的发展演化而来的，例如，普通法。① 因此，制度的演变可以经由习惯、行为准则、社会规范乃至成文法、不成文法，甚至是个人契约来实现。制度随着社会的发展不断地改变着人们的选择，只不过有些人认为制度变革是可预测的，但是还有一些制度演变是微乎其微的，只能用历史学家的眼光才能后知后觉地发现。如同历史的变迁一样，制度也为人们提供了一扇可以连接过去、现在和未来的大门。

　　构成制度的三大基础要素包括：规制性（regulative）、规范性（norma-tive）和文化—认知性（cultural-cognitive）。这也被认为是制度系统的基石（见表3-1）。

表3-1　制度的三大基础要素

项目	规制性要素	规范性要素	文化—认知性要素
遵守基础	权宜性应对	社会责任	视为当然
秩序基础	规制性规则	约束性期待	建构性图式
扩散基础	强制	规范	模仿
逻辑类型	工具性	适当性	正统性
系列指标	规则、法律	资格承认、合格证明	共同信念、共同行动逻辑

---

① 普通法的演变是一种制度变迁的形式，它有助于人们了解整体的制度变迁，普通法是以判例为基础，这提供了连续性与基本的可期性，对降低契约双方的不确定性相当重要。过去的判决转变成了法律结构的基础。当涉及新问题或是过去情况下没有预见的问题出现时，法律的结构会做边际的改变，新的判决一旦确定便又回过来成为法律架构的一部分。司法判决反映出在法律架构的历史构成范围内主观的信息处理。如果不成文法事实上如一些法律和经济学者所坚称的那样是有效率的，那么竞争的过程的确会使司法人士得到正确的模型。但是如果司法者判决的依据是不完全的信息和由他们的主观与意识形态控制之世界观，则没理由说它是有效率的。无论人们如何解释司法过程，制度架构都是连续的，它逐步地被提起诉讼的组织有意修改。

项目	规制性要素	规范性要素	文化—认知性要素
情感反应	内疚、清白	羞耻、荣誉	确定、惶恐
合法性基础	法律制裁	道德支配	可理解、可认可的文化支持

（一）规制性基础要素

最广泛的观点认为，制度的规制性要素注重的是制约、规制、调节行为的社会机制作用。规制性要素之所以受到很多学者的重视，是因其具有强调规则、奖罚、监督等这类具有明确、外在特性的特点。制度的规制性要素正是因为具备这些特点，所以它可以建立规则，可以督导社会成员，甚至可以以奖励或者惩罚的方式影响人的具体行为。规制性的社会机制运作方式并不固定，既可以是非正式或正式的，也可以是分散的形式。例如，具有回避性质的社会习俗规则属于分散的非正式规则，而警察或司法机关执法人员的活动则属于高度正式的规制性规则。多数经济学学者都赞同规制性要素是制度的依赖性基础要素这一观点。经济学家道格拉斯·诺斯曾对"制度"做了阐释，他认为制度系统的特征与运行机理同竞技体育的规则并无二意。① 言外之意是，非书面形式的纪律和指令等非正式的规则都是对正式规则的一种有效补充。在正式的竞技体育比赛中，运动员违背非书面的纪律或规则，就会受到批评和惩罚。因此，无论是正式的竞技规则还是非书面的纪律或规则，都是为了比赛的正常进行。制度运行的初衷就是要保障社会行为按照规则进行，违反规则就要付出代价或接受惩罚。诺斯的这种说法，可能部分源自经济学家和政治学理性选择论者研究的惯例性客体（制度）的特征。这些经济学家与政治学家关注的是市场和其他竞争情景中的个人行为和公司行为，这里的其他竞争形式，例如，政治竞选情况、具有政治色彩的竞争形式，通常会以利益群体的形式出现，

---

① 诺斯. 制度、制度变迁与经济绩效［M］. 杭行，韦森，译. 上海：格致出版社，上海人民出版社，上海三联书店，2014：23.

这种情形则要求有更加公正的规则和组织者，竞争秩序才能得以维系。利己理论认为，规则系统是服务受益群体的，或者说追求规则的人或组织实质上也是在追逐自我利益。学者对"影响个人与组织的行动的制度性机制"做了定义和分类，即行为行动者以自己的利益为出发点建立规则或追求利益的行为机制称为"强制机制"①。

（二）规范性基础要素

第二类制度主义者觉得，制度是建立在具有规范性的基础要素当中的。它的侧重点是，它是我们生活中的一种制度，而恰好包含了评价性、义务性和说明性这三大因素，正是这些因素让这种制度变成了一种规则。规范系统涵盖了规范与价值观这两大类。价值观的含义是行动者自身认可的一种观念，换句话说就是其满足自身需求且有价值的一种观念，同时它还可以作为标杆，用于评判当下的一些行为和结构。规范的含义是，某件事必须按规定，同时还规定必须运用正规的途径和方法来达到最终目的。规范系统已经明确了最终要达到的目的（如赢取篮球赛、赚取利润等），同时还规定了达到目的采取的方法（如规定篮球比赛整个赛程是怎么安排的，利润包括了哪些方面等）。一部分规范和价值观也许只对一些特殊的岗位或者行动者有用，而部分规范和价值观也许对全体人员都有用。正是这样的差异，前者会出现不同的角色，也就是说，明确某一职位或者某一个体哪些是符合他们的目标与活动的观念。当然，这些观念除了是对这部分特定行动者该怎么做的一种期待，还是对规定的一种期待。这种期待通常属于某一特定情境里支配的行动者，这样一种期待面向的主要行动常常伴随着压力的存在。当然这些观念同时会支配行动者在潜移默化中发生变化，这样一来社会角色就产生了。比如，在一个组织这样的环境中，某一个职位被授予了其应有的责任与权力，如此一来，这个职位上的人就可以利用其自身权力去调动相关的资源。并不是所有的角色都会按正常的顺序出现，有一部分角色可能出现得很突然，这样会使最后的期待与之前的期待

---

① 边沁．道德与立法原理导论［M］．时殷弘，译．北京：商务印书馆，2012：235.

有差异。规范系统在约束社会行为的同时，也有利于社会行动的发生。

（三）文化—认知性基础要素

第三类制度主义者指出，制度的文化与认知性这两个要素是关键点。制度主义者对社会性质的理解可以通过文化—认知的知识框架进一步阐释。这类制度主义者主要包括格尔兹（Clifford Geertz）和玛丽·道格拉斯（Mary Douglas）等人类学家，伯格（Peter Berger）、戈夫曼（Erving Goffman）和迈耶（John Meyer）等社会学家，迪马吉奥（Paul J. Dimaggio）、鲍威尔（Walter W. Powell）和斯科特（W. Richard Scott）等组织研究者。社会组织学等新制度的基本特征之一就是强调制度的文化—认知性维度。文化—认知的特征是深刻隐藏于个体思维的关于世界符号的表象内。文化—认知的范式理论认为，人是行为的创造者，行为可以被认为是环境内化于人思维中的某种函数形式、符号词语，信号与姿势赋予了个人行为或活动以某种意义。人与人的交往活动产生了行为的意义，这种行为意义用于解释持续产生的互动或行为，并得以传承。人们强调符号与意义的重要性，这样又回到了韦伯（Max Weber）做出的假定上：行为具有意义，行动者的行为具有社会属性。[①] 研究者只有在综合考虑外部环境、客观条件的前提下同时考虑行为人的思维理解，才能真实分析并解析个体的行为。多年来，心理学家对人行为的研究已经构建了一个非常完善的理论框架，认为人的信息处理过程是由其知识框架支撑的。也就是说，个人对信息的编码、保存、组织、回忆的形成都取决于其认知框架，认知框架也直接参与并影响个人的决策、评价、推论等思维活动。

"制度"作为分析对象最早出现在经济学中，作为研究方法随后逐渐被引入其他学派，最终形成了制度政治学、制度经济学以及制度引发的社会现象分析学等不同学派。不同的学术流派对制度的概念有不同的诠释。

第一，理性选择制度主义为研究制度提供了一个全新的视角，该理论通过对个体的感知的认识来解释制度的变迁。个体受新的制度产生收益的

---

① 韦伯. 新教伦理与资本主义精神［M］. 闫克文，译. 上海：上海人民出版社，2018：59.

驱使而承认新的制度，并推动新的制度的演变。

交往成本理论（Transaction Cost Theory）。交往成本理论认为，个体之间的交互以及契约的产生是推动制度发展的主要原因。契约逐渐发展成为个体与个体之间默认的一种协商规则，由于个体间的协商是个人意思的真实表示，所以可以实现其利益的最大化，个体随后就有了调整协商规则来实现利益的动力。

诺斯的制度变迁理论。诺斯认为制度就是一个社会的游戏规则，用来限制人类的互动行为。① 他认为制度变迁的实质就是制度演进与组织行为间互动的结果。制度为组织行为区分了正式规则、非正式规则与执行三个部分。他为理论提出了修正行为假设，这些假设不仅考虑了交易成本的根源、信息处理能力，也包括意识形态与主观心智等。

谈判理论（Bargaining Theory）。学者奈特（Jack Knight）和利瓦伊（Margaret Levi）是谈判理论的主要完善者与代表者。谈判理论认为，社会结果与成员之间的行为冲突最终产生了社会制度，也就是说行为人之间的利益冲突是不断推动制度发展的根本动力。②有限的资源在分配中的冲突直接导致社会的变化，为了缓解冲突就要调整利益的分配，只有通过制度进行分配，改变不均衡的结果，社会才会对制度有所期望，进而使制度不断发展、完善。

第二，历史制度主义的制度变迁是把制度作为变量，将制度约束在一定的社会历史环境中，观察制度的变化条件与历史变迁。人们关注制度所处环境对制度变迁的影响，透过不同历史时期分析纵向制度的变化，探索制度变革的历史路径、内因与变迁模式。历史制度主义理论认为，制度变革应被看作政治互动，而不是个人的利益目标，它更加完整而纯粹地关注制度发展与变迁。③

---

① 诺斯. 制度、制度变迁与经济绩效［M］. 杭行，韦森，译. 上海：格致出版社，上海人民出版社，上海三联书店，2014：43-66.

② 奈特. 制度与社会冲突［M］. 周伟林，译. 上海：上海人民出版社，2009：128.

③ 崔新生. 制度简史［M］. 北京：中国工人出版社，2002：66.

制度的革命生成理论（Origin of Institutions）。马克思曾提出，"革命是历史的火车头"①，历史制度主义早期的研究将不同社会制度之间的更替视为战争，注重暴力活动的推动作用。摩尔指出，通过革命才能消灭旧秩序，建立新制度。② 革命力量的强弱是决定制度变迁的重要因素，制度的革命生成理论也解释了制度的持续性特征，即旧的制度终将被新的制度取代，其认为强烈的外部冲击是制度变迁的重要推动力，对制度的变迁起关键性的作用。

断裂平衡理论（Punctuated Equilibrium）。学者青木昌彦认为制度转型主要可以划分为进化及稳定、危机与灭亡两个阶段，第一个阶段经历时间更长，第二个阶段更短暂且无序。③他在制度革命生成理论的基础上，对制度的变迁阶段进行划分。克拉斯纳（Stephen D. Krasner）的理论研究认为，"制度具有较长的稳定期，制度变革力量与危机会导致制度产生周期性波动，最终又会归于稳定。"④ 所以，制度可被划分为两种不同的存续形式，一种是通过外部冲击来带动制度变迁；另一种是内部持续性的稳定状态的变迁。

渐进式制度变迁理论（Gradual Transformation）。该理论以社会发展的不同层次为样板，认为制度同社会一样，存在着相互融合、交替、转变等渐进过程。它将制度视为社会的一部分，当影响其制度变迁的某一个因素发生变化时，制度会随之变化。制度是多种因素共同构成的复合体。

社会学制度主义对制度的理解更宽泛，认为制度在不同环境和文化背景中自动生成，其自身具有持续进步的属性，一旦制度形成就具有独立的

---

① 中共中央马克思恩格斯列宁斯大林著作编译局．马克思恩格斯选集：第一卷［M］．北京：人民出版社，1995：456.

② 摩尔．民主与独裁的社会起源［M］．拓夫，译．北京：久大文化股份有限公司，桂冠图书股份有限公司，1991：15.

③ 青木昌彦．比较制度分析［M］．周黎安，译．上海：上海远东出版社，2001：247.

④ KRASNER S D. Approaches to the State：Alternative Conceptions and Historical Dynamics［J］．Comparative Politics，1984（2）：223-246.

生命力①与持续性。存在于稳定环境与文化中，制度就会自动保持稳定。由于决定制度形成的环境和文化的存在是相对稳定与持续的，因此制度也会更加倾向于稳定的状态。

本书并没有强行从制度变迁理论中抽取与刑事错案防范相关的理论，所以对新制度主义理论的各流派论点并未进行横向比较和区分，而是选择有代表性的新制度主义理论中的道格拉斯·诺斯的制度变迁理论作为主要认识工具，以历史制度主义作为我国刑事错案防范制度变迁的主要研究方法。我国刑事错案防范制度属于制度变迁的范畴，具有制度变迁的一般特征，因此借助于制度变迁理论，能更好地分析研究我国刑事错案防范制度。根据制度变迁理论，刑事错案防范制度完善的过程是在不同行动者的作用下，各种社会制度安排由均衡向非均衡再向新的均衡不断转变的过程，是对社会制度初始状态不断否定的过程，也是对利益格局不断调整的过程。我国经济社会和科学技术的不断发展，新的社会事物、社会组织形式、社会活动方式以及社会问题的大量出现，加之政府对建设和谐社会的重视和推动，这些为打破旧有的社会治理制度均衡状态、推动制度变迁提供了充分的条件。我国刑事错案防范制度演变一方面是要进行公权力与私权利的重新定位，这属于外部分配格局的变迁；另一方面是在外部分配格局变迁基础上，为提高司法工作的公平与效率而改变司法机关内部工作制

---

① 制度生命力演化的特性。首先，它们都针对群体（population）。即使当我们说的是个体，如果变化的过程是演化的，那么我们可以把它当成微小单位的群体，所以，一个人体内一种疾病的演化过程是一群的病菌、抗体、细胞等之间的关系决定的函数，同样，一个国家的经济的演化是一群人、交易单位及诸如此类之间变化关系的结果。其次，演化模型代表着恒常（遗传）和变异，必须同时有不变的和变动的成分。如果一个系统会演化，那么变动的成分也必须会遗传。关于生物的演化，重点在于从一代到下一代发生的存活差异与有机体类型或特性的繁殖。此处的恒常性是由于基因结构指导的固定形态而产生门德尔式（Mendelian）遗传。变异则出自一些来源，包括上述指导发生内在突变（基因复制错误）、有性生殖中的基因重组，以及物竞天择的外在压力。社会经济的演化主要关心的是成长差异和社会组织形态的生存，其主要的遗传成分是社会惰性的重担，加上故意调教出的传统从旁协助。至于变异，有些来源类似突变（学习传统时发生复制错误）。此外，物竞天择理论仍然有效。最后，模仿和理性的思考也构成非基因的社会经济变异来源。

度的变迁。因此，可以认为刑事错案防范制度是一系列的制度变迁。

二、道格拉斯·诺斯的制度变迁理论

社会变迁理论源远流长，但是作为 20 世纪 80 年代开始流行起来的"制度变迁"理论，应该说离不开新制度主义的代表学者、美国著名经济史家道格拉斯·诺斯做出的贡献。诺斯基于经济绩效研究的相关制度理论，搭建了具有国家、产权、意识形态的制度框架。他的贡献在于以下几方面：其一，经济理论开始用于研究历史，理论与历史被熔于一炉。其二，从制度变迁的角度来解释经济增长，打破了技术创新论独霸经济增长分析的局面，掀起了重新关注"制度"的浪潮。粗略来看，诺斯的制度变迁理论首先发起于《西方世界的兴起：新经济史》，并在《经济史中的结构与变迁》中得以继承和发展，最后系统翔实地记载于《制度、制度变迁与经济绩效》一书中。简要地说，诺斯的制度变迁理论包括以下几个方面的内容。

（一）制度的内涵

诺斯认为，制度产生的初衷是约束或限制人与人之间的交往及契约。制度通过非正式的约束，诸如社会行为准则、社会习俗、个人习惯等约束规则加以限制，同时会以正式的约束限制人的活动。通俗而言，制度是由各种正式或非正式的约束性系统构成的。① 诺斯于 1993 年获诺贝尔经济学奖，并在随后做了关于制度理论的演说。他提到，制度就是规则，用于规范社会的博弈。简单地说，制度乃行为规则，包括正式规则和非正式规则。所以，地方习俗、特色文化、惯例等都是制度的一部分，尤其是非正式性的约束，是一种普遍的制度存在，它的存在具有重要的社会意义，并指导着正式性社会制度的形成。

（二）制度变迁产生的内因

诺斯的制度理论认为，制度变迁的根本原因是社会相对价格的变化。

---

① 诺斯. 制度、制度变迁与经济绩效 [M]. 杭行，韦森，译. 上海：格致出版社，上海人民出版社，上海三联书店，2014：78.

比如，信息价格、价格比率、技术价格、物品价格等各种变化都是因为相对价格在发生波动和变化。特定部分相对价格的变化虽然是外生于分析框架的，但大多数都是内生的，这种价格的变化有时候会客观反映社会经济、政治军事活动的改变，进而导致制度的变革或变迁。所以制度理论认为，统治者或首领是将制度推向变革的主导力量，是推动制度创新的充分动力，至于价格偏好的变化，通过社会中认知框架或相对价格的变化波动，能从中找到具体原因。他甚至指出，一项重大制度变迁本身不可能完全通过相对价格的变化来解释。因此，观念及意识形态在制度变迁中发挥着相对重要的作用。成功的反意识形态能够有效克服"搭便车"的问题，促使人们参与改变现行制度的活动。此外，他开始关注相对价格变化同人们的思想和意识形态之间的相互作用，以及二者在诱致制度变迁中起的作用。

（三）制度变迁的进程

上文提到，制度变迁是由相对价格的变化所致的，因此，对相对价格的变化何时会导致制度变迁，以及它们何时在现有规则框架内再建构新框架，必须加以探讨。诺斯制度理论指出，制度变迁过程可以采用均衡逻辑进行解释。所谓"制度变迁"，其实是从均衡到不均衡再进入均衡这样一个动态的过程，并且不停地反复循环。在不均衡状态下，人们认为改变规则的收益大于付出的成本，进而进入非均衡状态，从而导致变革的产生。在均衡状态下，在当前的制度下，行为者将资源投入制度进行变革，可能不会产生比在目前制度下更大的收益，即在当前制度下，人们的收益是合理且满足当前预期的，这时候制度进入相对平稳期。所以，制度的变迁是由相对价格的变化所致，当新制度建立可以带来更大收益时，才可能导致变迁的发生，进而形成新的制度均衡。

（四）制度变迁的类型

总的来说，诺斯对这一问题的阐述可以用一个矩阵来表示，分别由两组关系构成。从制度类型视角进行划分，认为制度变迁存在正式的或非正式的变迁形式。诺斯指出，"文化特性的存在在面对相对价格、正式规则或政治地位的变化时，才使得非正式规则的变化率与正式规则不同"①。在均衡时期，非正式规则的变迁常常补充和拓展正式规则，但在变迁时期，正式规则及其实施的规则常常导致非正式规则被推翻。他从变迁视角进行划分，认为制度变迁存在连续性或非连续性两种。他指出，制度变迁实际是对制度框架、准则组合等方面的边际修整。所以，多数的制度变迁都是连续性的，非连续性制度变迁则是一种制度彻底替代另一种制度，通常以战争、革命或自然灾害的方式导致非连续性制度变革。在非连续性变迁中，正式规则发生根本性变化，而非正式规则仍保持较强的连续性和稳定性，容易形成非正式规则和新的正式规则之间的紧张关系。

（五）制度变迁路径

相对价格变化导致新制度或制度变迁，但相对价格的一个共同的根本变迁在不同的社会则产生不同的结果。这是因为，在一个社会中变迁将导致边际上的不同，其解决的路径取决于参与者的谈判力量或者能力。不同社会之间的利益集团，其谈判能力必然是有差别的，这个差别就会导致社会边际效益的调整，调整深度则根据谈判能力的差异大小决定。所以，处于不同历史时期或社会结果的个体，其主观模型是存在必然差异的，在政策决策上也会存在明显的差别，最终导致社会制度边际的调整幅度有差异。

第一，学习对制度变迁的影响。诺斯重新阐释了对制度的理解。他指出，基于浅层面分析，制度其实就是特定群体的行为规则或惯例。但深入制度的本质进行分析，他认为，所有制度都属于所有社会成员共同的理解，以及对社会普遍存在问题的普适性理解。在时间轴上的社会经济变迁，社会成员不断学习和记录便刻画出了制度变迁的轨迹。所谓"现实—信仰—制度—具体政策—结果"，这种因果及相互影响的模型，就是人们常说的"被改变了的现实"。在社会制度变迁中，人们的世界观进而产生，同时形成了基于世界观的信念。

---

① 诺斯. 制度、制度变迁与经济绩效 [M]. 杭行，韦森，译. 上海：格致出版社，上海人民出版社，上海三联书店，2014：82.

第二，以信念为导向设计制度，通过制度约束或规范社会中个体的行为，最终制度规范产生了结果，也改变了现实，规范了社会秩序。诺斯还认为，对于非正式制度的变迁与演进，他可以更深入地解剖制度从生成到演化，再到结果及其影响的驱动力和原因。诺斯指出，非正式制度的产生是人们自发互动行为的结果，而不是通过特意设计产生的结果，它的产生是社会团体彼此之间集体学习、创新和模仿的过程。

第三，非正式制度内生于社会成员共解治理，具有内生性，而正式制度是强加于社会成员共解治理，主要是通过统治阶层与被统治阶层之间的交互关系而产生的结果。诺斯的制度变迁理论之所以对经济学、政治学、历史学和社会学研究都有巨大的影响，是因为他的研究是社会科学化的，而不是单一的经济学研究。

三、制度与组织

制度与组织理论的主要研究成果集中在这两者的相互影响方面。诺斯早期的研究强调制度环境对其中的所有单个组织的影响，认为制度环境具有一元特性，也就是统一性，正是这种一元特性能够让社会环境中的个体组织遵从制度结构。人们视某种组织化方式为一种自然而然的方式，因为人们遵守制度环境要求可以获得官方的规范认可，或者因为它们是由法律或其他近似规范的认知框架要求的。在后来的研究中，人们则开始讨论单个组织相互之间的差异，并认为组织在一定程度上会反馈制度带来的影响，并做出相应的反应。个体特征及其相互之间的联系则直接影响了这种反应发生的时机与反应强度。近些年来的研究着重分析组织对制度要求做出的反应的性质。关于制度理论，学界通常并不是孤立起来研究组织本身，更多的是将组织放入特定的社会环境中来考察其作用、影响以及重要性。诺斯在对制度的诸多研究中阐述了环境包含组织，组织同时被环境影响着、构建着或者重构着。制度理论家强调比组织更大的场域的重要性，而不是强调单个组织的重要性。制度主义者已经认识到，社会是在跨国性的过程与结构中运行的，并受这些过程与结构的作用，社会层次化的结构使处于不同层次的组织场域受到不同社会层次的影响，这种影响统筹是"自上而下"的，即较低层次的时候，环境通常不会受到较高层次的各种组织的影响。所以，要在恰当的情况下，这种组织与相应社会场域的影响关系才会发生，即在能产生相互作用的场域中，组织的运行才会受到制约，不断被塑造和重塑。

制度的统一性、整体性特征是新制度理论倡导的，这些特征由于赋予了制度决定性的影响，也被认为是基础特征。早期新制度理论对具有这两种特征的制度研究集中在其对组织结构、形式的影响方面。新制度理论的研究者认为，组织场域所处的制度是呈现片段化形态的，且具有冲突性。这是因为，处于不同特定场域内的组织，其所属环境不同、属性不同，制度对其影响也是不一样的。此外，对于早期新制度理论坚持的制度要求凌驾于组织之上的观点，新制度理论研究者并不赞成。他们认为，组织对于制度也有一定程度的影响和能动性，不仅会以某种方式、策略进行回应，而且可能反抗制度要求、变更制度要求。

目前，学者对制度与组织关系的研究已经形成了三种截然不同的观点。

第一，博弈论关系的观点，诺斯是支持该观点的代表人物，并且这一观点获得了多数制度经济学家的认同。他们认为，制度是博弈规则的提供者，组织就是该特定场域环境内的博弈行为者。组织会试图建立新的规则或改变规则以有利于其自身利益，包括可能利用经济、政治手段来达成规则利我的变化。但是，博弈论关系观点也有一定的局限性，它过于关注规则的制定与实施过程，而组织间的博弈、博弈的策略与结构显然被忽视了。

第二，组织即制度的观点，奥利弗·威廉姆森（Cliver Eaton Williamson）是这种观点的代表人物之一。这种观点属于中庸立场，组织及其架构实际上就是制度本身。组织本身就是实现生产活动的制度，并使其在社会交易、生产等环节中成本最低。但是，认为组织就是制度的观点，忽视了合同法、物权、产权等社会背景，主要还是考虑制度对个体组织活动的影响。奥利弗·威廉姆森认为，组织是制度的一种特殊形式的存在，其设计制定者是组织代理人或核心利益者，组织通过他们的决策逐渐演化形成制度。①

第三，组织的文化认知形成制度的观点，迈耶与朱克尔（Lynne G. Zuker）等社会学家是其主要代表人物。该观点认为，组织属于社会层域并在其环境中运行，与制度发生关联性，不需要将组织、制度、环境进行独立区分。② 这些学者认为，组织的认知层面决定了制度的构成与框架，还认为现代组织就是制度形式的一种。

四、制度研究范式

任何理论范式都有自己的研究方法。制度作为人类共同生存的规则，在特定的语境下，可以与"规则"相对等。在新制度经济学中，制度变迁的范围比某一项规则变迁的范围要广泛。本书研究的制度变迁不是包含整个社会结构的制度变迁，而是作为规则运行的某一项"规则"的变迁。但是，在多数情况下，制度变迁的研究范围要大于"规则"。关于制度范式研究，代表人物有科尔奈（Janos Kornai）、林毅夫、皮尔森（Paul Pierson）等，在此基础上，他们对制度范式的研究方法做了相应的整理。

（一）整体性研究方法

制度本身并非制度研究的全部，而需要综合制度所处的特定环境，包括政治、经济、文化等因素。要进行整体考察，分析其相互之间的联系，对比制度以及制度中相对应的属性之间的关系，经过整体研究之后，再解释一个制度的集中属性及其变化的规律。人们关注的问题不仅仅是制度的变化，还有其变迁的内在规律。

（二）路径依赖研究方法

制度在时间维度上有延续性，也存在发展的继承问题，一些非正式的规则是不以人的意识为转移的。在制度发生变革的同时，非正式规则无法

---

① 韦伯. 经济与社会［M］. 杭聪，译. 北京：北京出版社，2008：45-55.
② 袁庆明. 新制度经济学［M］. 上海：复旦大学出版社，2012：87.

直接转变，所以制度的依赖路径就会客观存在。此外，某种制度初具雏形后，会形成与制度相对应的组织结构，组织结构的变化会直接影响制度的变迁。

（三）历史制度主义研究方法

制度是以历史的存在为基础的，在不同历史背景下，有不同的制度结构、制度安排与制度绩效。从历史的角度，人们可以发现制度的变迁方式。在历史中重要节点也是制度研究的重点，重大历史事件对制度变迁会产生冲击，使制度改变原有的发展路径，转变演进模式。

五、法律制度与制度变迁理论

关于制度的内涵，诺斯认为，制度源于人类文明的发展，通过制度规范约束社会个体之间的相互行为。制度，包括正式的规则、非正式的约束等，其内涵也包括了这些规则与约束的强制性。法律作为具有强制性的规则，是制度的内容之一。法律制度依据法律，法律形成离不开法文化，法文化根源于文化。非正式规则是包含着文化传承的制度，因此非正式规则在补充正式规则的同时，约束着正式规则的变迁。法律制度作为制度的正式规则的重要组成部分，约束着人们相互交往的行为，维护社会的稳定，保障国家权力的运行，同时影响着人的具体行为，① 因此，制度的评价会影响人的具体行为。那么如何甄别有效的制度？诺斯认为："制度应该具有激励性质，优秀的制度可以让人们更好地发挥其主观能动性，激发创造力，提高他们的生产效率，有效地运用高技术。"② 那么有效制度的本质特征有哪些？德国政治经济学家总结了三项准则。

第一，制度的一般性准则。其一般性准则要求制度应该对环境中的个体实行无差别对待。

第二，制度的确定性准则。制度要有确定的规则，即具有可明显认知

---

① 白文静. 一带一路：经济走廊的多元化协调机制的构建 [J]. 甘肃社会科学，2019 （1）：144.

② 于保平. 诺斯的"制度富国论" [N]. 21 世纪经济报道，2002-04-10 （4）.

性，具有确定指示性，确定性准则提供了人们遵从的可实施的具体指南。所以，每个社会个体都能明确其所处社会制度的要求，并清楚违反制度带来的惩罚，从而使自己的行为与制度要求一致。秘密的法令和含糊、多变的法律则违背了确定性原则。

第三，制度的开放性准则。该准则得以让社会中的个体可以采取创新行为，以回应新环境。①

这三个有效制度特征与法治理论中"良法"的概念有异曲同工之处。法治理论中的"良法"概念是古希腊学者亚里士多德（Aristotle）提出来的。他对法治的含义进行了具体的阐述："城邦虽有良法，要是人民不能全都遵循，仍然不能实现法治。法治具有双重意义，其一要得到社会个体的普遍遵从，其二法治本身是优良的。"②

制度的特征与法的特征有着天然的联系，那么法律作为制度变迁的一部分，其发展与变化影响着整个社会的发展趋势，制度也通过影响法律来约束人的具体行为。以刑事诉讼法律制度为例，其40多年的变迁深刻地影响着中国的法治进程。这种变迁的产生缘由是多方面的，包括国家政府层面的统一部署、立法司法机关单独或联合推进，以及社会主体的相互博弈与共同推进等力量，都在潜移默化中改变着中国刑事诉讼法律制度。近年来，中国刑事诉讼法律制度呈现出来的制度变迁，推动主体更加多元化，此外，其互动形式和变革途径也呈现出了多样化的趋势。刑事错案的防范制度作为刑事诉讼法律制度的组成部分，随着社会制度的变迁、刑事诉讼法律制度的进步，在不同的历史背景下呈现不同的实践样态。

六、以制度变迁理论分析刑事错案防范的可行性

制度范式是关于一整套完整体系的综合，包括制度的形成、变迁与规

---

① 柯武刚，史漫飞. 制度经济学：社会秩序与公共政策［M］. 北京：商务印书馆，2001：148.

② 亚里士多德. 政治学［M］. 吴寿彭，译. 北京：商务印书馆，1965：167-168.

制、规范及文化—认知要素等。① 在制度体系中，制度范式可以通过运用制度分析的框架在特定环境中得以体现。制度分析法在社会科学研究领域是普遍使用的方法论，通过制度范式研究刑事错案的防范有其必要性和实际意义。

刑事错案成因的复杂性，决定了刑事错案防范理论的建构所采用的研究方法应该是跨学科、跨领域的。制度分析法是一种综合研究的范式，且在长期的发展中已形成完整的社会科学研究体系，其内含的兼容性为错案的研究提供了更广阔的领域。也正因为如此，制度理论可以全面地包含复杂多变的刑事错案。在刑事错案防范研究中，制度理论提供了全新的方法和视角。刑事错案的防范是随着法治的不断进步而逐渐形成的，目前，学界对刑事错案的基本概念还存有争议。学者大多将刑事错案作为刑法、刑事诉讼法、法学理论的边缘或者将其作为一种现象去研究，这导致人们围绕刑事错案本身进行的研究不多，学界也缺乏整体、系统性论述。一个制度的发展离不开基础理论的完善和成果的输出，尤其是刑事错案防范的司法实践更需要理论的指导。刑事错案防范制度在形成、变迁及完善发展的过程中需要更强大的创新点来支撑。

刑事错案需要通过更多科学的方法来进行防范研究，错案的防范研究也可以完善国家制度的设计。制度是维系社会稳定、持续发展的基础性条件，更保障了社会的公平正义。错案是社会的不公正表现，刑事错案的防范机制是维护正义的重要体现。学者如果在制度分析理论中纳入刑事错案防范制度，则可以进一步完善相关理论，推动刑事错案防范实践的发展，同时可以更好地为未来的制度设计提供理论依据。在刑事错案防范的研究中，适用制度理论主要体现在以下几个方面。

第一，制度理论适应性强，可以与经济学、政治学、社会学相结合。法律与制度具有天然联系，所以基于制度理论，人们可以从多视角、多层

---

① 伍装. 国家经济秩序政策原理：秩序经济学引言 [M]. 上海：上海财经大学出版社，2006：16.

面对刑事错案防范制度进行分析与研究。制度既有微观层面，也有宏观层面，既有历史层面，也有实践层面，这些为刑事错案防范制度的研究提供了较为广泛的选择，为刑事错案防范制度理论的完善提供了支撑。

第二，刑事错案防范的司法实践需要系统的理论做指导。从刑事错案防范研究的角度来看，用制度进行分析的前提是对刑事错案防范的正确认识。改革开放以来，伴随着法治建设刑事诉讼法律制度的变革，刑事错案始终存在。每一起刑事错案的产生，其纠正与救济在一定程度上都反映了刑事诉讼法律制度在实践中积累的经验与教训。对"防患于未然"的刑事错案研究，也是刑事诉讼法律制度研究的重点。因此，刑事错案的防范制度研究也经历了从口号性运动式的防范，到制度性平稳式的防范的过程。刑事错案防范的进程是刑事诉讼法律制度发展的缩影，也体现了维护社会公平正义的中国法治发展进程。

因此，本书以刑事错案作为因变量，以制度为线索，纵向研究刑事错案防范的制度变迁，但在研究刑事错案防范制度之前，应充分了解刑事诉讼法律制度，其是研究刑事错案防范制度的基本前提。因此，在研究刑事错案防范制度之前，需要了解在我国司法实践中刑事诉讼法律制度的背景，以此为基本框架，适用制度范式，展开刑事错案防范制度的研究。

七、刑事错案 40 年与刑事诉讼法律制度的发展

刑事诉讼法律制度的发展历程，一直伴随着刑事错案的产生。在 40 年中，刑事错案对刑事诉讼法律制度的发展有着深刻的影响，并推动了刑事诉讼法律制度的发展。从某种程度来说，刑事诉讼法律制度的标准对刑事错案防范标准、衡量标准有着决定性影响。刑事诉讼法律制度与刑事错案是相辅相成的关系，刑事诉讼法律制度的发展推进了刑事错案防范理念、制度的变迁。二者相互作用，刑事诉讼法律制度变迁减少了刑事错案的发生，刑事错案防范的实践与经验，也推动着刑事诉讼法律制度的进步与完善。

八、刑事错案防范制度变迁脉络节点与阶段划分依据

社会时代背景与其发展阶段是制度分析法的基础，所以，笔者以历史时段及其相应的特征为界限做了阶段性划分，进而更加系统地整理了刑事错案防范制度的发展轨迹。

刑事诉讼法学的时代发展背景是本书研究刑事错案防范制度发展轨迹的语境要求。笔者抽取 1979—2020 年这一历史阶段，探讨刑事错案防范制度的发展，因为制度理论中需要研究制度的延续性，如果制度发生断层则无法正确区分是制度的构建还是制度的变迁。本书研究制度的变迁，变迁需要以一段稳定持续的发展为基本前提，出现断层的制度，则不能对下文的制度路径做出准确的预测。我国历史以中华人民共和国成立为新制度的创建，但是"文革"导致制度断层，制度失去了稳定性、持续性，因此本书选择改革开放后至今的 40 多年作为制度的研究阶段，并展开系统研究。

刑事错案防范制度与其所处的法治建设进程及水平直接相关，因此嵌入的刑事错案防范与其所处的法治建设进程的节点需一致。

综合考察刑事错案防范制度的发展史，以及我国政治、经济等制度环境的变化后，可以充分肯定，1978 年是一个重要时间节点，因此，以改革开放后的第一年即 1979 年为本书的研究起点。2010 年《关于办理死刑案件审查判断证据若干问题的规定》和《关于办理刑事案件排除非法证据若干问题的规定》两个规定颁布，以及 2012 年刑诉法修改都是刑事错案防范制度发展中的重要节点。随后，党的十八届三中全会提出深化司法体制改革，推进法治中国建设，这是另一个刑事错案防范的重要时期。笔者通过梳理分析，得出了三个关于我国刑事错案防范制度发展的重要时间阶段，并根据这三个阶段划分出了三个层层递进的发展阶段。

第一阶段：1979—1999 年属于刑事错案防范制度形成及探索时期。这一时期的标志性事件是刑事诉讼法典的颁布。刑事诉讼法典的诞生，开启了刑事错案防范及治理的新篇章。党的十一届三中全会的胜利召开意味着剧烈的阶级斗争结束，建设社会主义现代化国家成为新的时代主旋律。随着党和国家工作重心的转移，法治的恢复与重建成为这一时期的特点。1979 年的刑事诉讼法系统地规定了基本制度，而这一时期确立的制度及思想理论为刑事错案防范的发展打下了坚实的基础。这一时期以拨乱反正与纠正冤假错案为主要内容，因而成为刑事错案防范制度萌芽与思想探索阶段。

第二阶段：2000—2011 年是刑事错案防范的初步发展阶段。在 21 世纪我国加入了世界贸易组织（World Trade Organization，简称 WTO），随着国际交流平台的扩大，人权保障成为司法领域关注的热点，这一时期以 2001 年全国人大常委会批准《经济、社会及文化权利国际公约》为标志，人们开始用世界的眼光看待我国的刑事错案防范问题。与此同时，随着杜培武、佘祥林等刑事错案的曝光，刑事司法制度开始面临来自社会公众的舆情压力。刑事错案作为社会热点，逐渐成为刑事司法制度的衡量标准之一。刑事错案防范制度也因公众的关注与社会各界的共同推动而逐步深化发展。

第三阶段：2012—2020 年是刑事错案防范制度的深化发展时期。2012 年刑事诉讼法再次修改，同年 11 月，中共十八大召开，这两个事件标志着我国进入了全面深化改革和全面推进依法治国的新时代，也由此开启了司法体制和司法制度改革两个层面齐头并进的新局面。[1] 党的十八大以来，司法机关纠正了呼格吉勒图案、聂树斌案、陈满案等重大刑事错案 37 件，涉及冤案人数 61 人。[2] 2013 年 8 月中央政法委出台了《关于切实防止冤假错案的规定》；2013 年 9 月最高人民检察院制定《关于切实履行检察职能防止和纠正冤假错案的若干意见》；2013 年 10 月最高人民法院出台《关于建立健全防范刑事冤假错案工作机制的意见》，这一系列防范刑事错案制度的颁布与实施，标志着我国刑事错案防范制度建设进入崭新时期。

---

[1]　陈光中，魏晓娜. 论我国司法体制的现代化改革 [J]. 中国法学，2015（1）：101- 116.

[2]　2017 年 11 月 1 日时任最高人民法院院长周强向第十二届全国人大常委会第三十次会议做的《最高人民法院关于人民法院全面深化司法改革情况的报告》。

　　改革开放 40 多年来，我国刑事错案防范制度经历了从无到有、从量变到质变的飞跃。以不同时期的法治进程为背景，对刑事错案防范制度进行划分，这一划分采用历史制度主义节点划分的研究方法。① 历史制度主义认为，制度不是天然存在的，制度的存在受历史力量的作用，而且是各种复杂力量的共同作用才表现出现在的面貌，这一发现让很多人认识到制度的演变不是决定的，而是具有一定的偶然性。一个国家或者一个地区选择现有的制度不完全是直线决定论，而是在历史复杂变量的作用下，也许是某个偶然性要素，在路径依赖的惯性下形成了一个现实的结果。② 也就是说，制度的变迁需要历史重大节点为作用力推动其演变，这些事件看似具有一定的偶然性，实则这些偶然性事件的叠加和共同作用形成了如今的刑事错案防范制度。

第二节　我国刑事错案防范制度变迁（1979—2020）

一、刑事错案防范制度的生成与初步探索阶段（1979—1999）

　　1978 年作为中华人民共和国发展历程中的一个重要的转折点，不仅结

---

　　① 历史制度主义是新制度主义的范式之一，历史分析范式包括制度变迁的历史影响观，制度变迁的路径依赖性。制度变迁存在着"历史否决点"，即一套制度的脆弱之处。在"历史否决点"上，反对力量的动员可以阻挠政策的革新，阻挠制度变迁中的制度激励与制度创新。

　　② 历史制度主义的一个标志性特征是其将历史维度纳入制度分析，这也是它区别于其他新制度主义流派的特殊之处。历史制度主义对历史要素的考虑和运用形成了独特的时间理论，即从时间角度来分析制度演变过程，分析时间要素对制度变迁和政策差异的影响及其结果。历史制度主义的时间不仅仅是长时段的时期，也是短时间的某个重要节点，甚至是偶然的时间和事件变化。皮尔逊曾经把历史时间要素概括为七个：路径依赖、关键节点、序列、事件、持久性、时序、意外后果。不管这种划分多么复杂，总的来看，基本上都可以包括在以下两个方面：时间要素的稳定性决定了制度的规则变化，时间要素的波动性决定了制度的不规则性和意外变迁。时间性的考察把制度分析带入了一个深厚而博大的空间。

束了"左倾"错误思想指导下的阶级斗争，还开启了中华人民共和国经济
建设的全新发展阶段。复查纠正冤假错案、落实党的政策是党的十一届三
中全会提出的一项重要任务。① 对刑事错案防范制度建设而言，这一重要
时期也成为刑事错案防范制度变迁过程中的关键节点，经历了断裂重建后
的刑事错案防范制度开始新的探索，刑事错案的防范与纠正工作步入新时
期。从党的十一届三中全会开始，司法机关纠正了遗留下来的大量冤假错
案。在党的十一届三中全会和五届人大二次会议精神的指导下，司法机关
坚持实事求是、有错必纠的基本原则，经过调查核实，凡属冤假错案都要
实事求是纠正过来，做到全错全纠，部分错的部分纠，不错的不纠。②党中
央深刻体察民情，粉碎"江青、林彪集团"后，在邓小平同志领导下，立
即开展拨乱反正工作，委派胡耀邦同志大刀阔斧地纠正冤假错案。③

　　在此背景下，全国各地展开了冤假错案的复审工作，以江苏扬州地区
复查工作为例，这一地区开展冤假错案复查工作质量好且进展快。涉及
"文化大革命"时期的政治性案件达 6000 多件，需要快速复查结束，在这
6000 多件案件里，其中有 75% 为冤假错案，对这些冤假错案进行 100% 的
改判和纠正工作。④ 在这一时期，对于"文化大革命"时期的冤假错案进
行平反是中央颁布的政策，是一项严肃的政治任务，为受害者昭雪是体现
社会制度不断完善和对错案采取人性化处理的重要举措。

　　在这一时期冤假错案纠正是一项政治工作，因此需要依靠广大群众，
做好思想政治工作，为所有受到冤枉的同志昭雪。⑤ 包括在这一时期的部

---

① 王保民. 加快复查纠正冤假错案步伐 认真落实党的政策 [J]. 人民司法，1979
　　（6）：9-12.
② 曹海波. 坚定不移地贯彻党的十一届三中全会精神，善始善终地平反冤假错案落实
　　党的政策 [J]. 北京政法学院学报，1979（1）：5.
③ 何载. 耀邦同志平反冤假错案（之一）[DB/OL]. 中国共产党新闻网，2007-07-
　　23.
④ 王海光. 平反冤假错案与三中全会前后的历史转折 [J]. 理论学习，1999（1）：
　　16-18.
⑤ 时昌富，徐惟清. 复查冤假错案要注意做好思想政治工作 [J]. 人民司法，1979
　　（11）：12-14.

分其他形式的刑事犯罪人员也被冠以政治罪名，需要经过多番调查，以实事求是的态度，按照当时的法律法规进行重新审理和判定，于犯罪性质判定不当的案件要进行改判。在党中央的统一部署和领导下，地方各级人民法院对党的十一届三中全会的精神和中央〔1978〕号文件进行了认真贯彻，对这一时期的冤假错案进行了大量复查，并进行了纠正。在冤假错案的复查工作中，思想的偏差成为导致冤假错案的重要原因，因此在纠正错案的过程中，进行思想教育、端正思想路线成为与复查工作共同进行的工作。例如，在全国冤假错案复查中，有些法院干部在思想上未能及时、正确地领会党的十一届三中全会思想，贯彻的工作方针不正确，担心从之前的"左"倾变换到右倾主义，对复查纠正冤假错案的工作不积极，甚至抵触。① 实事求是是复查工作中坚持的精神。例如，对邵武市法院的经验进行推广，政府认为其做法合理恰当，这是因为该法院在处理冤假案件过程中始终坚持辩证唯物主义的思想路线，秉持实事求是的态度，勇于突破思想误区，采取应该什么性质的案件就是什么性质的案件的处理方法，不需要考虑案件当事人的身份地位，只要是错案就坚决改正，这种精神就是党中央极力倡导的实事求是精神。②

　　根据1980年第2期《人民司法》刊登的文章，截止到1979年年底，复查任务依然继续进行，多数省市的复查工作尚未完成。不同地区之间的复查工作进度也有快和慢的情况，但多数省、自治区、直辖市的进度较快，少数地区进度滞后，极少数地区相对滞后。复查工作的实践表明，只要坚持了党中央下达的指示精神，本着实事求是的工作态度，复查工作就可以顺利开展。如果在复查工作中，有些人在思想上未能与中央精神相统一，态度迟疑，复查工作就会受到影响，进而影响复查工作进度，这也是冤假错案复查工作中重要的一点工作经验。③ 有少部分人认为，冤假错案

---

① 要善始善终地完成复查纠正冤假错案的工作［J］. 人民司法，1979（11）：10-12.
② 要善始善终地完成复查纠正冤假错案的工作［J］. 人民司法，1979（11）：10-12.
③ 湖南省岳阳市人民法院. 认真做好冤假错案的善后工作［J］. 人民司法，1980（2）：10-12.

复查纠正工作会在一定程度上影响社会稳定团结，并导致社会治安问题层出不穷。有这种思想认知的司法干警，必须意识到实事求是的重要性，保持清醒头脑，认识到复查工作对党的建设的重要性。叶剑英同志在庆祝中华人民共和国成立三十周年大会上的讲话中认为，对于冤假错案的复查纠正工作，我们要坚持做好，将党中央下达的各项政策措施落实好。冤假错案的复查纠正工作，不能脱离群众，而是应该到群众中去做好调查，人民法院要义不容辞尽职尽责做好纠正工作。部分地方的人由于受到较严重的政治迫害，人民法院需要承担大量复查工作。对于疑难案件，包括被定性为"恶毒攻击""敌台挂钩""投敌叛变"等的案件，这类案件的性质较难确定，法院迟迟无法下定论，需要大量调查取证，调整思想路线，才能更好地理清头绪，做好案件复查工作。在冤假错案的复查工作中，各个地方的司法干警要提升思想觉悟，与时俱进，正确理解党中央精神，在有效打击和减少犯罪活动的同时，将该时期的冤假错案纠正工作做好。

在1980年5月的复查工作中，四川省高级人民法院、绵阳地区中级人民法院联合工作组关于《冤假错案的检查报告》肯定了错案复查工作取得的成果，重申了坚持实事求是、有错必纠的基本精神。人们在检查中发现：一是对"三类""涉刘""恶攻""挂勾""集团"和死刑案件的复查纠正工作不到位，纠正不彻底或不正确；二是法律文书编制及运用不恰当，甚至存在张冠李戴的现象，有写错当事人姓名的情况；等等，其更多的是在法律文书的编制中存在用词不确切，或者含糊其词的问题。有些案件在刑事处分的裁定上缺乏翔实的证据，例如，"反革命"的主罪排除后对其他罪行较轻的犯罪行为则予以免除，但在法律文书上并未详细记载是什么刑事处分。又如，蓬溪县使用裁定书形式审理平反案件显然也是不合理的，应该依照具体案情，使用判决、裁定和通知等文件。

在复查工作中，司法干警等工作者要统一认识，统一思想，以坚决的态度肃清"文化大革命"期间造成的思想包袱。全国范围内的冤假错案纠正实践工作，思想路线与中央指示保持一致，复查纠正工作就可以更快更好地完成。① 以制度为依据、以事实为办案基础的思想得到了统一，依法办事成了大家的共识。

1983 年 1 月 25 日，中央办公厅中办发〔1983〕9 号文件传达中央书记处批准的公安部党组、最高人民检察院党组、最高人民法院党组《关于进一步复查平反政法系统经手办理的冤、假、错案的意见的报告》内容。中央要求，各级党委及有关部门，对纠正工作要主动进行，抓紧落实，对所有的冤假错案都应该尽快纠正落实。各级法院在今后的两三年间将复查和纠正冤假错案作为一项重要的任务去完成。因此，这次进一步的复查工作，实际上是前一阶段复查工作的继续和发展。②

随着复查工作的开展，法学界开始将目光投向国外。1984 年，新加坡卡达及黄律师馆中国法律事务顾问吴撷英教授撰写了一篇名为《西方国家的冤假错案》的文章，发表在 1984 年的《法学杂志》上，文中论述了关于 20 世纪七八十年代法国的德雷福斯（Alfred Dreyfus）案、英国的奥斯卡·斯莱伊达（Oscar Slater）案、美国的萨柯（Nicola Sacco）和温萨德案（Bartolomeo Vanzetti）与罗森堡夫妇（Rosenbergs）案，以及日本登桥案件（1970 年 5 月）、大森劝业银行案件（1970 年 10 月）、土田官邸案件（1971 年 12 月）、四日案件（1975 年 3 月）、加藤老案件（1976 年 9 月）、茨城案件（1977 年 6 月）等，阐述了刑事错案发生的过程及原因。③ 该文认为，其他国家也普遍存在冤假错案，这些国家的法学界通过研究社会运行机制和法律以尽可能减少并且避免冤假错案的发生。假如冤假错案发生了，这些国家还需要建立相应的后续处理机制，比如，法律救济、补偿机制等。国外学者研究认为，可以从如下层面进行研究和实践：一是注重现代科学技术在证据鉴定方面的运用，通过多方面、反复的试验论证，获取最真实且科学的证据；二是完善各种法律制度，严禁刑讯逼供和制造伪

---

① 四川省高级人民法院，绵阳地区中级人民法院联合工作组．关于蓬溪县复查纠正冤假错案工作的检查报告［J］．人民司法，1980（10）：25-28.

② 一切尚未平反的冤假错案要坚决平反过来［J］．人民司法，1983（4）：2-3.

③ 吴撷英．西方国家的冤假错案［J］．法学杂志，1984（6）：44-45.

证；三是研究拘留审查制度；四是加强律师的活动与作用；五是修改与重建刑事诉讼法中的再审制度；六是开启基于冤假错案的声援纠正平台的建设，增加民间声援力量。冤假错案一旦产生，就要调动民间组织的力量，给法院施加办案压力，使其科学公正、公平执法，使冤屈者得到昭雪。该文总结了 20 世纪七八十年代西方国家防范刑事错案的措施，认为西方国家在冤假错案防范机制方面开展了深入的研究，并取得了较为丰富的成果。然而，西方政府或者执政党不会乐意将已经判决的案件翻出来重新判决，在采取纠正措施方面并不会积极进行，因此西方国家冤假错案的翻案情况并不多见。由此可见，其他国家在同一时期也面临刑事错案的困扰。他山之石，可以攻玉。我们要借鉴和参考国外刑事错案的防范和纠正方法，来建立我国刑事错案防范制度。

这一时期，实事求是、有错必纠的基本原则为后来刑事错案防范制度的建立和发展奠定了坚实的思想基础。

二、刑事错案防范制度的全面发展阶段（2000—2011）

2000 年，刑事个案开始通过新闻媒体进入大众的视野，司法机关通过个案舆论监督，对刑事错案的防范积累了经验与教训：一是公检法三机关相互监督不足；二是办案人员只重视有罪供述，忽视证明无罪的其他证据，导致刑事错案；三是办案机关盲目相信侦查手段和测试结果，对申辩熟视无睹；四是死刑复核程序无效，没有起到过滤的作用，使错案失去了补救的机会；五是兼听则明，偏信则暗，对律师辩护意见的忽视，导致审判错误；六是非法证据排除规则都不能适用；七是没有充分的证据就应当疑罪从无，但是判决被告人有罪；八是审判严重受到社会舆论的引导，以及公安机关因为追求侦破案件而立功受奖，都成为导致刑事错案的法外因素，司法机关过度注重案件的社会效果却忽视了司法的公正；九是对诉讼程序的淡漠，刑事诉讼程序形同虚设，不尊重诉讼程序。① 这九个教训既

---

① 汪建成. 漠视程序的惨痛代价：从"杜培武案件"引发的思考［J］. 诉讼法论丛，2003（0）：272-278.

是对杜培武案件的总结，也是对这一时期刑事错案发生原因的综合分析。对这九大教训的总结，也是认识刑事错案、构建纠正与防范刑事错案制度的宝贵经验。

2001 年 2 月 28 日，《经济、社会及文化权利国际公约》经全国人大常委会会议通过，获得批准公布。次月 27 日，经时任国家主席江泽民签署的《经济、社会及文化权利国际公约》与《公民权利和政治权利国际公约》文书，由王英凡大使向时任联合国秘书长安南做了提交仪式。这两份公约文件具有重要的社会意义，被称为"人权两公约"。该公约与《世界人权宣言》被认为是保障国际人权的第一章程，是关于国际人权最权威、最重要的法案文书。随着改革开放的继续推进，联合国等国际组织对中国关于人权保障的认可，以及人权保障国际公约的签署，表明中国社会越来越重视对人权的保障。2004 年，我国在宪法中增加了"尊重和保障人权"，这成为司法基本导向，使保障人权成为刑事司法的基本理念。1992 年之后提出的依法治国的方略得到贯彻，我国在人权保障方面取得了重大进步，法治观念得到加强。在这一背景下，刑事错案防范制度迎来了全面发展阶段。

2005 年 4 月 22 日，在上海华东政法学院召开了"关于刑事错案制度防范的反思理论"研讨会①，在此次会议上，学者认为，个案的发生，如果是认定罪名的错误则是刑法领域的问题，如果是入罪与出罪的问题则是刑事诉讼法的问题，程序是遏制刑事错案的关键，因此从程序法防止刑事错案的角度进行思考，就案件发表七点意见，归纳起来就是七个"如果"。第一，如果有严格的侦查控制程序，个案就可能不会发生；第二，如果我国法律赋予了犯罪嫌疑人沉默权，那么错案就不会发生；第三，如果国家

---

① 参加本次研讨会的专家除华东政法学院苏惠渔教授和几位教授之外，还有上海大学徐逸仁教授，上海政法学院严励副院长、汤啸天教授，复旦大学谢佑平教授，上海交通大学张绍谦教授，以及上海社科院的程维荣研究员，高级人民法院刑二庭王洪青法官，上海市普陀区检察院检察长周骏如同志，上海市闸北区人民法院副院长吕敏同志。律师界的代表有上海市律协刑事辩护专业委员会主任翟建律师、上海长江律师事务所主任张震方律师。

法律体系中写入了非法证据排除规则，则可以避免类似冤案的出现；第四，如果无罪推定原则能得到确立和落实，则类似的案件可以避免；第五，如果公检法三机关相互制约、相互监督，则刑事错案也可以避免；第六，如果有法律素养较高的法官队伍，案件也不会发生；第七，如果我国有完善的上诉复审制度，刑事错案也可以避免。在这次研讨会上，围绕着个案，专家代表从制度的角度反思案件带来的影响。① 随后，有学者发文认为，这个具有典型性和广为人知的冤案产生于 10 多年前，但这件冤案的翻案对中国司法实践有巨大的推动作用。每个国家都存在冤假错案，刑事司法也不可能避免所有冤假错案的产生，但也不能否认司法进步的作用，更不能失去为纠正冤假错案做出努力的信心。要深刻审视这个案件对冤假错案制度的防范和治理都是大有益处的。②

自 2000 年以来，对媒体而言，平面媒体、电视媒体、自媒体等都越来越重视对法制新闻的报道。有些主流媒体新闻类节目在播出过程中也开始进行普法工作，例如，央视的《新闻调查》这档栏目，其主要选题都与法律、法制相关。③ 社会媒体对刑事错案的跟踪报道也从社会公众的角度，推动着我国刑事错案防范制度的发展。据有关刑事错案 2005—2006 年的知网文献数据统计，输入刑事错案，得到 2005 年的文献数量是 40 篇，2006 年文献数量是 21 篇，占文献总数的 40%，文献来源包括高校，也包括司法实践机关、律师以及新闻媒体。通过对该案的关注人群分析，发现公众关注度是呈现多元化、多层次的。通过该案的文献研究可以发现，刑事诉讼法的一批专家学者敢于反思现有的制度，时代催生出一批学者敢于为刑事错案发声，勇于承担起推动法治进步的重担，这一批专家学者成为推动刑事错案防范制度进一步发展的重要力量，与此同时，刑事辩护团体也开始崭露锋芒。这一时期产生了一批具有代表性的"死磕派律师"，他们坚

① 周宜俊．上海"佘祥林冤案的制度反思理论研讨会"实录［J］．上海：华东刑事司法评论，2006（0）：266-305.
② 陈卫东．"佘祥林案"的程序法分析［J］．中外法学，2005（5）：573-584.
③ 梅华峰．法制报道的舆论力量［J］．新闻前哨，2005（8）：41-42.

持无罪辩护，坚持为无辜者申冤，辩护团体与当事人个体共同为刑事错案防范制度的变迁贡献着来自民间的力量。2005 年 3 月 16 日，四川省高级人民法院、四川省人民检察院、四川省公安厅发布了《关于规范刑事证据工作的若干意见（试行）》，明确规定刑讯逼供无效力，定案证据中此类证据不可取用。这反映了刑事错案防范制度前进了一大步。

在这一时期，刑事错案的防范进入全面发展阶段，刑事错案的防范围绕着"刑事司法原则的确立与实现""刑讯逼供的危害与证据制度的完善""错案的形成与刑事诉讼程序"及"我国刑事司法运作机制的改革"等研究范围展开。这一时期的研究围绕着冤假错案进行，这类案件发生的机制性原因依然存在，并未获得根除，所以，尽管是 10 多年前的错案，对诉讼制度、司法实践、证据制度的完善仍有着不可忽视的警醒和启示作用。这些案件只要对社会司法的影响足够大，就能避免同类型冤案的发生，这件冤案的纠正就是一件具有标志性意义的案件。笔者将 2000—2005 年这一时期刑事错案防范制度研究的经验概括为以下内容。

经验一：注重司法理念的确立。在司法理念上，要顺应法治社会发展趋势，推动司法理念向多元平衡转变。科学的理念是确保刑事错案预防实效性和持续性的基础。防控刑事错案需要思想观念、执法能力、运行机制、社会环境等多方合力。经过学术界、实务界乃至立法者长期努力，刑事错案防范在制度方面改进空间越来越小，为此，司法机关必须通过涤清错误观念，构建刑事错案的自我发现和反思机制，正确认识和准确把握三个关系，营造公开研究刑事错案的氛围，防范刑事错案的再发生。一是正确认识公权力与私权利的源流关系，强化人权保障理念。权利先于权力产生，私权利是公权力存在的基础。人们要在思想上祛除重刑观念，将公权力限制在一定范围内，树立惩罚犯罪与保障人权并重的理念，真正尊重和保障犯罪嫌疑人、被告人人权，逐步实现由公共利益优先向被追诉人利益优先转变，杜绝权力的滥用，防范扩大公权力的边界进而侵蚀公民权利空间，实现各方利益最大化。二是正确认识人治与法治的差异，确立以无罪推定为核心的正当程序理念。人治把法律当作工具，法治则强调法律在社会政治、经济生活中的主导作用。严格贯彻任何人未经正当、合法的程序不得被确定为有罪这一正当程序的基本要求，确立被追诉人诉讼主体地位，完善并落实被追诉人用于对抗国家追诉权必备的程序保障，真正实现法律面前人人平等。建立以无罪推定、疑罪从无、实体公正与程序公正并重为核心的正当程序理念，刑事诉讼程序明确体现在法律规定中，刑事诉讼活动依照相关法律程序进行。加强司法公开、法治宣传，引导民众尊重法律、信仰法律，树立法治权威。三是正确认识客观真实与法律真实的差异，树立客观、全面、依法的证据理念。在客观真实理念下，应当追求案件的真实，但绝不能"不择手段"，更不能采取刑讯逼供的方式获取"真相"。法律真实要以合法证据为基础，不仅要考虑证据的证明力，还要考虑认识案件事实和证据的手段、方式对社会利益、价值的影响及保护。司法人员需树立客观、全面、依法的现代证据理念，重视"实物证据"，而不能仅仅依赖"言词证据"。要秉持"非法证据不可取"的理念，而不能仅仅依赖"证据的合法性"，全面收集各类证据，严格否定和排除违反法律程序收集的非法证据，使证据锁链相互印证。①

经验二：进一步完善我国的法律制度。我国法律在诉讼结构上，国家机关掌控顶层权力，诉讼制度存在较为明显的缺陷，这导致我国刑事诉讼结构不够合理，司法人员在办案过程中受到其他因素的影响，难以客观、中立地判案。我国一系列刑事错案的发生，不仅仅是出于人为因素，很多问题都可以从制度上找到根源。下面探讨一下我国辩护制度、证人出庭作证制度和审级制度方面存在的缺陷。第一，辩护权弱小。在刑事诉讼中，犯罪嫌疑人或被告人往往处于被羁押状态，客观上无法收集、提供有利于自己的证据以反驳指控，且他们一般也不具有进行辩护所需要的法律专业知识和诉讼技巧，难以有效地维护自己的合法权益，即使冤屈满腹也无法伸张。因此，辩护权需要通过辩护人来实现，辩护人的角色在绝大多数情况下是由律师扮演的。在我国的刑事诉讼制度上，辩护律师应依据相关法

---

① 周宜俊. 上海"佘祥林冤案的制度反思理论研讨会"实录 [J]. 华东刑事司法评论，2006（0）：266-305.

律制度以及案件事实进行辩护，提出符合事实的材料和法律意见，以证明支持被告人或犯罪嫌疑人获得无罪、减轻或免除刑罚的处罚判决。依据刑事诉讼法、律师法和相关司法解释的规定，律师参加刑事诉讼依法享有以下诉讼权利：会见通信权，阅卷权，调查取证权，申请司法机关收集、调取证据权，请求变更、解除强制措施的权利，参与法庭审判的权利和法庭调查在场权、陈述意见权、举证权、发问权、质证权，以及基于犯罪嫌疑人或被告人的授权或同意，可以针对办案人员违法办案、非法取证等行为提出控告和申诉，经被告人同意提出上诉的权利等。但在实践中，办案人员往往对辩护律师抱有敌视心理，有时会阻挠其为犯罪嫌疑人或被告人提供法律帮助，国家机关的过于强势使辩护权处于被压抑和削弱的状态。第二，证人出庭制度。虽然庭审方式强化了控辩双方的作用，有利于调动和发挥其在庭审活动中的积极性，但从实施情况来看，庭审制度实行过程中，证人出庭作证是最为棘手的问题。我国庭审存在大量证言笔录以及书面形式的证词，但这些证据的真实性是存在疑问的，证言笔录及证词多虽是真实记录，但也有不少归纳形式的记录，这有可能疏漏部分细节，或者对证人的言语理解失实。笔录上的签名也可能不完全反映证人的本意。即使是证人亲笔书写全部证词，也不一定能客观反映真实情况，如存在感情倾向或利害关系的证人。如前文所述，由于主客观原因的影响，证人证言可能出错，因而证人必须在法庭上经过控辩双方的交叉询问和法官察言观色之后，其证言的真实性才能得到检验。第三，审级制度。我国上诉审级制度存在问题：一是审级之间不独立，下级法院对上级法院存在行政依附关系；二是"全面审查原则"违反了不告不理的原则和司法被动性的要求；三是二审法院以不同的审理方式对待上诉和抗诉案件，导致控辩双方在司法面前并不平等；四是二审发回重审影响了二审程序的纠错功能。

经验三：建立科学的司法运行机制。司法的运行必须遵循司法规律。办案人员的目标是把每一起案件办成铁案而不是错案，但在实践中错案仍难绝其踪，这就迫使人们从司法办案机制层面来追问和考量司法机制。司法活动不同于行政活动，司法作用是以其判决给予被告、原告是非的论断，因而不可通过命令的方式插手干预其判决，即除了法律没有上司，只能根据对法律的理解以及对事实的把握做出判断。司法活动以适用法律为目的，是一项专业性、技术性极强的活动，要求司法人员运用法律职业语言、法律职业知识、法律职业技术，对案件做出独立判断和决定。对于每一个具体案件，司法人员都要经过"获得案件事实—择取法律规范—解释法律规范—对法律规范与案件事实的价值和逻辑关系进行内心确信—形成决断"的思维过程。司法的独立性、直接性和亲历性要求每一名司法人员亲身经历程序，亲身去看案件材料，亲身了解案件的证据，建立内心确信，最后才能得出判处这个案件的最终结论。然而，目前检察机关实行的是"承办人—内设机构负责人—检察长或检察委员会决定""三级审批制"，审判机关往往"审理权"与"裁判权"分离，这些已越来越不能适应社会发展和司法规律的内在要求。一是审批层级过多，司法人员习惯对案件层层把关，办案效率低下，办案的责任心不强，容易导致草率办案；二是司法人员主体地位不够突出，检察官、法官的职能和作用发挥得不够充分，不利于司法人员职业化、专业化建设，难以从长远和根本上保证案件质量；三是"审者不定，定者不审"，审委会、检委会讨论决定案件主要是听取承办人案件汇报，而不直接审理案件、听取当事人陈述和辩论，因此难以客观、全面地把握案情，一定程度上影响了案件的公正办理；四是各层级执法权限不明、责任不清，执法过错、责任追究难以真正有效落实。因此，建立司法人员办案责任制，完善司法权力运行机制，突出司法人员的办案主体地位，让司法人员对案件终身负责，是实现在办案机制上防范刑事错案的破题之径。

经验四：要建立统一的司法评价标准。舆论干预在我国突出表现为"民愤"。自古以来民愤在定罪量刑中有时是一种重要因素，它是公众的一种道德判断，具有民意的外形，因而常被视为民众参与司法的途径之一，具有一定的外部监管作用。司法在公众舆论的压力下，很难产生腐败行为，并且基于法理进行判决也会更加公正；但是舆论干预通常是极少数的，我国要在广大的覆盖面上实现司法公正、司法权威和司法独立，不应该通过舆论或外部监管来实现，因其与司法精神是不相符的。实际上，刑事错案有不少是由民愤引起的，民愤实际扮演了"帮凶"的角色。为何外部舆论反而成了帮凶？原因在于：其一，民愤有时候可能是有人故意营造的假象，通过煽动民众情绪来影响案件的进展和判决，导致被告人极有可能成为虚假民愤的牺牲品。其二，民愤具有片面性和盲目性。多数被煽动起来的民愤都缺乏理性，民众对案件本身缺乏真正的了解，而是简单地通过"既然没有犯罪，怎么会成为被告？"的定性思维来表达内心的愤怒情绪。例如，在具体案件中，"死者"亲属通过上访方式，或在亲友乡邻中组织签名、联名上书形式给司法机关施加压力，要求法院尽快判决。省高院受理后，明显保持了司法独立，没有被民愤干扰，撤销了一审死刑的判决，要求发回重新审理，避免了一场悲剧的产生。其三，民众会基于情理、道德标准对恶性事件的犯罪人产生愤怒不平的情绪，他们对案件的真实性不了解，仅仅有朴素的道德精神，极有可能妨碍司法的执行。其四，在刑事诉讼中，犯罪事实在判决书下达之前，从法律层面讲依然属于不确定的。民愤形成于判决之前，民众了解的案件信息绝大多数是道听途说、臆想、捕风捉影的，极有可能在信息传播过程中导致信息失真或误传。司法判决假如被社会情绪影响，在判决中就可能忽视基本事实，不会翔实地调查事实真相，根据民意而武断判决，导致错误的刑事判决产生。

经验五：进一步提高司法人员的素质。法律制度是由司法人员执行的，只有司法人员整体素质高了，我国的司法体系才能进一步完善。近些年来，我国公安司法人员的整体素质有了明显提高，但不可否认，公安司法队伍地域分布不合理，部分办案人员的能力、水平与承担的工作任务不相适应，有的则缺乏职业道德，办案作风差，行为不规范，这些不仅影响了案件的公正处理，还造成了十分恶劣的社会影响。

总结经验是为了更好地前行，不积跬步无以至千里，不积小流无以成江海。

2006 年 10 月 31 日，第十届全国人大常委会第二十四次会议通过了《全国人大常委会关于修改〈中华人民共和国人民法院组织法〉的决定》，规定自 2007 年 1 月 1 日起施行，死刑除由最高人民法院判决的以外，应当报请最高人民法院核准。死刑核准权的收回与我国司法实践冤假错案的不断出现密切相关。

2008 年 11 月 28 日，中共中央政治局通过了《中央政法委员会关于深化司法体制和工作机制改革若干问题的意见》（以下简称《意见》）。该《意见》对我国司法体制的改革提出了若干发展意见，做出战略部署，以加快推动建设社会主义民主政治、法治国家的步伐。该《意见》以曝光的佘祥林案、聂树斌案为线索，从人民群众对公平正义的需求出发，进一步从我国司法的体制、机制、保障性障碍、职权配置、行为等方面正面回应了民众对社会公平正义的需求。2008 年的司法改革，遏制了刑讯逼供，由最初被动地曝光刑事错案，发展到主动地采取措施防范刑事错案的产生。我国将 1979 年以来的纠正刑事错案为主的思想转变为主动地防范刑事错案，这一思想的转变，也是我国法治进步、刑事诉讼理念发展的重要体现。

2010 年 6 月，《关于办理死刑案件审查判断证据若干问题的规定》和《关于办理刑事案件排除非法证据若干问题的规定》（以下简称"两个《规定》"）两份重要的《规定》经由最高人民法院、最高人民检察院、公安部、国家安全部、司法部联合制定颁布，这两个《规定》明确了刑事错案防范的思想，也是中央深化司法体制改革的重要成果。

两个《规定》在赵作海案曝光后出台，其最直接的目的就是严防冤假错案的发生。两个《规定》的出台，意味着我国长期以来奉行的刑事办案指导思想发生了重大突破，这就是制约高于配合，质量重于数量，宁可放错，不可判错。① 可以说，两个《规定》的出台与赵作海案件等重大刑事错案的推动密不可分。两个《规定》对非法证据做了详细的规定，通过刑讯逼供、以暴力威胁方式等获取的证人证言属于非法证据，同时规定了非法证据排除的具体程序。非法证据排除的规定是刑事错案防范制度的一大

---

① 顾永忠. 两个《规定》对刑事办案指导思想的重大突破 [J]. 证据科学，2010，18 (5)：545-547.

历史性进步。在引起重大社会关注的以杜培武案、佘祥林案、赵作海案为代表的刑事错案中，90%以上存在刑讯逼供。① 遏制刑讯逼供也逐渐成为刑事错案防范制度的首要针对目标。2011 年，有学者对赵作海案进行了剖析，认为导致这起冤错案产生的原因有证据收集方法运用不当、有罪推定的司法逻辑、暴力取证，以及社会舆论压力的胁迫等。司法过程实施的诸多不当造成了赵作海案的产生。我国应当尽早建立和完善司法制约机制，建立疑罪从无的司法原则，消除一些地方党政领导对司法的干预，建立民意表达的正确途径和平台，避免民意干扰司法的独立性和公正性。②

　　这一时期两个《规定》出台，从证据出发防范刑事错案的产生，这一思路是刑事错案防范理念的重要成果。证据规则为刑事错案的防范与纠正提供了有力的支撑，入罪需要严格的证据，出罪同样可以以证据来证明。对非法取得口供证据的排除直接消除了刑讯逼供现象产生的源头，从源头防范刑事错案的发生。证据规则的构建为以后证据裁判提供了坚实的法律基础。

三、刑事错案防范制度的深入发展阶段（2012—2020）

（一）刑事错案防范制度的综合发展期（2012—2013）

　　2012 年 3 月 14 日，《全国人民代表大会关于修改〈中华人民共和国刑事诉讼法〉的决定》在第十一届全国人民代表大会第五次会议上通过，顺利完成了刑事诉讼法第二次修正工作。刑事诉讼法的修正工作，对非法证据排除规则的确立，完善辩护制度、侦查程序等，起到了重要的作用，它适应我国民主法治的发展，解决了司法实践中的突出问题。

　　纵观古今中外，司法人员在处理案件时，要实现 100% 的正确和公平并不是一件容易的事。因此，作为普罗大众的一员应该理性、客观地看待

---

① 唐亚南. 刑事错案产生的原因及防范对策：以 81 起刑事错案为样本的实证分析 [M]. 北京：知识产权出版社. 2016.
② 陈永生. 冤案的成因与制度防范：以赵作海案件为样本的分析 [J]. 政法论坛，2011，29（6）：3-23.

司法实践和司法进程的发展，要以发展的眼光看待司法制度的完善。现阶段的司法是公平的，对问题不会回避，而会理性地对待，不断完善。尤其我国处于社会转型关键时期，以及互联网科技快速发展阶段，对司法公正这一问题，社会各界都极其关注，而冤假错案是一个敏感的社会问题。在这样的社会环境中，司法执法无疑是有压力的，普通社会成员应该客观、冷静地看待司法，本着实事求是的态度共同促进我国司法的进步。社会民众的理性与实事求是的态度在一定程度上也会正面影响我国司法领域的进步。①

2012 年 11 月，中共十八大的胜利召开，意味着我国正式进入改革开放的深水区以及依法治国的新时期，同时，我国司法体制、机制改革呈现出充满活力的新局面。② 党的十八大报告要求继续深化司法体制改革，以适应新时代法治中国的需要。2013 年，党的十八届三中全会召开，通过了《中共中央关于全面深化改革若干重大问题的决定》，该决定提出要完善司法权力运行机制以及人权保障机制，进一步保障审判权的独立性。2013 年 2 月 23 日，习近平总书记在十八届中共中央政治局第四次集体学习时强调，我们提出要努力让人民群众在每一个司法案件中都感受到公平正义。③刑事审判事关重大，涉及公民财产、名誉、自由，甚至生命等，此外刑事审判对社会和谐稳定也有重要影响，要尽力杜绝冤假错案的发生，才能更好地促进社会稳定团结。至此，刑事错案防范制度进入了深化发展阶段。深化发展不仅是针对社会关注的个案的纠正与防范，也是站在制度的层面分析司法运行的内部机理，通过内部运行机理的主动改革，从制度上防范刑事错案。从这层意义考虑，刑事错案防范制度的构建是从 2013 年才真正开始的。

2013 年的中国面对刑事错案，从 2000 年个案曝光时的被动接受、被

---

① 刘静坤. 最大限度减少错案 [N]. 人民法院报，2012-11-24 (2).
② 陈光中，魏晓娜. 论我国司法体制的现代化改革 [J]. 中国法学，2015 (1)：101-106.
③ 习近平. 习近平谈治国理政 [M]. 北京：外文出版社，2014：144-145.

动回应社会呼声，转变为主动采取探寻制度、方法以长期、稳定地防范刑事错案的产生，这一次华丽转身也是中国刑事诉讼法发展、法治进步的重要体现。面对这一形势，人们开始对刑事错案进行深入的研究。中国人民大学对 2006 年刑事错案展开的研究表明，我国刑事错案形势仍然严峻，非法取证、疑罪从轻、重视口供问题依然突出。在这一背景下，依靠制度防范刑事错案成为热点，一时间百家争鸣，总体而言，针对刑事错案防范的研究开始走向长效、稳定的制度化道路。如果刑事错案是刑事司法的阴影，那么刑事错案一定是一个长期伴随着刑事司法发展的客观存在，正视这一"短板"最好的方法是对刑事错案进行防范，最大限度减少刑事错案的产生，实现这一目标的前提是构建一个司法人员和司法机关"不想错、不能错、不敢错"的防错制度。刑事错案防范制度的构建无论是对我国公民，还是对刑事司法的长期发展，抑或对国家与社会的繁荣和进步，都具有重要而深远的意义。因此，这一时期总结了不少刑事错案防范的新经验。

经验一：司法机关主动反思刑事错案的危害。刑事错案的危害通过一起起案件传到整个社会，一是给刑事错案受害人的身体和心理造成不可弥补的损害，使其家庭支离破碎，甚至无法恢复，这是公民层面最大的损失，也是国家对刑事错案受害人的亏欠。二是对司法公信力与司法权威的损害。法者，平之如水，法院更是彰显社会公平与正义的典范，但是一起刑事错案造成的损害会使法院数十年积累的民意、公信力、权威毁于一旦。千里之堤，溃于蚁穴。法院的权威是数以万计的法官辛勤工作换来的，但是刑事错案会极大地影响公众对法院的信任。三是对办案法官造成了损害。在我国，司法运行环境具有很强的体制色彩，在这一背景下，法官可能在主观上有判决无罪的意识，但是碍于体制或者压力，往往违背自己的意愿，放弃坚持的原则，遵从于法律之外的意思。四是对民众的法治意识也造成了损害。法律的不公正会增加民众对社会生活的不安全感，担心自己也会遭遇法律的不公，这也直接导致了民众对法治活动的消极评价。如此，法治的社会控制力便会降低，社会控制力不足，就会直接影响国家的稳定与秩序。

经验二：接受刑事错案长期存在的可能性。任何一个国家都无法避免刑事错案的发生，这是目前世界上公认的道理，我国当然也不例外。刑事错案的发生不仅仅是一个法官的错误，其背后涉及多重因素，关于刑事错案的成因已经在本书的第二章进行了阐述。因此，必须认识到，刑事错案必将伴随着刑事诉讼程序长期存在。面对长期存在的刑事错案，如何应对是值得思考的问题。在认识刑事错案的过程中，有一种观点认为，既然冤案不可避免，那么任何努力都是徒劳的。当然，不可避免的少量错案是人类追求司法正义的必要代价。因此，人类不能坐视不理，更不能放弃任何努力。正所谓"宁肯错放十个，也不冤枉一个"，这才是现代刑事司法的理念。当前，虽然同样无法准确计算出中国冤案的发生数量，但是，完全有必要充分重视刑事错案问题。从世界范围来看，准确地估算刑事错案的发生数量，已经逐渐成为各国考察刑事司法体制运行情况的重要指标。

经验三：防范刑事错案的科学方法。从目前已经纠正的刑事错案来看，违反法律规定、忽视刑事诉讼程序，甚至暴力获取口供的情况依然存在。面对这一形势，一开始提倡的提高错案防范意识、提高队伍素质、增强法治观念等综合性的措施显然缺乏实效性。对司法工作人员而言，在重实体、轻程序的司法环境下，违反程序不会被惩罚，在违反法律被追究的概率几乎为零的情况下，面对刑事案件侦破的高社会关注度与回报率，刑事错案的防范"软政策"成为鸡肋。因此，我们应当通过制度确立防范刑事错案的举措，利用程序性裁判维护程序正义，将程序与防范刑事错案的制度真正落实到司法环境中，引起司法工作人员的重视。制度与程序不仅能防范刑事错案，在刑事案件的审判中也是对司法工作人员的保障。案件的终身负责制为每一起案件审判的法官敲响了警钟，这是法律职业素养的问题，如果刑事错案被认定为错案，则制度与程序会成为办案司法人员的护身符。如果刑事错案是因为违背制度与法律而造成的，那么办案司法人员必然出现违反法律、违背制度的行为，他将会被法律法规追究责任。

经验四：现代辩护制度不可忽视的作用之一，是通过辩护的方式揭露控方证据中虚假或存在纰漏的方面，进而有效保障被告人的合法权利。我国现代辩护制度赋予了辩护律师在刑事诉讼中较强的参与权利，其不仅有权参与法庭辩论，也有权参与取证调查与核实。我国辩护制度充分吸取了"兼听则明"的理论思想，通过辩护律师陈词意见，能更贴近、更真实地还原控方证据，让检察官更清晰地了解案件，从而明晰案件细节，察觉案件中的疑点，有利于案件更加公正地判决。"现代刑事诉讼结构设计的出发点就是要避免冤假错案的发生，达成公正断案，而辩护律师的作用则显得非常重要。"① 在我国刑事诉讼案件中发生的冤假错案，包括平反纠正案件，辩护律师都履行了其辩护职责，其多采用证据不足的方式为被告人提供无罪辩护。但是，以证据不足的方式为被告人提供无罪的辩护意见，显然没有被法官接纳，遂导致冤假错案的产生。冤假错案在后来的纠正中，当初的辩护律师意见实际就是正确的陈词，如果法官秉持疑罪从无的司法观念，则可以避免更多的冤假错案产生。总之，在证据不足的情况下，辩护律师的证词通常是无法有效说服法官的。从辩护制度来看，主要原因是辩护意见无法发挥作用：一是辩护律师的职业定位与认识偏见导致对辩护意见容易产生歧义；二是律师水平参差不齐，导致辩护意见呈现出不同层次，这使法官对辩护意见出现逆反的心理，甚至有时对有理有据的辩护意见也不予采纳；三是反观检察意见，同为国家机关，检察意见由于具有稳定性，意见的水平一致，不会出现认识偏差，审判人员更偏向于采纳。

　　经验五：学会使用刑事科学技术防范刑事错案。随着科技的发展，刑事科学技术日新月异，包括指纹技术、痕迹鉴定、电子数据提取分析等技术，都在迅速发展、更新。在刑事错案的纠正中，刑侦人员通过 DNA 鉴定真凶已经很常见。但是在刑事科学技术广泛适用的同时，不盲从盲信是防范刑事错案的重要举措之一。

　　经验六：防范刑事错案要坚持群众路线。一是重视民众的力量。社会监督是防范刑事错案的重要力量，要向民众普及刑事错案产生的原因。在实践中受人类认识论的影响，并不是所有案件都能快速侦破，证据与犯罪

---

①　顾永忠. 刑事冤案发生的深层认识原因剖析：以刑事审判为分析视角［J］. 法学杂志，2013，34（12）：89.

事实都需要时间与法律去验证。长期以来，命案往往会给社会造成恐慌，而在命案的刑事诉讼过程中办案人员往往会承受社会各方的压力，在此背景下，民众应减少对司法的干预，保证审判独立，社会舆论也应本着尊重事实与法律的态度，等待法院审判的最后结果。二是审理疑难案件需公开、公正。面对重大、疑难、复杂的案情，可以采取听证会的形式，广泛吸取社会各界对案件审理的意见和建议，可以组织专家、学者、律师、群众等社会各方组成旁听团队对案件进行研究、论证，为审判员提供专业咨询与论证意见。

通过总结经验可以发现，这一时期是刑事错案防范制度深入发展的时期，留下了许多宝贵的经验与深刻的教训。在积累经验与教训的同时，我国也出台了一系列规范用以将刑事错案防范制度化。

2013年，中央政法委等主管机关密集出台了一系列治理政策。2013年1月1日起施行修订后的《公安机关办理刑事案件程序规定》。同年6月，公安部发布了《关于进一步加强和改进刑事执法办案工作切实防止发生冤假错案的通知》，8月中央政法委出台《关于切实防止冤假错案的规定》，9月最高人民检察院推出《关于切实履行检察职能防止和纠正冤假错案的若干意见》，10月最高人民法院颁布《关于建立健全防范刑事冤假错案工作机制的意见》。密集出台的这四份文件（以下简称"四规范"），标志着我国在刑事错案防范制度上前进了一大步。"四规范"是现代刑事冤假错案防范体系的新纲领性文件，其吸收了国内外丰富的错案防范成果与理念，是我国刑事冤假错案防范体制建设的标志性事件。

"四规范"产生于同一年，具有相同的时代背景和相同的司法目的。对于刑事错案防范机制，我国四大政法机关以及中央政府首次表现得如此重视，并且在短时间内纷纷出台相关文件进行政策支持。"四规范"的出台表明我国初步建立了刑事错案的防范体系，也进一步提高了我国司法公信力。2013年9月，最高人民法院出台《关于切实践行司法为民大力加强公正司法不断提高司法公信力的若干意见》（以下简称《意见》）。该《意见》要求，在刑事错案防范体制下尽快完善相应的工作机制，尽可能避免错案的产生，守住司法底线。综上所述，"四规范"是我国在探索刑事错案防范制度发展史上的标志性事件，具有里程碑意义。"四规范"的框架对我国在司法实践过程中避免刑事错案的发生有重要指导作用（见表3-2）。

表3-2 "四规范"亮点对比

"四规范"亮点对比				
	公安部	中央政法委	最高人民检察院	最高人民法院
原有制度	健全完善执法办案场所建设、管理和使用制度，健全完善证据的固定、保管、移送制度，健全完善网上执法办案制度，完善证据审查判断标准，强化案件审核把关，健全完善执法办案考评标准，建立健全重大疑难案件集体讨论制度，健全完善执法办案考评标准	严格遵守法律程序制度，包括场所内讯问全部证据移交、非法证据排除；人民检察院依法对侦查活动进行监督，严格把好逮捕、审查、起诉和抗诉关，坚持证据裁判，严格执行法定的证明标准，以事实为依据办案、保障律师辩护权等规定；健全办案责任制、错案责任追究制、办案绩效考评制	严格规范职务犯罪案件办理程序，严格把好审查逮捕和审查起诉关，坚决纠正刑事执法司法中的突出问题	强化证据审查机制，强化案件审理机制，完善审核监督机制，建立健全制约机制
制度创新	建立刑事案件"统一登记、归口管理、统一审核、统一出口"执法管理机制，建立无罪判决通报机制	禁止政法委协调事实不清证据不足的案件	建立健全办案质量终身负责制，积极推进案件管理机制改革，建立和完善符合司法规律的考评体系，落实案件协调报告制度	排除冻、饿、晒、烤、疲劳审讯等非法方式收集的被告人供述，合议庭成员独立发表评议意见并说明理由，不得就事实和证据问题请示上级人民法院，不得参与公安机关、检察院联合办案

　　四个机关发布的文件主要从各自部门的角度分别提出了具体防范刑事错案的对策,涵盖内容非常全面。从内容上看,这些文件主要涉及办案理念和具体工作机制,在理念上都强调了预防刑事错案的重要性,强化办案人员的这一认识。这些文件在制度上除重复一些现有制度、明确要求严格依照刑事诉讼法办案外,还针对部门内部一些不利于防范错案或者容易导致错案的工作制度进行了调整和改革。许多问题涉及具体的工作机制,已经超出了刑事诉讼法及其司法解释规范的研究范围。从这个角度而言,刑事错案实际上不是刑事诉讼法律制度的问题,而是刑事司法制度或者说是社会制度存在的问题。所以,研究刑事错案还应当对其研究方法进行拓展,从不同的角度去思考。

　　不可否认,这四个文件对我国司法实践中防范刑事错案发挥了重要的功效。一言以蔽之,在刑事错案的防范上,这些文件从实践细节上很好地回应了新刑事诉讼法的有关举措。概括而言,这四个文件有以下五项改革创新内容,能够为办案人员在日后的办案工作中切实防范刑事错案发挥积极作用。

　　第一,禁止政法委协调事实不清证据不足的案件,禁止法院参与公检联合办案。现已发现的错案均表明,政法委协调办案或者公检法联合办案破坏了三机关之间应有的关系,违背了基本的诉讼规律,导致刑事诉讼法中预设的程序和关卡失去了应有的功效。鉴于此,有关机关此次明令禁止此类办案形式或办案机制,禁止下级法院就事实和证据问题向上级法院请示。法院系统中,一直存在下级法院向上级法院请示的传统。当然,这种传统和做法有一定可取之处,如就法律问题可以向上级法院请示,有利于下级法院准确适用法律,保证适用法律的一致性。然而,法院就事实和证据问题请示则违背了诉讼规律,因此最高人民法院在其文件中明令禁止了这类做法。

　　第二,明确排除冻、饿、晒、烤、疲劳审讯等非法方法获取的口供。我国刑事诉讼法对刑讯逼供以外的非法方法并没有做出明确的规定,这就为办案机关和办案人员留下了"打擦边球"的空间。面对疑难案件,有的办案机关和办案人员可能会选择"铤而走险"重走老路。最高人民法院的这一文件明确了法院系统对此问题的态度,坚决排除通过这些不人道的讯问方式获取的口供。

第三,保障合议庭成员独立评议。这一规定强调了合议庭,甚至是合议庭的每一个成员才是唯一的事实裁判主体,严禁过去合议庭"审而不判"、流于形式的法庭审理,避免审委会等机构以及上级法院的不当干扰。

第四,建立和完善符合司法规律的科学考评体系。例如,公安部要求严禁下达不符合科学的考评指标,诸如有些上级司法机关每年都给下级单位定"刑事拘留数""发案数""破案率"等指标,这些做法显然是与科学考评体系和法治精神背道而驰的。其他三个文件都有此类要求。四个文件都未指出采用何种考评体系,但这种否定过去一直以来的错误认识和做法的规定是值得肯定的。同时,考评指标是我国办案机构面临的一个新课题,正处在积极探索尝试阶段。由此可见,上述内容是在检讨我国办案机关工作机制长期存在的突出问题的基础上制定的,特别是一些容易导致刑事错案的办案机制。总体来说,上述四个文件为刑事诉讼法预防刑事错案的措施得以贯彻落实,扫清了工作机制上的障碍。

(二)刑事错案防范制度的升级发展期(2014—2020)

2014 年,党的十八届四中全会通过了《中共中央关于全面推进依法治国若干重大问题的决定》(以下简称《决定》)。《决定》中对司法体制及司法工作人员职责做了进一步的要求,对司法人员职责、司法工作流程、执法标准都做出了详细规定,首次要求司法人员采取办案质量终身负责制和错案追责制,务必让每件经过司法人员办理的案件都能经得住人民的监督、历史的考验以及法律的审核。"要完善并加强司法监督,尤其在侦查以及限制人身自由等方面,从制度源头上杜绝非法取证,防范冤假错案的发生。"[①] 2014 年 10 月 20 日,在党的十八届四中全会上,习近平同志指出,要提高司法公信力,社会最根本性的公平正义需要通过司法手段来维

---

① 中共中央关于全面推进依法治国若干重大问题的决定 [M]. 北京:人民出版社,2017:7.

护。习近平同志对司法人员说过，不公正的审判不仅仅对当事人造成不公平，其实还是对整个社会的不公平，会带来严重恶果。如果将犯罪比喻为水污染，则不公正的判罚好比水源污染，要想水清澈，先要水源清澈。①2014年，错案第一次作为关键词出现在了依法治国的重要文件中。最高人民检察院颁布规定，明确保障律师权利，为律师实现法律监督的职责创造了有利条件，保障被告人、犯罪嫌疑人获得法律援助的权利，实行刑事辩护全覆盖。与此同时，我国改革法院内部考核机制，加强内部监督，为防范刑事错案构建平台。

2016年1月7日，福建省高级人民法院倡导司法公正的十大举措，并召开了新闻发布会，其中引人注目的一条是"防范和纠正冤假错案"。根据发布会内容，福建法院在2015年度开始将"疑罪从无、证据裁判、程序法治"的法律理念贯彻在司法活动中，在这一年中有30名被告人因证据不足被宣告无罪释放。2016年2月29日，最高人民法院发布了《中国法院的司法改革》白皮书。白皮书中对我国近年来获得的司法改革经验和成果进行了回顾和总结，其中介绍了2013—2015年，经最高人民法院监督指导，完成了23起重大刑事冤假错案的纠正，给社会公平注入了极大的正能量。

2016年6月27日，原中央全面深化改革领导小组第二十五次会议审议通过了《关于推进以审判为中心的刑事诉讼制度改革的意见》。本次深化改革会议提到，务必以审判为中心的法律原则推动诉讼制度变革，基于我国国情和司法发展现状，发挥庭审在刑事诉讼中的重要作用，促使司法人员审理的刑事案件经得起法律与实践的检验，通过重视程序公正实现裁判公正，坚决防范刑事错案的发生，维护司法公正。这些举措在刑事错案防范制度变迁中具有重要的实践创新意义，具体而言：一是审理该案的法院是最高人民法院的巡回法庭。巡回法庭避免了地方法院的干预，防止地方对纠正错案的干预，保证了审理的公开与公正。同时，最高人民法院的

---

① 习近平. 司法是维护社会公平正义的最后防线［EB/OL］. 人民网，2014-10-28.

审理使案件的纠正具有典型案例的效力，为之后刑事错案的纠正起到了典型示范作用。二是再审案件广泛征求社会各界的意见。再审案件在庭审中体现出各方的争议，实现了庭审实质化，真正发挥了刑事诉讼构造的功效，在程序上实现了司法公正。三是对刑事错案进行进一步的细化，将刑事错案划分为疑案与冤案。司法机关在法律意义上对案件进行划分，体现了我国司法机关的审判水平，为对刑事错案的进一步研究提供了范例。最终，法院判决按照疑罪从无的原则宣告被告无罪。

疑罪从无原则是刑事诉讼法的基本原则，但是在我国司法制度的历史上，适用疑罪从无原则判决无罪的案件寥寥无几。在实践中，真凶归来类型的冤案可以直接改判并进行纠正，这类案件是典型的事实认定错案。但是，这类刑事错案几乎在刑事错案纠正初期就已经被发现，只要掌握其无罪的证据，依据事实就是明确的无罪。还有另外一种类型的案件就是事实不清、证据不足，无法通过现有的技术和认识证明被告人无罪，也无法证明被告人有罪。这种类型的案件在审判时存在问题，在纠正时也面临同样的问题。如何正确审理这类案件一直是刑事错案纠正的难题。

2020 年 3 月，一篇名为《检察机关是刑事错案的第一责任人》的文章被广为转载，引发了广大法律工作者的热烈讨论，同时让每一位刑事司法人员都陷入了思考，检察机关作为指控、证明刑事犯罪的主导者，理应以更高站位、更高标准来严格要求自己，按照"求极致"的工作目标要求，不断提升自身刑事检察业务能力水平，从而真正履行好在刑事诉讼中的主导责任。这一要求主要包含以下五方面。

1. 正确认识刑检工作使命，树立勇于担当的责任意识

检察机关是国家的法律监督机关，体现在刑检工作上是"保障无罪的人不受刑事追究"，不出现冤假错案。为保障检察机关履行监督职责，刑事诉讼法在制度上设计了审查批捕和审查起诉两道关口，由检察机关履职。检察机关以"审查"的方式，把侦查机关要追究刑事责任的无罪之人，以不批准逮捕、不起诉的方式挡在门外，保障无罪的人不受追究，实现监督之责。从检察机关审查批捕、审查起诉在诉讼中的职责作用来看，

没有检察机关的错捕错诉就没有冤假错案，检察机关是刑事错案的第一责任人。所以，冤假错案并非完全是公安局抓错了人，或是法院判错了案，与检察院无关。

刑检人员必须有勇于担当的责任意识，方能在工作中做到心存敬畏，担负起宪法赋予的重任。质量是刑检工作的中心，案件数量占四大检察业务之首，却是唯一不以数量取胜的业务。一个检察院无论办了多少案件，出现一个成为社会热点的冤假错案就会形象全毁，长此以往，对检察院全局的影响难以估量。

2. 建立捕诉一体下员额办案防错机制

捕诉一体后审查逮捕、审查起诉由同一办案组或办案人员办理，两个关口防止错案的机制实质上变成了一道关口。如福建赵宇案，员额检察官在审查逮捕时认为赵宇构成犯罪，无逮捕必要，没有批准逮捕。审查起诉时同一员额检察官，很难摆脱审查逮捕时形成的有罪认知，所以进行有罪不起诉处理。虽然不起诉，但有罪认定必然带给赵宇民事赔偿责任，赵宇不接受有罪不起诉处理决定，这个案件通过自媒体传播，成为社会公众关注的事件，最后检察机关自我纠错改为无罪不起诉。鸿茅药酒案当事人在被批准逮捕后，该案成为社会关注的热点事件，后来在最高人民检察院的关注下放人。否则，由批准逮捕的同一办案人审查起诉，当事人难逃被起诉追责的厄运。员额办案责任制的出发点是好的，有利于减少干预，提高效率，明确责任，但办案制度的目标应该质量优先，也需要具备实施的条件，员额办案责任制要求员额检察官必须思想上不出轨、业务上不出错，否则案件质量就难以保证。建立防错机制以保证案件质量，这样捕诉一体下员额办案制的效率才能真正发挥出来。

3. 修改考核内容，建立以质量为导向的考核体系

考核应当由数量导向向质量导向转变。比如，在"两项监督"政策下，经过检察机关卓有成效的工作，有案不立和漏犯漏罪现象已经大为改观。对刑检工作来说，"两项监督"已常态化，"应追不追"就是失职，考核应当解决"应追不追"的问题。目前的考核以数量为指向，致使有的地

方弄虚作假求数量，甚至是"乞讨式"作假，既浪费资源、降低效率，又使人心生抱怨。又如，抗诉案件，对第一次起诉工作而言可能是失败的，出现这一情况的原因要么是案件质量有问题，要么是出庭质量不高。此类抗诉案件占用司法资源，降低了诉讼效率。目前以抗诉数量为导向的考核，让抗诉多的人成了先进标兵，一次起诉成功者却"默默无闻"，真的是到了应当改变考核导向的时候了。优质高效的刑检工作应该做到"三无"：无错捕（没有捕后撤案和无罪不起诉）、无错诉（无撤回起诉和判决无罪）、无抗诉（判决采纳起诉意见）。

4. 改进刑检业务培训，保证案件质量

员额检察官的素质虽然比较高，但差异还是很明显的，表现为绝大多数案件人人都能办，少数疑难案件绝大多数人驾驭不了，保证不了质量。当前刑检工作迫切需要提升员额检察官水平以保证案件质量。最高人民检察院和上级检察院开展的刑检业务培训则缺少这部分内容，应以解析法条易错点为内容来针对性地提升员额检察官的办案能力。

5. 正确认识认罪认罚从宽制度，集中力量抓质量

2018 年修改的刑事诉讼法增加了认罪认罚从宽制度，对犯罪嫌疑人认罪认罚的，可依法从宽处理。该制度不只给犯罪嫌疑人带来了利好，对刑检工作也同样是一大利好。基层院的绝大多数案件都是事实清楚、比较简单的案件，可以说 70% 甚至 80% 的案件都可以适用此制度。一项新制度一开始实行肯定面临着一些问题甚至是困难，如值班律师费用、量刑的精准化、与公安和法院的衔接等，一旦解决了这些问题，就为以后大量案件的适用铺平了道路，从而节约大量诉讼资源，集中力量办理少数疑难复杂案件，这会使易错案件的质量有更多保证，也势必会减少退回补充侦查和延长审查期限情况的发生，优化"案件比"，提高诉讼效率。认罪认罚从宽制度对刑检工作乃至整个检察机关都意义深远，司法机关要以高度的责任感落实好刑事诉讼法的这一新规定。

总结这一时期我国刑事错案防范治理积累的经验，有以下几点。

经验一：必须始终坚持实事求是、有错必纠①的理念。改革开放后的一段时期，我国在纠正冤假错案时提出了这一理念，一直到 40 多年后的今天，这一理念始终是我国刑事错案治理的重要原则。对错案的回避与隐藏不仅是对公民个人的伤害，还是法治国家的悲哀。正确对待客观存在的错案，第一位的是摆正态度。

经验二：再审发挥了庭审的意义。法庭审判需要严格的程序与制度予以保障，这是中央深化司法体制改革，推进以审判为中心的诉讼制度改革的成果。严格司法是指严格按照法定程序办案，不折不扣地把党领导人民制定的法律实施到位。② 吸收社会各界的意见，依据法律论证案件的事实，重视对案卷的审查，及时认定案件基本情况，做出准确判断，这是审判独立的体现。

经验三：再审实现了证据裁判原则。以司法机关收集的证据为基础，依据证据做出裁判，这也是我国诉讼制度改革的重要环节。究竟该如何贯彻证据裁判原则，最高人民法院通过再审进行了诠释。③

经验四：程序公正，还是实体公正？从 1995 年到 2016 年历经 21 年，2014 年最高人民法院指令山东省高级人民法院审理聂树斌一案，延期四次后由最高人民法院巡回法庭再审，其中重要的原因就是依据现有证据无法认定案件事实，依照刑事诉讼程序应适用疑罪从无，因此司法机关选择了程序公正。在起诉、审判环节，应做到避免证据不足以及事实不清的案件出现，杜绝违反法律程序的案件发生，从司法程序的根源上杜绝案件出错④，防止那种只求结果、不要过程、省略程序、违反程序等行为。⑤

---

① 胡云腾. 错案防范与司法问责刍议 [J]. 中国法律评论，2014（2）：15-18.

② 周强. 推进严格司法 [N]. 人民日报，2014-11-14（6）.

③ 樊崇义，李思远. 从聂树斌案纠正看刑事诉讼中再审程序的创新 [N]. 人民法院报，2017-01-26（2）.

④ 孟建柱. 主动适应形势新变化 坚持以法治为引领 切实提高政法机关服务大局的能力和水平 [N]. 法制日报，2015-01-22（1）.

⑤ 中共中央政法委员会. 社会主义法治理念读本 [M]. 北京：中国长安出版社，2009：152.

2017 年 2 月 27 日发布的《中国法院的司法改革（2013—2016）》白皮书，回顾了近年来的重大冤假错案纠正历程，经最高人民法院督查纠正的重大冤假错案有 34 起之多，这一结果提高了社会各界对司法公正的信心。在防范和纠正刑事错案方面，白皮书介绍，最高人民法院对司法改革给予了充分肯定，并提出了指导意见，尤其明确了疑罪从无的司法原则，要求不可在判决时给出模糊的或变通的判定。

2017 年，最高人民法院在试点经验的基础上制定和印发了《人民法院办理刑事案件庭前会议规程（试行）》《人民法院办理刑事案件排除非法证据规程（试行）》和《人民法院办理刑事案件第一审普通程序法庭调查规程（试行）》（以下简称"三项规程"）。这一年发布的"三项规程"明确了"以审判为中心"的诉讼制度改革的方向。其中，对疑罪从无的审判原则、证据审查完善机制、人权保障机制的完善等方面的实践性操作给出了明确的指引，进一步推动了冤假错案防范与纠正机制的发展与完善。

全国各级法院深刻贯彻冤假错案防范机制，2018 年，法院依法纠正了张文中等多个涉及冤、假、错的产权的案件。2018 年 10 月，刑事诉讼法进行了再次修正，对监察法、刑事诉讼法的衔接部分进行了完善，对包括认罪认罚从宽机制的建立、速裁程序的设定、辩护权的保障等进行了改进，通过程序完备、简案快审、难案精审等手段，从突出审判力量集中于疑难复杂案件的审理及辩护权保障等多个维度，进一步完善了刑事错案防范机制。① 2019 年 3 月，司法部发布《全国刑事法律援助服务规范》，细化了法律援助的范围与服务要求。

2020 年 12 月 7 日，中共中央印发了《法治社会建设实施纲要（2020—2025 年）》，其中第 14 条明确规定：加强人权司法保障。加强对公民合法权益的司法保护。加大涉民生案件查办力度，通过具体案件办理，保障人民群众合法权益。探索建立消费者权益保护集体诉讼制度。完善律师制度。强化诉讼参与人诉讼权利制度保障。加强对非法取证行为的源头预

① 梁健. 从疏到密：冤错案件防范和纠正机制不断完善［N］. 人民法院报，2018-11-21（2）.

防，严格执行非法证据排除规则，建立健全案件纠错机制，有效防范和纠正冤假错案。健全执行工作长效机制，依法保障胜诉当事人及时实现合法权益。加强检察机关对民事、行政、刑事诉讼活动的法律监督，维护司法公正。在司法调解、司法听证等司法活动中保障人民群众参与。落实人民陪审员制度，完善人民监督员制度。推动大数据、人工智能等科技创新成果同司法工作深度融合，完善"互联网+诉讼"模式，加强诉讼服务设施建设，全面建设集约高效、多元解纷、便民利民、智慧精准、开放互动、交融共享的现代化诉讼服务体系。

与此同时，《法治社会建设实施纲要（2020—2025 年）》要求，到2022 年，基本形成覆盖城乡、便捷高效、均等普惠的现代公共法律服务体系，保证人民群众获得及时有效的法律帮助。加强对欠发达地区专业法律服务人才和社会工作者、志愿者的政策扶持，大力推广运用远程网络等法律服务模式，促进城市优质法律服务资源向农村辐射，有效缓解法律服务专业力量不足的问题。健全公民权利救济渠道和方式，完善法律援助制度和国家司法救助制度，制定出台法律援助法，保障困难群体、特殊群众的基本公共法律服务权益。加快律师、公证、仲裁、司法鉴定等行业改革发展，完善公共法律服务管理体制和工作机制，推进公共法律服务标准化、规范化、精准化，有效满足人民群众日益增长的高品质、多元化法律服务需求。健全村（居）法律顾问制度，充分发挥村（居）法律顾问的作用。加强公共法律服务实体、热线、网络三大平台建设，推动公共法律服务与科技创新手段深度融合，尽快建成覆盖全业务、全时空的公共法律服务网络。

只有通过持续改进司法程序，保障司法公正、公平，通过法律体系为民众伸张正义，才能更加有效地树立国民的法治信心。在改革开放 40 多年中，我国刑事错案防范制度实现了从无到有，再到不断完善的伟大历程。

刑事错案防范机制并不是一部法律，也不是一种制度，而是一个相互配合、层次分明的制度体系，是从中央决策部署明确未来的方向而言的。刑事诉讼法从立法的角度规定了预防刑事错案的原则制度和程序，各部门的司法解释对相应的司法制度和法律程序做出了有指导性意义的规定，下级各办案机关可在各部门的指导意见下，在实际的办案工作中落实这些制度和程序，构建科学合理、与之相适应的工作机制。三者之间形成一个相互配合、层次鲜明的体系，构建了中国刑事错案防范制度的框架。

制度的变迁既需要有正式规则的确立，同样也需要有非正式规则的辅助。非正式的规则是以公序良俗、习惯为代表的法文化基础。当年费孝通先生用乡土描绘了一个被捆在黄土地上的中国，那时的中国确实是一个充满乡土气息的中国。今天，制度的研究中同样渗透着土地的味道，刑事错案涉案人的身份多为农民，审理错案的一审法院多为基层法院，刑事错案的受害人家庭贫困……如果说渐进型的制度构建是以社会各个因素的变化为基础，那么刑事错案防范制度的变迁也是随之变化的因子之一。制度构建的基础始终是脚下的土地，多层次不均衡的发展模式决定了制度的多层次渐进发展模式，多元化的参与主体、多样化的推动力、多水平的组织结构，都决定了我国刑事错案防范制度变迁的路径是多元化、不均衡的碎片式发展路径。

我国现有的刑事错案防范制度也存在着明显的优势：现有的制度兼具原则性和灵活性，符合司法规律，是我国刑事错案防范制度中非正式规则的基本要素。当前，我国逐渐形成的刑事错案防范制度是土生土长的，与中国的制度环境有着天然的契合性。制度的依赖性决定了其无法打破重建，因打破重建后的不稳定性会导致制度出现断层、失去原有的基础，并出现与非正式规则的不适应，引发社会的不稳定，而且当前制度的原则性和灵活性优势也将随之消失，因此，通过对制度变迁的梳理发现，我国刑事错案防范制度的变迁是渐进型的制度变迁，我国刑事错案防范不宜采用推倒重建的制度建构模式。对制度变迁的历史分析表明，我国已经形成了多元化的刑事错案防范制度体系。

同时，我国司法实践中刑事错案的防范不断出现新的问题，特别是刑事错案的发现具有周期性长的特点，相应的举措一定具有滞后性。在这种情况下，司法解释与法律规范在防范刑事错案方面的灵活性和及时性就能凸显出来。例如，我国在 2007 年为了预防死刑错案，通过司法解释的形式对死刑案件程序进行了大幅调整；为了预防错案，在 2010 年发布了"两个证据规定"；等等。这些司法解释和法律规范对错案防范的司法实践过程有指导作用，并能有效解决相应的问题，以缓解立法滞后产生的弊端。此外，根据制度和组织关系，组织机构的设置与制度变迁相互影响。通过已经发现并纠正的错案来看，部门内部的工作机制在很大程度上影响着法律和制度的贯彻实施，办案机关和办案人员需要不断探索更加适合防范错案的工作机制，在这一过程中需要不断尝试和调整。

第四章

刑事错案防范制度变迁的路径

第一节　刑事错案防范制度变迁的规律

根据制度理论，制度通过三种方式发挥作用：一是为行动者提供机会；二是对行动者设定限制；三是通过制度设计来影响行动者的行为。实际上，通过制度理论可以发现，制度通过行为来发生作用。人类的行为会产生轨迹，制度也会产生路径；人的行为有规律，制度也要遵循规律。刑事错案防范制度变迁的背后也存在演进规律，以第三章变迁中经验的累积为线索，分析影响其变迁的动力因素、路径依赖，可以归纳出我国刑事错案防范制度的变迁路径。在此基础上，笔者结合第二章刑事错案的成因分析，为我国刑事错案防范制度变迁的创新提供几点意见。

一、刑事错案防范制度变迁的趋势总结

（一）刑事错案防范模式的归纳

改革开放初期，纠正冤假错案是全面拨乱反正工作的重要组成部分。这一时期主要以纠正冤假错案作为工作的主要内容，确立了坚持实事求是、有错必纠的刑事错案治理基本原则。刑事错案的防范在这一阶段处于萌芽时期，法治的重建与恢复对刑事错案的预防也起到了一定的作用。刑

事错案主要分为两种类型：一种是"反革命"案件，另一种是依据《关于在无产阶级文化大革命中加强公安工作的若干规定》判处为"恶毒攻击"的案件。这一时期的案件治理主要是政治性治理，是解决历史遗留问题的冤假错案治理，党的组织部门是其主要治理主体，此时被错划为右派的广大党员领导干部也就成了主要的治理对象，治理工具主要是依靠党的组织与政策。

第一时期，1979 年我国刑事诉讼法诞生，刑事错案的防范与纠正逐渐由政治性治理转变为依靠刑事诉讼法的完善来推动，治理主体也由党的组织部门转变为司法机关。伴随着社会的快速发展，对于一些原来刑事诉讼法发展模式下的刑事错案，其防范过程中出现的问题可谓层出不穷，所以在防范刑事错案过程中，刑事诉讼法的证据规则、程序性保障机制等方面的局限性愈加明显。

第二时期，2000 年至 2012 年，一系列刑事错案通过媒体曝光，使司法机关面对社会舆论处于被动的状态，司法权威受到社会舆论极大的挑战。显然，刑事错案的发生不可避免，但是在社会舆论曝光后司法机关进行被动回应，采取刑事错案纠正的模式，会越发导致司法公信力不足，司法权威受到损害。根据刑事错案造成的后果来思考，从源头上进行预防以减少刑事错案的产生，是解决刑事错案问题最有效且损失最小的方式。

第三时期，党的十八届四中全会《中共中央关于全面推进依法治国若干重大问题的决定》指出"健全冤假错案有效防范、及时纠正机制"，同时，中央政法委等机关也于 2013 年出台了关于防范刑事错案的规范性文件，我国刑事错案的治理由依靠刑事诉讼法的推动转变为独立制度化的模式。

在改革开放 40 多年的发展历程中，刑事错案的治理也经历了时代的洗礼。从刑事错案的治理内容来看，刑事错案实现了以纠正为主向防范为主的转变。面对刑事错案，司法机关由被动的纠正转变为主动的防范。从刑事错案的治理模式来看，其模式逐渐由初期依靠政策性的治理模式，转变为依靠刑事诉讼法的推动模式，直到刑事错案的防范形成独立的制度体系。这一转变，体现了我国在刑事错案防范过程中的探索与发展。

（二）刑事错案防范制度变迁的动力分析

制度变迁区分不同的类型，既有美国独立战争式的断裂型变迁，即通过强大的冲击来实现变迁，也有英国普通法式的渐进型变迁。新制度经济学认为，人类通常会在现有制度的框架下，通过调整组织机构，推动制度安排实现制度的自我强化或者变革。我国正处在深化改革的攻坚期，司法改革也在逐步推进，刑事错案防范制度作为司法制度之内的运行制度，也在发生变迁。结合对我国刑事错案防范制度变迁的梳理，本书认为，我国刑事错案防范制度变迁属于渐进型变迁。

那么对于推动我国刑事错案防范制度渐进型变迁的动力该如何分析？实际上，在整个社会科学的历史发展进程中，个体行动者在各种事件中表现出创造、维持和转换制度的各种行动方式，通常来说行动者对社会、对世界具有某种影响能力，即能动性，比如，改变规则、资源配置，改变关系连带作用。行动者在日常生活情景中表现突出，且具备丰富的知识储备和敏锐的理解能力，同时还具有思考和应对各种日常的能力，在参与社会结构的持续生产和再生产过程中，严格遵守规则，对自己与他人的行动结果起到习惯性监视作用，发现、创造新的规则，并充分利用有效资源。

这样的行动者，从理性选择模型角度可以视为追求已有的确定偏好的行动者，或者是行动者个人随着行动的进行而导致利益与口味发生变化。无论是上述哪一种情况，它们都存在对制度安排进行变革的必然性。透过能动性本质特点，人们能够预设能动性背后所存在的基本理论，这与支持社会学新制度主义的各种现象学假定有着密切的联系。通过存在于"理解过程之中"的能动性作用，人们发现，行动者能与不断变化的环境进行对话，除此之外，行动者还能设想出各种选择并在做出选择后进行评价，对随机的选择进行重构工作。在行动者背景与行动者反应之间也存在着极具感知力和理解能力的行动者。

众所周知，能动性本身是社会和制度所建构的产物，所有的行动者在某种程度上都具备能动性，包括个体与集体行动者，但不得不说各种行动者之间与各种社会制度之间存在着必然的相互联系。也就是说，行动者推动制度变迁。

二、多元行动者共同推动刑事错案防范制度变迁

行动者推动制度变迁，刑事错案防范制度也是由行动者推动的，那么行动者具体是如何推动的，就需要以刑事错案防范实践为背景展开研究。总结改革开放以来的司法实践，改革始终围绕着司法，其中，推动改革的主体与方式发生了很大的变化。改革的行动者推动着制度的变化，带动着环境的更新。从刑事错案防范的实践发现，发动改革的行动者呈多元化的态势，越来越多的行动者开始主动参与制度设计，通过各自的行为推动制度变迁。

（一）司法机关

在我国刑事司法的实践中，司法机关由 1978 年前的被动接受中央政策与制度，到 1990 年逐渐转变为主动推动制度的变迁，其身份由制度的执行者转变为制度的建构者。中国司法机关成为刑事诉讼法规则的解释者和实践者。首先，最高法通过制定司法解释来解释新修改的法律，解释法律冲突、填补法律漏洞，甚至为适应社会发展主动进行体制改革、制度创新，并通过公布典型判例来指导司法实践。其次，各级人民法院通过实践来重构规则，在实践操作中化解疑难问题，创造新的适用方式，以适应社会的发展，通过司法实践将规则转化为推动力，给制度变迁以基础助力。中国司法机关不仅仅是具体个案的解决者，还通过个案从微观发现社会的发展趋势，以规则的张力创造出不同的适用方式来解释新的实践，因此，司法机关发挥着规则创造者的作用。最后，司法机关以试点或实验性改革，为我国深化改革提供支撑，用司法实践推动制度变迁。

（二）诉讼参与人

观察 1990 年以来的司法实践发现，涉案当事人正在运用程序内与程序外的种种方式向司法机关表达诉讼请求。程序内的诉讼请求包括通过亲属、律师或法定代理人利用申诉权、抗诉权、上诉权等法定程序表达自己

的诉讼请求，以请求法院确定或者裁定。程序外的请求包括上访、匿名信、举报等形式，其中有不同层次的请求。这种形式往往有的符合法律规定的请求，有的不符合规定或者是非法的请求，但是这种形式常常引发社会广泛关注，形成冲击力，影响司法机构的正常秩序。以刑事错案为例，被纠正的刑事错案几乎都存在上访的现象，在刑事错案长年申诉没有回应的前提下，信访成为纠正刑事错案的重要途径，念斌、聂树斌、周远案，无一例外均是通过信访引起社会关注从而推动刑事错案的纠正。

传统的受地方支配的当事人正在转变为主动应诉的当事人，他们通过各种途径为个人权利而与国家机器抗争。当引发社会公众的关注之后，他们被动给司法机关施加压力，司法机关被动承受着社会压力，不得不重新审查当事人的案件，而当审查时确实出现认定错案的，司法机关才会开始真正反思，从而为刑事错案防范制度的变迁埋下伏笔。

（三）专业人才

2000 年以前，专业人才多专注于学术研究，起到培养教育法学人才的作用。2000 年，杜培武案件被媒体曝光以后，引起社会各界的广泛关注，刑讯逼供、讯问、口供逐渐成为热点词汇出现在大众眼前，一起起错案引发了人们对刑事诉讼法律程序、社会公平正义的讨论。在这种大讨论中甚至出现了偏离理性的言论，这对司法正常秩序造成消极影响。在此背景下，法学家从专业的角度为大众答疑解惑，破除偏激性思想，对普及法律常识、树立法治理念起到了积极作用。与此同时，法学家组成了各种法学研究组织，为国家立法建言献策，以求推进我国法治发展进程，希望自己孜孜不倦的探索能为未来法律制定工作提供一些建设性的想法。①

（四）社会力量

改革开放以来，社会主义市场经济蓬勃发展，面对社会生活翻天覆地的变化，民众意识形态领域也随之转变。进入 21 世纪，科技更新换代使"纸媒时代"成为过去，融媒体逐渐成为信息交流的平台，融媒体具有传

---

① 范·卡内冈．法官、立法者与法学教授：欧洲法律史篇［M］．薛张敏敏，译．北京：北京大学出版社，2006：153．

播速度快、影响范围广、浏览量多等特点。在信息时代，刑事错案的发生成为舆论热点被广为传播，主流媒体的披露与报道直接将案件转变为全民直播，由此，使司法机关对刑事错案不得不进行重新审查。如今，微博、微信、抖音、快手等融媒体平台促使司法公开，刑事错案不再处于司法的阴影里，而是在民众的注视中等到了正义的阳光。

总之，无论是一起刑事错案，还是国家立法活动，都不是单一的行动者能够绝对控制的，从制度变迁的实践可以发现，多元化的行动者均在主动参与着变革。黄宗智指出，中国的法律实践并不符合双方任何一面的建构。① 无论行动者的力量是否足以影响到整体，多元行动者都如同涓涓细流汇成江河，在司法实践的过程中推动着刑事错案防范制度的变迁。因此，我国刑事错案防范制度变迁的动力是多元行动者共同推动而形成的。通过上文的研究可以发现，渐进型制度变迁具有稳定性的特征，也就是多元行动者的推动力是逐渐演变的结果，渐进型的变迁模式决定了我国刑事错案防范制度变迁的动力将以多元行动者共同推动的方式长期存在。

以非法证据排除规则的颁布为例，在个案的触发下，司法机关、诉讼参与人、专业人才、社会力量都汇成一股"洪流"，推动着两个证据规则出台。与此同时可以发现，在这股"洪流"中也存在着矛盾与冲突，如何妥善地处理矛盾是多元行动者在推动制度变迁时所面临的问题。

三、制度变迁的本质——行动者博弈的结果

"在制度不对称下，制度中强势行动者可以通过权力强行改变规则，弱势的行动者则透过理念与利益在不同时空环境下的诠释，而伺机改变制度。"② 学者潘祥辉认为，观察和比较现有制度—做出评价并形成认知—确立制度变迁的目标—选择制度变迁方式—参与制度博弈、实施变迁—调整目标和方式—目标达成或失败，这个过程便是制度主体主动参与制度变迁

---

① 黄宗智. 经验与理论：中国社会、经济与法律的实践历史研究［M］. 北京：中国人民大学出版社，2007：448.

② 胡婉玲. 论历史制度主义的制度变迁理论［J］. 新世纪智库论坛，2001（16）：91.

的过程。① 有了多元主体的参与，制度变迁的过程中，制度变迁的目标也显得至关重要。制度变迁的目标实际上就是行动者博弈的目标。可以说，共同理解出现于社会结构中的何处，决定了制度来源于何处、制度出现的问题在哪个分析层次上。换言之，制度是行动者在没有预定方案却重复发生频率高的问题的情况下而精心制定的，它出现于何处，是一个经验性问题，由正在运行的社会过程的地点或轨迹而定。我国刑事错案防范制度变迁模式是以多元行动者共同推动制度变迁为基础的，经过研究发现，这种模式将长期存在。

四、制度作用与刑事错案防范的实践

（一）制度构建——设计者

"制度变迁本质上是一个将观念编制规则化为制度的过程。"② 制度构建就是各种行动者为了实现他们的目的而进行的行为努力的结果。各种支持或是反对，试图影响制度的行动者的相对权利来决定制度化的成功，也决定着制度结果的呈现形式。这种主张存在明显的矛盾或悖论，而这种矛盾或悖论又根源于"制度化"一词所具有的两种含义之间的矛盾。"制度化"概念是一种深层的演变过程，反映的是组织的利益与为利益而动员各行动者的相对权利。

制度设计者具有局限性，尽管承认能动性在制度建构的作用中是适当的，但更重要的是，我们并不能就此认为一些具有创造意义和为构建新统治框架而努力的人为行为能动者。实际上，很多行动者往往会为保护或是促进或是凸显他们自己的利益才努力去创造新的制度，由于这些行动者有着各自不同的考虑，因而损害了这些行动者获得他们所要结果的能力。行动者作为制度建构的设计者所存在的局限性包括以下几方面。

---

① 潘祥辉. 媒介演化论：历史制度主义视野下中国媒介制度变迁研究 [M]. 北京：中国传媒大学出版社，2009：134.

② 唐世平. 制度变迁的广义理论 [M]. 沈文松，译. 北京：北京大学出版社，2016：34.

（1）具体的制度构建往往存在诸多后果，不乏出乎预料的甚至是不受欢迎的后果。因为制度的变迁不是绝对直线上升的，而是存在曲线变化的，所以会出现倒退的可能性。

（2）受各种"适当性"规范或是潮流的引导作用，制度设计者对不恰当的预定方案不理性行事，从而使在当前不利情况下错误意图被实施等。

（3）制度设计者提出的制度经常违背他们的初衷，往往存在历史短视的问题，其后果却会造成长远的影响。

（4）制度应用的情景变迁会出现最初设计意料之外的结果。

制度构建需要一定的假设前提来支撑，比如，行动者及行动者利益恒定不变，而在实际生活中，行动者来来往往，情景也随之变化不定，很难实现恒定这一状态。这些局限性使我们在评估后进行制度设计时，要注意我们所做的各种假定。

案例 1："命案必破"的理念模式下对刑事错案防范制度目标的影响

"命案必破"必然导致运动式的行政管理模式与刑事诉讼程序正义之间的矛盾。公安机关是行政机关，行政机关在特定情况下具有考虑优先效率的性质，其管理模式需要提高效率以实现整体的利益，因此，政策的设计者需要考虑的不仅仅是个体的利益，还要考虑整个社会的集体利益，当个体利益与更大的社会利益相冲突时，会选择保护社会的利益。"命案必破"就是在社会治安较差、命案堆积、社会矛盾复杂的情况下，为了维护社会秩序与稳定，设计者采用这种口号的激励制度，快速集中精力维护社会稳定。但在这一过程中，制度出现了忽视个人权利的问题，当社会趋于稳定，命案减少的背景下，制度存在的问题逐渐显露。因此，虽然"命案必破"制度存在争议，但在当时的社会背景下，刑事错案防范制度需要采取"命案必破"的方式，来防范可能因社会背景产生的放纵犯罪导致的"错案"，不可否认的是决策者的观念意识是从实用性的角度对制度产生影响的。

（二）制度安排——监督者

在现代社会中，随着分工细化，专业人员越发变得独立和重要起来，他们作为制度的行动者在用自己的方式影响着制度的安排。一些专业人员利用他们的思想武器，创造出新的概念系统，通过文化—认知要素影响制度的变迁。同时，他们通过参与制度构建的设计以及各种规则创造或利益分配，制定行动原则和方针，达到控制制度变迁的结果。当然，专业人员各种知识系统的内容与经验基础的程度之间存在极大的差异，自然科学家与动力学家往往追求必须以实验为基础的结果，哲学家和文学批评家的研究领域则较少受到限制，他们倾向于对在新制度的建构和扩散过程中出现的抽象领域进行详细介绍与研究，并归纳和研究抽象范畴的因果关系。专业人员的研究对规制性框架的建构发挥着实质性的影响，他们占着创造新的制度结构并监督制度设计者的位置。

案例 2：中国政法大学刑事辩护研究中心的"无辜者计划"

"无辜者计划"是中国政法大学创设的，在有关教授指导下学生参与的诊所式法律实践，法律实践专门负责调查和研究可能是刑事错案的案件，为那些已经倾尽所有官方救济手段仍然主张事实上无罪的被告人提供免费的法律帮助。"无辜者计划"会接受学校的学术指导，在有条件的情况下与提供免费法律援助的律师合作。"无辜者计划"中受理案件的工作者（通常是学生）的目标是彻底、客观和独立地调查有关当事人提出的事实上无罪的主张。在这个过程中，如果能够发现无罪的证据或者能发现对有罪判决提出怀疑的证据，"无辜者计划"会帮助当事人向刑事案件审查机构提出申诉，主张将案件发回上诉法院。专业人士以学校科研与刑事错案的司法实践相结合的形式，站在监督者的角度探索着制度的规则，影响着制度的建构。

（三）制度执行——实践者

"大多数公民遵守法律并不仅仅出于对惩罚的恐惧，更多的是因为法律本身的公正性和合法性。"[①] 为引发人们的关注，一些缺少确立权利资源的利益群体和精英群体因受压制过长过久，他们否认传统模式下提出的主

---

① 毕贝斯. 刑事司法机器 [M]. 姜敏，译. 北京：北京大学出版社，2015：94.

张及权利实施甚至影响，他们竭力挑战并破坏已有惯例，他们的一系列行动必然引起新的制度形式的产生，并因此不得不使用非传统的方法。伊丽莎白·克莱门斯（Elisabeth S. Clemens）对 20 世纪初美国女权运动进行详细研究后，就描述了这种情况。由于不能投票和参与主流的选举政治，积极的妇女借用了声名狼藉的说客所使用的策略、技巧，并对其进行完善，成为现在所有利益群体都使用的行动系统。她们支持传统的组织形式（如妇女俱乐部），但还利用它们来促进其成员的政治教育，动员公共舆论，获得立法程序的控制权，并设计出各种方法来影响政策的制定，要求政治官员对他们的投票与决定做出合理的解释。同时，制度分析法认为，新的观念一旦被某一制度结构之下的成员接受，就会在既定的制度结构下产生在原有的制度框架下不可能产生的某些新政策，而这些新政策的凝固及其在与旧制度相互作用的过程中，也有可能导致原有制度的某些改变。因此，社会成员接受后，可以通过相互行为影响制度的变迁。① 社会行动者中的实践者，用自己的行动直接参与推动新制度的执行。

五、科学技术引领刑事错案防范制度变迁

任何制度的演进与创新都需要依靠科技的推动力。② 实际上，这种推动力除了行动者的主推动力，还包括自然科学领域的引领力。科学技术的发展，尤其是刑事科学技术的突飞猛进，为防范刑事错案提供了利器。科技为防范刑事错案提供了利器，科学技术提高了刑事错案认定的准确率，也为其纠正提供了条件。随着科技的进步，人们的生产生活方式也在发生变化，案件也呈现多样化，错案也随之变化，因此，防范刑事错案也应随着科技的发展而改变。科技在推动防范刑事错案技术转变的同时，科技创新也为制度创新创造了良好的环境。制度的进程会直接影响科技的发展，

---

① HALL P A. The Political Power of Economic Ideas：Keynesianism across Nations ［M］. Princeton：Princeton University Press，1989：383-384.

② 拉坦. 诱致性制度变迁理论［M］//科斯，阿尔钦，诺斯，等. 财产权利与制度变迁：产权学派与新制度学派译文集. 上海：上海三联书店，上海人民出版社，1994：338-339.

科技的发展反过来也会受制度的影响。落后的制度会阻碍科技的发展，先进的制度则会促进科技的创新。制度与科技是相辅相成、相互促进的关系。

科技作为利器，如何正确地使用是关键。以刑事科学的发展为例，刑事错案防范中离不开科学技术，DNA、痕迹鉴定、人脸识别、大数据、人工智能……科技在改变生活，也在以创新的方式立于刑事错案防范制度的前沿。但是，自然领域的科学与法律意义上的科学是不同领域的概念，不能简单等同，因此新技术同样需要实践的检验。

第二节 刑事错案防范制度变迁的路径维度

从制度分析法来看，对刑事错案防范制度变迁路径，可以从时间维度、主体维度、运动维度、多元维度四个角度进行考察。

一、时间维度

制度变迁在速度上通常是以不同模式进行的，既可以是渐进的，也可以是激进的。前者是指，制度变迁力求实现各方利益的平稳推进以达到渐进式改革或者说探索式的变迁。各方利益主体发生冲突后采取果断措施进行激烈的制度创新或变革，这是激进式的变迁。以上两种形式分别对应改良模式和革命模式。

制度改良通常被理解为制度发展，但实际上不排除会出现个别政策和法令的出台导致制度的暂时性倒退，进而与制度变迁主体的主观愿望相违背的情况。制度改良虽然有这样的问题出现，但不能因此否定人们对制度良性发展的意愿以及人为参与对制度发展的促进作用。作为有限理性的个体，人类只能最大限度以科学、理性的方式作为有理性的个体，人类既要考虑刑事错案防范制度变迁的积极方面，又要在设计制度时，做到科学、理性程度的最大化。从严格意义上来说，改革开放以来的刑事错案防范制度变迁不存在革命演变这一根本性变革模式。

改革开放以来，国内社会的各项改革基本是以渐进式模式进行的，在没有现成经验、缺乏改革蓝图的背景下，"摸着石头过河"是各项改革进行的真实写照。刑事错案防范制度同样遵循着渐进式改革的基本模式，经历了从局部到整体、从政策到法规、从思想理念到司法实践的长期渐进过程。不管是以推行政策为主，还是依靠刑诉进行综合治理，或者单独的刑事错案防范体系，这些都是在探索式、渐进式的推广与实践中逐渐总结经验，充分结合自身经验和特点进行循序渐进的适应性改造。渐进式模式对出现的问题，能够尽快采取措施修补或暂停改革及时止损，避免危害的扩大。因此，渐进式改革是对制度本身进行冲突弱化的精益式变迁，风险小，阻力相对也小，是在实现创新效益与降低变革成本之间寻求最优性价比的做法。

这种变迁模式有助于清除多元行动者矛盾与冲突的局限性，提高制度革新成功的概率，从而有步骤、有缓冲地淘汰落后的制度设计，确保刑事错案防范制度变迁的连贯性与稳定性。

二、主体维度

林毅夫认为制度变迁分为以下两类："为响应由制度不均衡引起的获利机会时一群（个）人所进行的自发性变迁行为称诱致性变迁；强制性变迁指的是由政府法令引起的变迁。"① 强制性制度变迁和诱致性制度变迁只是分析制度变迁的两种方法，本质上是为了更好地理解不同的制度变迁主体在制度变迁过程中的利益诉求和改革设计。强制性变迁与诱致性变迁不是非此即彼的关系，在很多条件下这两种性质可以同时并存，刑事错案防范制度变迁的过程则往往兼具这两种性质。对以正式规则为主要构成的刑事错案的防范制度体系来说，其产生与变化都是由公权力部门引发或参与的，并经由国家相关部门认可与执行，因而强制性是其天然属性。当政府

---

① 林毅夫．制度、技术与中国农业发展［M］．上海：格致出版社，上海三联书店，上海人民出版社，2014：92.

敏锐地意识到刑事错案可能引发的社会风险时，其往往主动设计和变革制度，包括实施实事求是、有错必纠的刑事政策，规范侦查行为，强化检察监督，实行审判中心主义和司法体制改革等，并以其强制力、意识形态等优势保证新制度的顺利实施。

诱致性变迁是从变迁产生原因的角度对制度变迁方式进行概括，对应的是司法系统内部自发性的制度变迁。为获得潜在机会与利益，一部分来自社会的法律工作者主动发挥智慧与创造力，自发倡导、组织和实行制度变革。如"无辜者计划""法律援助中心"等，都是源自社会的具有创造性的举措。与强制性的推进制度相比，诱致性的制度变迁会影响立法、执法以及整个社会机制的运行。从变革的方式来讲，诱致性制度变迁通常采取先易后难、先个案后推广的模式，先由个案充分实践、积累经验，再通过集体进行分析判断、理性总结，循序渐进地推动刑事错案防范制度整体变革的顺利进行。

三、运动维度

从宏观角度来看，刑事错案防范制度呈现出一种相对稳定的状态；从微观角度来看，制度结构组成要素又是在相互作用中不断变化的。现代社会是在保障多元价值中追求公平与正义价值，在促进全方位发展中保持和谐稳定。从这个意义上说，刑事错案防范制度设计并不是完全杜绝刑事错案的产生，而是在强调保障社会发展、人的自由、法治建设等多重目标平衡与协调基础上的弹性稳定。一方面，刑事错案防范制度是在动态调整中实现宏观上的整体稳定。刑事错案防范制度是发展变化着的存在，现实社会的一切无时无刻不在影响着规范的调整与机制的运行，左右着制度的存在状态。如果将刑事错案防范制度放在宏观的历史角度去考察，刑事错案防范制度又处于相对稳定的状态之中。系统本身具有很强的自我稳定能力，其能够通过自我调节保持原有状态、结构和功能的稳定性。刑事错案防范制度从中华人民共和国成立以来的整个历史进程看，这个系统大部分时间处于相对稳定的状态。就刑事错案防范制度本身而言，其自我稳定能力使其在稳定环境中极少产生断裂性问题，规范及其运行机制的延续性与长效性能够产生自我形塑、自我调节的能力，保证制度变迁在平稳中进行。改革开放以来，刑事错案防范制度已经能够基本满足社会对刑事错案防范的需求，这些努力的成效之一则是保持了刑事错案防范制度的连贯性与稳定性，这里的稳定是保证制度发展前提下的稳定，是发展中的稳定，也是一种整体上的稳定，它不是微观意义上的个别组织、个别规则、个别领域的稳定，而是强调多层次结合下整体功能的相对稳定。因此，制度的稳定并不是一成不变的故步自封，而是一种开放和动态中的稳定。在稳定中求变迁，在变迁中求稳定，这应当是制度变迁的理想状态。制度稳定是规则体系能够健康运转的前提，更是持续有效发挥治安秩序调节作用的基础。制度内容本身就是促进社会稳定有序的一系列规则，由于制度的发展是一定发生的，那么制度的稳定则意味着这些规则要经历由无序到有序、由有序到更高的有序发展的一个过程。刑事错案防范制度的变迁过程，也是制度完善发展且该发展进程过渡到良好的过程。

另一方面，刑事错案防范制度是以制度长效稳定为目标进行的动态调整。刑事错案防范制度变迁的稳定状态是从整体视角观察下得出的结论。实际上，对一个稳定的系统而言，该系统与其他系统之间、系统与环境之间、系统的构成要素之间是在能量与物质的交流中不断变化的，呈现出在动态中寻求平衡稳定的过程。制度变迁的发生通常要达到以下条件：一是对原有内部制度框架体系来说，存在治安秩序维护方面的困难，达不到预设制度绩效；二是制度变迁的外部条件满足，包括实施阻力、收益大小、关键契机、环境压力等方面有利于变迁的进行。简单来说，就是首先要存在制度供需不均衡的状况，其次要考虑到外部情况，只有当内外部条件都成熟时，制度变迁才会发生。制度的变迁调整要实现绩效的增长，这样新的制度安排才能在理性支持下持续并推广开来，形成新的制度均衡与连续的稳定状态。

寻找与促成社会系统内在构成要素之间的动态平衡，即主要通过建构或者改革相关制度促成影响案件结果的外在因素关系与其他因素关系平衡，从而实现公平正义。如努力让人民群众在每一个司法案件中感受到公平正义，也就是人民群众通过个案来感受公平，公民若没有在每一个司法案件中感受到公平正义，那么他们对公平正义的需求就开始增长。为控制而进行的建构与改革本身就是在制度的供需变化中进行的，制度供需本身也因这种建构与改革而处于不断变化之中。根据某一时期、某一地区对公平正义的供需状况而构筑的制度平衡关系并不是永恒的，当外在因素或特定关系发生变化时，制度供需的调整措施必然也会随之改变。当制度调整处于弱势状态时，制度供小于求，就会出现司法力度不足或制度运行机制不佳等状况，公平正义得不到伸张，司法案件容易产生刑事错案；当制度调整处于强势状态时，制度供大于求，则极可能对司法产生过度控制，影响刑事司法工作的正常效率。从某种意义上说，刑事错案防范制度就是一项为了实现每一个司法案件都公平正义的制度。因此，刑事错案防范制度必须随着供需状态的不断变化进行适度调整，它所体现的是一种变化着的运动状态。

四、多元维度

改革开放以后，伴随经济体制改革的不断深化，当代中国社会结构发生了规模和深度空前的分化与调整，这种分化与调整体现在产业结构的调整和布局上，社会的空间结构、组织结构、人口流动、收入分配、消费方式、社会意识等诸多方面也发生了前所未有的深刻变革，出现了"三千年未有之大变革"，社会多元化发展趋势日益明显，多元化的社会也影响了我国刑事错案防范制度的演变。多元化的社会格局既是商品经济发展和社会利益多元化发展的直接结果，又是全球化的发展趋势、市民社会的兴起、多元利益集团力量的壮大、普通民众个体权利意识的觉醒等因素共同发生作用的结果。因此，改革开放后，社会多元化的格局也为推动刑事错案防范制度发展的多元化奠定了基础。具体而言，这种多元化的制度趋势主要体现在以下几个方面。

（一）制度价值的多元化是时代与社会个体发展的必然趋势和结果，它的实质就是容纳不同的价值标准与追求

过去人们还是更多地讨论一些涉及理想主义、终极价值目标的话题，而现代社会更多地追求一种务实的、更能体现个性和自我价值的目标。改革开放以来，当代中国思想领域发生了极其深刻的变化，一个重要的特点就是，计划经济时代的单一价值观正向多元化发展。不仅国内思想百花齐放，各种学术派别、思潮此消彼长，生生不息，而且各种西方的政治经济理论也不断地被引进中国，得到不同程度的宣传和张扬，潜移默化地影响着国人，尤其是大量知识分子的思想。另外一个重要特征就是，中国社会发展的"时空压缩"特征，导致不同时期、不同类型的价值观都集中在一代人或几代人中呈现，表现为价值的多元化。但是，也应该清醒地认识到，这种价值观多元化反过来又会影响社会的进程和发展。尽管还处在现代化进程之中，但发达国家在高度现代化之后才出现的后现代价值观却已在当代人中出现了，呈现"早产"的趋势。事实上，这种"早产"的后现代价值观，一方面将发挥它的正向功能，促进现代化建设和经济发展；另一方面会带来一些负面的效应，如过早地重视消费、享受，而忽视生产、奋斗和创造等。

（二）社会主体多元化

社会是由人组成的，是人类活动的舞台。人作为社会生活的主体，正以自己的活动改变着社会面貌。社会结构的变迁体现的是作为主体的个人在社会中存在状态的变化。在中华民族大一统的历史传统中，"社会尽管存在着众多的个人和组织，但其并不具有独立的主体地位，因为他们都程度不同地隶属或依附于国家机构，由国家机构对其发号施令，国家成为唯一的主体"。社会主体由单一走向多元化是现代社会文明的标志。"一个社会有多少主体，也就有多少个社会进步的中心。"[1] 社会主体的多元化是指社会由多个相互独立的主体，包括个人、法人、组织等构成。它（他）们

---

[1]　王伟进，陆杰华. 中国社会体制创新：新形势、新挑战与新任务 [J]. 江苏行政学院学报，2024（2）：57-65.

既相互联系，又彼此区别、互不隶属，共同组成了复杂多变的现代社会。改革开放以后，以农村家庭联产承包责任制先行的经济体制改革拉开了中国改革的序幕。随着我国改革开放的深化，一元化社会结构开始走向分化，各类不同的社会主体得以回归其社会性以及自主性，并且在这种社会性与自主性的活动中找到自我存在性，从而以各种方式不断寻求其作为社会主体的主人翁价值和权利。应该说，社会主体多元化是我国经济繁荣昌盛的有力保证，反映了现代社会发展的必然趋势。

（三）制度主体利益需求多元化

社会主体的多元化必然导致社会主体的利益需求多元化。在计划经济时代，一方面，社会主体并不具有完全的独立性和社会自主性，利益需求需要依附于其所归属的"单位"或组织，由"单位"或组织进行统一的供给和分配；另一方面，受集体主义、社会主义、共产主义等一系列政治意识形态的教育和影响，国家利益就是个人利益，国家利益高于个人利益，社会主体的各种利益需求应该服务于国家整体的利益需求，社会的局部利益服从于国家的整体利益，个人的眼前利益服从于国家的长远利益。因而，整个社会呈现出利益单一化的格局。但随着计划经济体制的解体和改革开放的深入，社会主体不断获得独立性和自主性，而且满足其利益需求的手段多样化，社会整体的利益诉求也呈现多元化的发展趋势。人们既需要获得物质上的满足，又要获得精神上的享受；人们既要有能够自我发展的独特能力，又要获得能够实现平等发展的基础能力；人们既需要获得保证起点公平的均等化公共服务供给，又需要可靠、可信的规则约定来保证过程公平、程序公平。

（四）社会制度结构的多元化

与计划经济时代采用马克思主义阶级分析方法对我国社会所做的单一结构划分不同，我国现阶段社会结构呈现出"多元"的特征。在社会主义初级阶段，工农两大基本阶级仍然是我国社会结构的基础，但这种社会已不再是一元阶级社会。因为在新的历史条件下，由于多元所有制结构的存在和市场经济中职业、收入、地位等因素的影响，工农两大基本阶级中出现了分层现象，而且除原有的知识分子阶层外，还出现了许多"新社会阶层"。由此，原来简单的"两阶级一阶层"格局逐渐呈现出"多元化、复杂化"的发展趋势。如以生产资料占有关系来划分，社会结构明显呈现出两大板块，即建立在公有制经济基础上的社会阶级阶层（如公有制经济中的工人阶级、农民阶级和知识分子）和建立在私有经济基础上的社会阶层（如个体户、私营企业主），以及与私有经济相联系的阶级阶层（如私营企业中的由雇工构成的所谓"新工人阶级"和管理技术人员等）。无论如何，按照经济结构决定社会结构的历史唯物主义的基本原理，我国现阶段社会结构的这种多元特征是客观存在的。

（五）社会矛盾多元化

马克思主义认为在社会主义社会里应坚持矛盾的系统观，即社会是由基本矛盾和其他各种具体矛盾而组成的，以人的尺度来划分，可以划分为"敌我矛盾"和"人民内部矛盾"两大类。当代中国社会转型期的基本矛盾，总体上属于人民内部矛盾，且表现为当前的社会主义生产关系和上层建筑与社会主义生产力的发展水平不相适应的矛盾，当前我国社会主要矛盾已经转化为人民日益增长的美好生活需要和不平衡不充分的发展之间的矛盾。在实践中，社会矛盾则表现为多元化的特征：在经济领域，国家、集体、个人、劳资、干群、富裕群体与低收入群体等多元利益主体之间的矛盾共存；在政治领域，则表现为人民群众日益增长的民主意识、参与意识、自主意识和法治意识与亟待进一步改进的政治体制之间的矛盾；在文化社会生活领域，表现为利益格局的变化在人们思维方式、价值观念、生活方式方面出现的矛盾冲突。目前，矛盾集中表现为适应现代化和改革开放新实践的思想意识、价值观念和与旧体制相联系的陈旧思维方式、价值观念之间的矛盾。

（六）法律的多元化

多元论者认为，物质世界是相互关联的，不同的事物以多种多样的方式联系起来，但是事物与事物之间所构成的体系是开放的而不是封闭的。世界不存在一个包含所有事物的整体，也不存在一个能够统率其他任何事物的事物。对于多元论，詹姆士（William James）有过形象的比喻，他认为，多元论的世界更像一个联邦共和国，而不像帝国或者王国了。不管能收集到的是多么多，不管聚集在意识或者行动的有效中心里的是多么多，其他的事物是自主的，没有被收集进去，没有归于一统。① 多元论的世界并不是一个无所不包的整体，而是一个由各种事物所组成的丰富多彩的联合体。在这种联合体里，不存在单一的价值规范，事物与事物之间也不存在单一的排列次序，相反，价值规范是多元的，事物的排列次序是暂时的、可变的。因此，如果在这种世界里存在中心的话，那么中心也是相对的、可变的。实际上，多元论与经验主义哲学具有亲缘关系，经验主义强调从经验了解世界、从部分把握整体。然而，人类不可能了解所有的经验，也不可能把握所有的部分，因此，人类不可能了解世界和把握整体。正因为如此，多元论的理论脉络必然与经验主义相通。与多元论相反，一元论者认为，虽然世界是由多种多样的事物构成的，但是这个世界是一个封闭的统一体。在一元论的世界里，价值规范是多元的，存在多种善，但是只有一种善是至高无上的，统领着其他任何种类的善。事物与事物之间是按照分层排序组合在一起的，而且这种秩序是固定不变的。

法律多元论实际上是上文所述的多元主义理论的延续。从发生学意义上讲，法律多元论是法人类学家、法社会学家在研究人类的规范事实和纠纷解决机制的过程中提出的理论范畴。以西方中心论为基础的法律一元论不能准确反映社会规范多元存在的客观事实，因此，以法律三层结构来取代一元法律结构，法律三层结构包括法律原理、官方法与非官方法。其中，官方法是指一个国家合法权威所认可的法律。非官方法是指不是由官方权威正式认可的，而是由某个圈子的人们在实践中通过普遍的一致同意所认可的法律体系。法律原理是指在确立、论证和指导官方法与非官方法中，与官方法和非官方法具体相关的价值和理想体系。从多元论的视角来看，法律一元论确实不能够合理解释现实生活中所存在的许多规范现象。

---

① 克劳夏尔，潘越. 洛采对詹姆士彻底经验论和多元论的影响［J］. 山东社会科学，2019（09）：29-35.

　　总而言之，多元论是在多元主义世界观下发展起来的具有共通性的理论。它强调，世界是由不同的事物构成的，因此，应尊重事物之间的差异性。它认为，现实世界的冲突是不可避免的，因此，面对冲突，不是自欺欺人地避免，也不是以强权压制、粉饰太平，而是考虑在特殊环境下，面对各种具体情况时如何妥善解决冲突。从纠纷解决角度来看，遵循一条在尊重事物多样性的前提下寻求纠纷解决的实践路径。

　　在社会结构多样化、利益多元并存的现代社会中，多元治理以多元参与为前提，这不仅有利于畅通民众参与的渠道，保证有序的政治参与，在维护社会稳定的基础上，提高人民群众的积极性，而且为增强国家、社会以及不同主体利益之间的相互认同，为和谐的社会创造了条件，因此可以说多元治理是社会稳定的重要前提。

　　1. 多元治理有利于促成不同的利益主体间的相互认同

　　利益的分化和社会的分层是我国经济、政治变革与发展的必然结果，这种分化和分层使社会日益呈现出明显的异质化特征，人们之间的差异不仅表现在职业、收入、教育水平、社会地位等客观方面，而且体现在生活方式、价值追求、思想观念等主观方面。这一差异必然产生利益的矛盾和文化价值观念的冲突，加之在体制转型期由于制度的不完善所带来的贪污、腐败、以权谋私等种种丑恶现象的泛滥，以及不断扩大的贫富分化，这些使人们产生了极大的心理落差，引发不同利益主体的不平等感和相对剥夺感，致使不同阶层人们之间产生了相互抵触与不信任感，社会出现了认同危机。这种认同危机根植于人们的社会经济生活中，体现为人们物质利益上的矛盾。马克思主义认为人们的经济利益从来都是与其政治利益的分布相关的，政治资源的分布在客观上影响了经济利益的配置。多元治理正是在承认利益主体多元化、体现政治参与的广泛性与包容性的基础上，通过政府权力的多元化配置而实现的。在谋求公共利益最大化的前提下，它允许不同利益主体就共同关心的问题充分表达意见，既倾听强势者的声音也关注弱势者的利益，通过讨论协商、合作与协调机制，在公平、公正的基础上，达成最广泛的共识。这一过程所追求的协商与合作的价值理念，有利于强化社会的团结意识，重建不同利益主体间信任与合作的关系，同时多元治理通过倾听他人意见，引导人们在思想上认同不同主体利益存在的独立性、合理性，树立各尽所能、各得其所的思想观念，自觉摆正自身利益与他人利益、公共利益之间的关系，产生人与人之间相互信任与接纳的意识，实现社会不同利益主体间的相互认同。

2. 多元治理有利于提高公民对政府权威的合法性认同

作为一个现代化的"后发外源型"国家，中国的现代化进程必须进行"自上而下"一系列的政治经济社会的改革，来容纳和推进现代化的发展，而改革所引起的政治经济制度的变迁、社会结构的分化、新的利益格局的形成在引发新的社会矛盾的同时，还带来了原有结构的政府权威在变革过程中的流失，新的社会矛盾的出现与政府权威合法性认同的下降，对我国的政治稳定形成了巨大的压力。为了改变新的历史背景下社会在一定程度上的失序状态，保障改革的成果，并在稳定和谐的社会环境下，进一步推进现代化的发展，国家必须取得合法性的途径。合法性的主要途径是尽可能地增加公民的共识和政治认同感，这种共识与认同必须以最广泛人民的切身利益为依归。正如阿尔蒙德（Gabriel A. Almond）所认为的，政治权威的合法性认同往往以政府反映公共利益为基础，正是看到了这种意识的普遍发展，在所有的现代化国家中，即经历了某些社会经济变化的国家，政府的基本合法性是建立在统治者为被统治者利益服务的这个主张上的。①公共利益绝不是某个特殊利益群体的利益，而是社会中最广泛人民的利益。建构多元化的政府治理模式，可以扩大公民参与治理国家的渠道，为更多的人提供表达诉求和参与决策的机会，从而使决策考虑大多数人的意志，实现科学民主决策，提高政权机关协调利益矛盾的效率和能力，保证实现公共利益在最大化基础上的广泛共识，这自然成为增强人们对政府权威的合法性认同的重要举措。

---

① 利普哈特. 多元社会中的民主 [M]. 上海：上海人民出版社，2017：224.

五、刑事错案防范制度变迁的路径依赖

"人们自己创造自己的历史，但是他们并不是随心所欲地创造，并不是在他们自己选定的条件下创造，而是在直接碰到的、既定的、从过去承继下来的条件下创造。"① 路径依赖是制度研究当中，特别是制度变迁理论的一个关键概念。作为制度演化过程中的一条重要规律，路径依赖最早出自美国斯坦福大学教授 Paul A. David 在 1975 年出版的《技术选择、创新和经济增长》一书中，用来解释经济系统运行的路径。20 世纪 90 年代，诺斯对这一概念进行了深入探讨，由此形成了著名的"制度变迁路径依赖理论"。

任何制度的形成与发展都受到制度初始状态的影响，虽然制度安排在演化过程中同样受外部复杂环境的作用，但制度本身的状态对制度变迁的影响是基础性的。根据进化论的观点，生物种群在形成以后通常存在自我维系的倾向，很难发生较大的变化。这与人的胚胎决定"人"的生命体征相类似，其作为"人"的生物体是永恒不变的。早期的制度结构安排从根本上塑造了制度变迁发展的轨迹，也为制度的存续奠定了生命基础。

诺斯认为，制度一旦形成，惯性的力量会使之迅速自我强化，不断得到支撑或维护的制度会在此基础上沿着既有的路径演进。② 历史制度主义者查得·韦斯特兰德（Chad Westerland）强调，"由于某种原因，制度可以在外部震荡，或初始性制度在并非均衡状态的时刻得到维系"③。

对刑事错案防范制度来说，其路径依赖同样具有自我强化效应，以其制度的黏性构成了其所特有的维系机制。在经济学领域，路径依赖表现为收益递增过程中的自我维系，在刑事错案防范领域也存在刑事错案防范的

---

① 中共中央马克思恩格斯列宁斯大林著作编译局. 马克思恩格斯选集：第一卷 [M]. 北京：人民出版社，1995：585.

② 诺斯. 经济史中的结构与变迁 [M]. 陈郁，罗华平，译. 上海：上海人民出版社，2003：79.

③ WESTERLAND C. Path Dependence, Institutional Development, and the US Supreme Court [C]. WashingtonD. C. ：American Political Science Association, 2005.

效益增长回报现象，还体现出典型的制度累积和权力优势自我强化的特征。根据经济学中的报酬递增律，同一件事物在发展过程中随着时间变化而逐渐积累优势，这种优势反过来又会巩固它的地位，回报给事物，可以称为"正向反馈过程的自我强化"①。任何一项制度在创设之初都投入了一定的成本，这里的成本包括动摇原有制度的成本、规则设计的脑力成本、制度运行消耗的磨合成本、制度实践付出的行为成本等。

当新的制度进入良性运转轨道时，其存续与发展的单位运行成本会随时间大大降低，运行机制使投入减少而收益增加，从而对变迁产生抵制效应。因此，路径依赖的增长回报特征会以正向反馈的形式增加原有制度存续的力量。现存体制中所形成的很多主体倾向于抑制制度的革新。诺斯认为，一种制度形成以后，现存体制中形成的压力集团对既存路径有着强烈的需求。

刑事错案防范制度为社会组织和个人提供了特定的行为规则，当人们对这些规则已形成一种习惯后，往往会根据制度安排的内容形成一种稳定的预期。这种预期极大地增强了社会成员对制度持续的信心，产生对制度认可与遵从的牵动效应，在提升治安制度权威与实施效力的同时，降低了行动者改变制度的意图，从而使原有制度得以维系。惰性与保守是人性中普遍存在的特征，也是组织结构的重要特性。改革开放40多年来，我国的刑事错案防范制度本身就存在对刑事诉讼制度传统的继承。在初步探索时期形成的实事求是、有错必纠的基本原则，在此基础上演变出防范刑事错案的制度体系。人们可以发现，在刑事错案的防范上始终存在"重实体，轻程序"这一传统司法理念的影子。

历史制度主义认为的"历史"并不单纯意味着"过去"，而是强调过去的影响会延续至今的历史因果关系，特定时间点的选择持续制约未来选择的路径依赖，以及时间发生的时间节点和先后顺序对社会结果产生重大

---

① PIERSON P. Increasing Returns, Path Dependence, and the Study of Politics [J]. The American Political Science Review, 2000, 94 (2): 263.

影响的历史过程。① 谢普斯勒（Kenneth Shepsle）认为："变革所产生的交易成本为制度提供了一个缓冲垫，因而也为制度提供了稳定性。"② 也就是说，当行动者意识到重构当前制度安排会耗费高额成本时，其改变当前状态的意愿则较低，这是促成制度稳健最主要的原因。从消极方面来看，路径依赖的连续性和稳定性是保持制度基本格局不变的力量，其"惯性"作用增加了制度变革发展的难度。特别是当制度滑入错误路径时，甚至被"锁定"在某种无效率的状态之下时，其要想脱身就变得十分困难，即使其后更优的制度也很难对之进行取代。③ 就刑事错案防范制度变迁而言，路径依赖给制度存续与强化带来多大的支持力，就同样给制度变革造成了多大的阻力。刑事错案的防范制度同样存在对历史的路径依赖问题，以运动式的刑事错案防范为例，在刑事错案治理的初期，媒体对刑事错案的曝光导致司法机关被动回应，针对已曝光案件进行运动式防范。这一模式导致刑事错案的防范在很长一段时间内处于一种被动的状态，摆脱这种模式则需要全面深化改革，跳出原有的制度体系，敢于创新，勇于担当。实践证明，我国刑事错案的防范已经成功地转被动为主动，走出了运动式防范的困境。

通过对典型刑事错案的梳理可以发现，我国在刑事错案社会治理中关注的热点问题逐渐从导致刑事错案最基本的成因，到对制度的反思，并建设性地提出了错案追责、异地审理以及如何有效地防范刑事错案产生等。随着社会关注的问题的转变，人们也出现了思维方式的转变。这些转变从侧面反映了刑事错案防范的制度变迁路径，在发生转变的同时，通过研究案例发现，导致刑事错案发生的重要原因就是刑讯逼供。多年来，为遏制刑讯逼供，我国一直在努力，刑讯逼供作为刑事错案产生的重要原因，也

---

① 河连燮. 制度分析：理论与争议 [M]. 李秀峰，柴宝勇，译. 北京：中国人民大学出版社，2014：29.

② SHEPSLE K A. Studying Institutions：Some Lessons from the Rational Choice Approach [J]. Journal of Theoretical Politics，1989（2）：143-144.

③ 诺斯. 经济史中的结构与变迁 [M]. 陈郁，罗华平，译. 上海：上海人民出版社，2003：89.

是刑事错案防范制度需要治理的第一大难题。制度变迁的路径依赖决定了遏制刑讯逼供、防范刑事错案制度在运行中会面临很大的阻力。制度黏性会吸附在传统思维模式里，出现制度运行反复、停滞，甚至倒退的现象，每一起刑事错案的发现与纠正过程异常艰难，就是这种阻力的最好体现。如何克服制度变迁的路径依赖，推动制度的自我强化，是刑事错案防范制度变迁所面临的问题。

第三节　刑事错案防范制度变迁的路径预测

诺斯认为，有一种机制在变迁过程中有自我强化功能，与技术变迁同原理，一旦该机制发生变迁，便会在既定的方向中发展，并进行自我强化，这种自我强化可能带动制度变迁迅速优化并进入良性循环的轨道内，但也可能会顺着原来的错误路径走下坡路，而且下滑过度有可能被某种效率状态锁定而出现停滞不前的情况。① 因此，刑事错案防范制度也需要不断地自我强化。自我强化的前提是对刑事错案的充分了解，包括其基本问题、成因等方面，笔者在此基础上运用制度分析法进行研究。通过本书第一章我国刑事错案的基本问题、第二章刑事错案成因以及第三章运用历史制度分析法对刑事错案防范制度变迁的探讨，可以发现，现阶段我国刑事错案的防范经历了基本生成与初步探索期—全面发展期—深入发展期—升级发展期。

一、新时期刑事错案防范制度的契机与转变

根据我国刑事错案防范制度变迁规律，一直以来，我国面对刑事错案始终坚持"实事求是，有错必纠"的基本原则。在历史变迁中，司法机关在实践中提出了"确保每一个案件的审判都经得起历史的检验"的基本要

---

① 诺斯. 经济史中的结构与变迁 [M]. 陈郁，罗华平，译. 上海：上海人民出版社，2003：79.

求。但仍然不乏错案继续被曝光，刑事审判也无法避免不犯错，人类目前无法从真正意义上解决这一难题，或许错案就是对刑事司法活动的一种考验。

换一个角度来看，人们确实不能避免错案，但是可以选择如何对待错案。正如美国学者所言，在某种程度上，是否会发生错案不再是衡量一个刑事司法体制文明与否的绝对依据，反而如何正确地应对刑事错案，才是一国司法制度文明进步的体现。① 刑事司法体制竭尽所能地采取防范措施、承认刑事错案的发生、及时有效地救济无辜者，这些才是一个现代法治国家应当担当的重任。这种对纠正错案的敢于担当不仅仅是一个国家法治水平的体现，也是人民的期望，是改革的现实要求，更是大国精神的展现。

在省部级主要领导干部学习贯彻党的十八届五中全会精神专题研讨班开班式上，习近平同志发表重要讲话，强调要创新手段，善于通过改革和法治推动贯彻落实新发展理念，发挥改革的推动作用、法治的保障作用。② 要守住底线，在贯彻落实新发展理念中及时化解矛盾风险，下好先手棋，打好主动仗，层层负责，人人担当。

通过梳理刑事错案防范制度的变迁过程，可以发现，在特定历史时期，司法机关对刑事错案的态度是回避的，不愿意承认甚至拒绝纠正证据已经非常明显的错案。但是在当下，我国正处于全面深化改革的攻坚期，也处在司法改革的深水区，中共中央高瞻远瞩地把握了这一历史必然进程，在党的十八届三中全会上做出的全面深化改革的决议中，明确提出完善人权司法保障制度，健全错案防止、纠正、责任追究机制，严禁刑讯逼供、体罚虐待，严格实行非法证据排除规则。在新的时代背景下，政治氛围日益开明，刑事错案的防范与治理已经成为我国当前司法改革领域内的重要课题。在此契机下，刑事错案的治理必须要有所作为。

---

① 李奋飞 . 正义的底线［M］. 北京：清华大学出版社，2014：39.
② 习近平 . 在省部级主要领导干部学习贯彻党的十八届五中全会精神专题研讨班上的讲话［M］. 北京：人民出版社，2016：3.

二、新时期刑事错案防范制度的顶层设计

在全面深化改革的进程中，防治刑事错案成为一项重要内容。中国共产党第十八届中央委员会第三次全体会议于 2013 年 11 月 12 日通过了《中共中央关于全面深化改革若干重大问题的决定》，其是将来一个时期开展各项工作的总纲领。其中，有一部分专门对如何推进法治中国建设做出了统一明确的部署，要求健全司法权力运行机制，确保依法独立公正行使审判权、检察权，完善人权司法保障制度，健全错案防止、纠正、责任追究机制。

在 2014 年 10 月 23 日中国共产党第十八届中央委员会第四次会议做出了《中共中央关于全面推进依法治国若干重大问题的决定》（以下简称《决定》）。该《决定》中关于中国法治建设各项任务的相关工作更加具体详细，其中，第四部分明确了保证公正司法、提高司法公信力的各项措施，有些措施直指导致冤案的"顽疾"。迄今为止，这些重大举措有些已经开始试点探索，有的已经全面落实，有些还在试验阶段，但这都是现阶段我国防范刑事错案制度设计的重要体现，概括起来主要包括以下几项内容。

设计一：通报与责任追究制度建立。对干预司法活动、插手具体案件处理的进行登记在册，实行记录制度，党纪政纪干预司法机关办案的情况，以处分处理，针对冤假错案或其他造成严重后果的案件，还要依法追究相关刑事责任。中共中央办公厅、国务院办公厅于 2015 年 3 月颁布了《领导干部干预司法活动、插手具体案件处理的记录、通报和责任追究规定》（以下简称《规定》），并发出通知，要求各地区各部门认真贯彻执行。具体而言，《规定》主要建立了三项相关制度。（1）领导干部干预司法活动、插手具体案件处理等行为受司法机关监督管理并列入行为监督体系进行详细记录。（2）以下行为要以通报制度进行通报，例如，党委政法干预领导干部的司法活动，或党委政法插手领导干部具体案件等。（3）监察机关对领导干部违法干预司法活动以及司法人员不记录或者不如实记录

的责任追究制度。这三项制度紧密衔接、前后呼应，构成一个有机的整体。

设计二：改变政法工作形式。这项设计始于2013年的全国政法工作会议，在往后的工作中，中央政法委不仅率先垂范，不批示干预个案，还推动出台领导干部、司法机关内部人员插手具体案件、干预司法活动记录追责的规定等文件，从制度层面加强政法队伍建设，为防止司法腐败建立"防火墙"，架起"高压线"。把握政治方向、各方职能协调工作、统筹政法工作、政法队伍建设、依法履职督促工作等被作为各级党委政法委员会的工作重心。中央政法委为保障正确统一实施法律工作，创造公正司法的环境，起到依法办事的带头作用。

设计三：加强司法职权配置的优化。对公安、检察、审判、司法行政等各机关实行各司其职制度，充分应用各执行权相互配合、相互制约的健全机制，如侦查权、检察权、审判权等。我国刑事诉讼是在公安机关、人民检察院、人民法院主导下进行的，公、检、法三机关在刑事诉讼中的地位、作用、相互关系构成了我国刑事诉讼制度的基本内容，并且集中体现在"分工负责、互相配合、互相制约"的体制中。因此，从一定意义上讲，我国的刑事诉讼制度就是公、检、法三机关"分工负责、互相配合、互相制约"的诉讼制度。然而，在司法实践中，"互相配合"压过了"互相制约"，笔者将其表述为"配合有余，制约不足"，我国刑事诉讼制度长期以来呈现出侦查中心主义和卷宗中心主义的明显特点。侦查中心主义体现为侦查机关及侦查活动在刑事诉讼中居主导地位，其认定有罪并移送审查起诉的案件，98%左右被检察机关提起公诉，其后又100%地被法院判决有罪。公、检、法三机关之间互相制约失衡现象整体表现为，在"做饭、送饭、吃饭"的刑事诉讼纵向构造模式下，前一诉讼阶段对后一诉讼阶段形成强制约，后一诉讼阶段对前一诉讼阶段弱制约、无制约，甚至沦为对前一诉讼阶段的"背书"，即走向配合。对此，推进以审判为中心的诉讼制度改革，是对"分工负责、互相配合、互相制约"诉讼制度的重大创新和发展。从诉讼规律的本质上来讲，公、检、法三机关是制约关系而不是配合关系。制约不但应该放在三者关系的第一位，而且强调后面程序对前面程序的制约，也就是说检察院对侦查机关的制约，法院对前面的侦查机关的制约。检察机关在提起公诉时，本职性的功能是落实侦查机关的起诉意见，不应有超出公诉职能范围的其他职能。此外，检察机关应该着重强化审前阶段对公安机关的监督。现阶段检察院对法院的监督总体上是比较到位的，但对公安机关的监督应该说是不充分、不全面的。从长远来看，检察机关应该将自身的制约、监督功能，主要放在对公安机关的侦查活动上，以看得见的方式去实现公平正义。法院应当充分发挥审判权，对公诉权进行制约，对侦查机关违法取得的非法证据坚决排除，对其他审前程序违法行为坚决依法进行程序性制裁，对事实、证据不符合定罪条件的案件坚决依法做出无罪判决，唯有如此，才能真正达到审判中心主义的要求和目的。

设计四：为确保侦查、审查、起诉等案件事实证据的法律审查程序的完善，要加大力度推进诉讼制度改革，并以审判为中心开展工作。原中央全面深化改革领导小组于 2016 年 6 月 27 日第 25 次会议通过了《关于推进以审判为中心的刑事诉讼制度改革的意见》，对推进以审判为中心的刑事诉讼制度改革的各个方面做出了全面规定。贯彻证据裁判规则，落实疑罪从无、非法证据排除等法律原则的法律制度，严格依法收集、固定、保存、审查、运用证据，完善证人、鉴定人出庭等，这些制度是决定庭审过程查明事实、证据认定确凿、诉权保护、裁判公正的重要因素，这一切也为防范刑事错案的发生、促进司法公正指明了新的方向。党中央提出推动以审判为中心的诉讼制度改革，其根本目的还是提高审判质量，防范冤假错案。以审判为中心不是对公检法三机关分工负责、互相配合、互相制约的"阶段论"的否定，它不涉及部门之间的利益和作用大小、地位高低，它是对证据标准、证据规则的严格要求。

习近平总书记在《关于〈中共中央关于全面推进依法治国若干重大问题的决定〉的说明》中强调："充分发挥审判特别是庭审的作用，是确保案件处理质量和司法公正的重要环节。我国刑事诉讼法规定公检法三机关在刑事诉讼活动中各司其职、互相配合、互相制约，这是符合中国国情、具有中国特色的诉讼制度，必须坚持。"这项改革有利于促使办案人员增强责任意识，通过法庭审判的程序公正实现案件裁判的实体公正，有效防范刑事错案产生。以审判为中心的要求最终还是体现在证据上，就是通过设置严格的证据规则，确认审判的核心地位，保证司法公正。

以审判为中心对证据制度的要求，主要体现在两方面。第一，明确收集、固定、保存、审查、运用证据的目的是审判、侦查、批捕和起诉都要以审判的证据要求为标准；第二，建立严格的证据裁判规则，发挥庭审在审查判断证据中的决定性作用。法院对非法获取的言词证据坚决予以排除，对有程序瑕疵的实物证据必须予以补正，不能补正或者做出合理解释的，予以排除。法院在庭审中贯彻直接、言词原则，确立证人、鉴定人、侦查人员当庭提供的证言的证明力大于不出庭的书面证言的证明力。证言与之前做出的书面证言有矛盾的，遵循以当庭提供的证言为准的证据采信规则。如果没有严格的证据规则，出庭的与不出庭的证据效力都一样，证人自然不愿出庭作证，庭审还是虚化的形式，法官仍然是以案卷为裁判中心、以庭下阅卷为工作重心。

设计五：对于其他人员正在办理的案件，司法机关内部人员不能违反规定进行干预，司法机关内部人员实行记录和责任追究制度。该制度具体到对案件的过问情况，这也体现了国家对司法机关内部进行的监督制约机制，以及对司法机关内部各层级权限的控制措施。中央政法委于2015年3月公布了《司法机关内部人员过问案件的记录和责任追究规定》，主要有五方面具体举措：一是明确要求司法机关办案人员应当拒绝内部人员干预、说情或者打探案情等不当要求；二是建立司法机关内部人员过问案件的记录制度；三是规定司法机关内部人员违反规定干预办案的调查处理职责与程序；四是建立司法机关内部人员违反规定干预办案的通报制度；五是建立司法机关内部人员违反规定干预办案，或者对办案人员进行打击报复的责任追究制度。这些具体举措紧密衔接、相互联系，是一个有机的整体。

　　设计六：促进司法人员履职的职业化、专业化和科学化。主要内容包括司法人员依法履职受法律保护，在非法定事由、非法定程序的情况下，不能对法官、检察官做出调离、辞退或是免职、降级的处分。对法治工作人员实行特定职业法治管理制度，加强该类职业保障体系完善工作，对法官、检察官、人民警察实行单独专业职务及序列、工资制度。各类司法人员工作职责、工作流程、工作标准具体透明化，办案实行责任制，实行所办理案件质量终身负责制及对错案进行倒查问责制。

　　2014 年以来，在全国逐渐推行并完善司法责任制、司法人员分类管理制度及司法人员职业保障体系，实行省级统一管理省及省以下地方检察院的人、财、物等试点改革工作。

　　2016 年 1 月，公安部发布了修订的《公安机关执法质量考核评议规定》和《公安机关人民警察执法过错责任追究规定》，建立了完善、科学、合理的执法质量考评机制，健全了执法过错纠正和责任追究制度，明确对实施刑讯逼供、违法使用警械武器等行为的人员严格追究执法责任。

　　2016 年 5 月，原中央全面深化改革领导小组第 24 次会议审议通过《关于深化公安执法规范化建设的意见》。在完善执法制度方面，其对执法标准及指引进行细化，为公安民警提供了健全、完备、可操作的执法指引；落实以审判为中心的诉讼制度改革要求，坚持全面、客观、及时收集证据，进一步明确非法证据排除、瑕疵证据补正的范围、程序及标准；健全公安机关保障律师执业权利的制度措施，落实告知辩护律师案件情况、听取辩护意见、接受律师申诉控告的法律要求等。在完善执法监督管理体系方面，其强化执法质量管控，加强对立案环节的监督，全面实行公安机关刑事案件法制部门统一审核、统一出口制度；完善责任追究制度，健全执法过错纠正和责任追究程序，实行办案质量终身负责制和错案责任倒查问责制；完善当事人权利救济机制，健全举报投诉事项的受理处置、核查督办、结果回馈工作机制，完善公安机关负责人出庭应诉制度等。

　　原中央全面深化改革领导小组第 15 次会议于 2015 年 9 月审议并通过了《关于完善人民法院司法责任制的若干意见》《关于完善人民检察院司

法责任制的若干意见》。完善人民法院司法责任制的主要内容包括改革审判权力运行机制、明确司法人员职责和权限、审判责任的认定和追究、加强法官的履职保障等，较为完整地明确了审判责任的前提、基础、范围、规则、程序、保障等主要问题，具体包括八方面：探索改革审判组织模式，改革裁判文书签署机制，推行院庭长办案常态化，建立专业法官会议，改革审判委员会制度，明确司法人员职责和权限，明确违反审判责任的七种情形，加强法官依法履职保障。加强人民检察院司法责任制的完善工作，达到公正高效的检察运行机制和公平合理的司法责任认定、追究机制的目标，办案及具体决定等落实到具体负责人。具体内容如下：加强司法办案组织和运行机制及检察委员会运行机制、检察管理和监督等机制的建立健全工作；明确区分各类检察人员的相关职权、责任认定与追究严格化等举措，对检察人员司法办案工作等监督制约体系实行全方位、全过程规范化。作为检察人员，一方面，对自身履行检察职责的行为承担司法责任，对职责范围内所办理案件实行终身负责制，依法履职同样受到法律的保护；另一方面，通过逐步加强主审法官责任制、合议庭办案及检察官办案责任制完善工作，明确区分法官、检察官办案的权力和责任，对所办案件质量终身负责，严格执行错案责任追究制度，形成权责明晰、权责统一、管理有序的司法权力运行机制，使法官、检察官办案主体地位更加凸显。

2015 年 9 月，《法官、检察官单独职务序列改革试点方案》《法官、检察官工资制度改革试点方案》由原中央全面深化改革领导小组第 16 次会议审议并通过。其中法官、检察官单独职务序列和工资制度改革试点的相关工作，一方面，对促进法官、检察官队伍专业化、职业化建设起到了至关重要作用；另一方面，这有别于其他公务员的单独职务序列，是给予法官、检察官的特殊政策，更凸显了法官、检察官职业的特点，同时做到，市（地）级以下法院、检察院统一化，且注重程度更倾向于基层化。在实行全国统一工资制度的前提下，设置对应的单独职务序列衔接办法及有别于其他公务员的工资制度。此外，健全约束机制，加强工作职责、实绩与贡献紧密联系的工资分配机制的建立，对一线办案人员加大工资政策倾斜力度，鼓励其办好案、多办案，鼓励优秀人员，支持一线办案岗位流动化。

2016 年 4 月，原中央全面深化改革领导小组第 23 次会议审议通过了《保护司法人员依法履行法定职责规定》，该规定为进一步健全和加强司法人员依法履职保障制度，要求从以下四方面严抓：排除阻力干扰，考评考核和责任追究规范化，加强人身安全保护措施，职业保障进一步落实等。

2016 年 7 月，《关于建立法官、检察官惩戒制度的意见（试行）》文件在原中央全面深化改革领导小组第 26 次会议上审议并通过。其要求坚持党管干部原则，尊重司法规律，体现司法职业特点，坚持实事求是、客观公正，坚持责任和过错相结合，坚持惩戒和教育相结合，规范法官、检察官惩戒的范围、组织机构、工作程序、权利保障等，发挥惩戒委员会在审查认定方面的作用。

设计七：完善律师执业权利保障制度，充分发挥律师维护当事人合法权益的作用。原中央全面深化改革领导小组第 16 次会议于 2015 年 9 月审议并通过了《关于深化律师制度改革的意见》以下简称《意见》。该《意见》从六方面提出了完善律师职业保障机制的相关措施。其中包括：（1）律师诉讼权利、律师执业权利保障措施的制定，强化了诉讼过程中律师知情权、申请权等制度保障措施，对律师在诉讼中会见、阅卷、收集证据和发问、质证辩论等方面享有的职业权利做到了严格依法落实。特别是律师收集证据制度，它能保障其在办理诉讼和非诉讼法律业务时可以依法向工商、公安、海关、金融和不动产登记等相关部门调查核实有关情况。（2）关于律师执业权利救济机制，有关司法机构加强对律师依法行使诉讼权利的监督，依法启动救济程序，并对实施阻挠行为的个人或者行为予以纠正，严重者追究相关责任。同时，司法机关及时制止并依法处理律师依法执业中受到侮辱、诽谤、威胁、报复等人身伤害的事件。

2015 年 9 月，最高人民法院、最高人民检察院、公安部、国家安全部、司法部联合发布《关于依法保障律师执业权利的规定》，进一步落实相关法律规定，明确律师执业权利保障的各项措施，便利律师参与诉讼，完善律师执业权利保障的救济机制和责任追究机制。针对律师知情权、申请权、申诉权、会见、阅卷、收集证据和发问、质证辩论等各执业权利，其规定在司法机关各自职责范围内受法律保护，保障律师依法履行辩护工作、代理职责等工作畅通，确保其合法权利受法律保护。

最高人民法院于 2016 年 1 月发布了《关于依法切实保障律师诉讼权利的规定》，该规定进一步明确了人民法院对律师诉讼权利和人身安全的保障制度。另外，检察机关对律师依法执业受阻的法律监督职责要切实履行到位。各公安机关加快律师会见室的建设、网上预约平台或者预约电话公布于众等举措都能为律师会见带来便利，为避免会见监听事件的发生提供了保障。

2017 年，最高人民法院、司法部联合出台《关于开展刑事案件律师辩护全覆盖试点工作的办法》，要求在北京、上海、浙江、安徽、河南、广东、四川、陕西 8 个省（直辖市），试点刑事案件审判阶段的律师辩护全覆盖。

2018 年 10 月 26 日，刑事诉讼法修正案明确将认罪认罚从宽制度纳入刑事诉讼法中，其中规定了法律援助机构在人民法院、看守所派驻值班律师，以及规定了认罪认罚从宽制度值班律师的相关职责。

截止到 2020 年，我国共有 2368 个县、市、区开展了刑事案件律师辩护全覆盖试点工作。其中，北京等 16 个省、区、市和新疆生产建设兵团实现县级行政区域试点全覆盖。在中共中央印发的《法治中国建设规划（2020—2025 年）》① 中明确要求，健全落实法律援助值班律师制度，实现刑事案件律师辩护、法律援助全覆盖。这意味着刑事案件律师辩护全覆盖试点工作将得到进一步深化。刑事案件律师全覆盖将大幅度提高律师刑事辩护率，让被告人在刑事案件各个阶段都能得到律师的辩护和帮助，从而防范刑事错案，促进刑事司法公平、公正。

设计八：强化诉讼过程中当事人与其他诉讼参与人的相关权利保障制

---

① 中共中央印发《法治中国建设规划（2020—2025 年）》［EB/OL］. 中国政府网，2021-01-10.

度，比如，知情权、陈述权、辩护辩论权、申请权、申诉权等。2015 年 5 月 5 日，《关于完善法律援助制度的意见》由原中央全面深化改革领导小组第 12 次会议审议并通过。该《意见》规定，为保障刑事法律援助申请管道畅通，确定刑事诉讼法及相关配套法治制度的援助范围，包括经济困难的申诉人，也是法律援助范围对象。对司法机关做出的生效裁判、决定不服的申诉，当事人可通过律师代理制度依法行使申诉权利。另外，一方面为确保相关协调工作顺畅，规定了如告知、转交申请、通知辩护（代理）等权利；另一方面为使侦查、审查起诉和审判阶段法律援助等相关工作职责得以切实履行，要建立健全办案机关通知辩护工作机制，加强司法行政机关与法院、检察院、公安机关等办案机关的衔接工作，进一步加快完善被羁押犯罪嫌疑人、被告人经济困难证明制度等工作也是规定内容之一。法律规定，可以通过开展试点来促进建立法律援助参与刑事案件速裁程序健全试点工作机制，或者帮助建立法律援助参与刑事和解、死刑复核等案件的办理工作机制。制定法律援助值班律师制度，可以在法院、看守所等派驻法律援助机构的法律援助值班律师，这样可以达到依法为更多的刑事诉讼当事人提供法律援助的目的。

2019 年 2 月，司法部发布了《全国刑事法律援助服务规范》。①

设计九：强化法律文书释法说理工作，生效法律文书实行上网统一和公开查询制度。2016 年 8 月 30 日，最高人民法院召开新闻发布会，发布内容为人民法院裁判文书网上工作开展进展情况，对于修订《最高人民法院关于人民法院在互联网公布裁判文书的规定》进展工作。这次修订精神为："公开为原则，不公开为例外"，将"依法、全面、及时、规范"等作为确立裁判文书的公开原则。以办案法官在办案平台一键点击自动公布模式取代传统的专门机构集中公布模式，并作为裁判文书新的公开工作模式

---

① 2019 年 2 月 25 日，司法部发布《全国刑事法律援助服务规范》（简称《规范》），要求各地自标准发布之日起组织实施，为受援人提供符合标准的刑事法律援助服务，不断提高刑事法律援助案件受援人满意度。这也是司法部出台的首个全国刑事法律援助服务行业标准。2019 年 2 月 15 日，司法部、财政部印发《关于完善法律援助补贴标准的指导意见》。

呈现出来。该规定从制度层面着手，以确保裁判文书公开工作透明化，所有由人民法院做出的裁判书均应公开发布在中国裁判文书网上，确实不宜公开的内容除外。

修订后的《人民法院第四个五年改革纲要（2014—2018）》即《最高人民法院关于全面深化人民法院改革的意见》（以下简称《意见》）由最高人民法院于 2015 年 2 月发布。该《意见》根据不同审级和案件类型对裁判文书说理改革事项进行了繁简分流工作。该《意见》对一些特殊一审案件，如当事人表示争议较大或者法律关系复杂或社会关注度较高的，以及所有二审案件、再审案件、审判委员会讨论决定的案件等加强裁判文书的说理性。对事实清楚、证据确实充分且被告人认罪的一审轻微刑事案件使用简化裁判文书，通过简化裁判文书、填充要素、简化格式等方式来提高裁判效率。该《意见》规定加强对律师辩护代理意见的重视程度，应当在裁判文书上标注说明未采纳律师依法提出的辩护代理意见的理由，同时，完善的裁判文书评价体系及刚性约束机制和激励机制，同样是法官业绩评价和晋级、选升的重要评价指标。

设计十：规范媒体对案件的报道，防止舆论影响司法公正。新浪传媒于 2014 年年初在微博上发起的"关于媒体案件报道规范的承诺"话题讨论一事，获得不少主流媒体的积极响应，并达成了共识。通过此事可以看出，为规避案件报道对司法审判造成的不当影响，媒体自身法律意识在增强，努力向规范化法治化轨道靠近，这促进了媒体法治报道相关责任制度的完善工作。舆情工作受到党中央、国务院高度重视，习近平总书记就开展网上舆论工作多次提出要求。相关政务公开、舆情回应的规范性文件和具体方案陆续出台，司法机关根据意见要求，积极发布适用于本地方的舆情应对意见，使舆情工作在制度规范上得以"自上而下"建立起来。在相关规定制定方面，2016 年 2 月，中共中央办公厅、国务院办公厅印发《关于全面推进政务公开工作的意见》，对舆情工作提出纲领性要求；同年 8 月和 11 月，国务院办公厅先后印发了《关于在政务公开工作中进一步做好政务舆情回应的通知》《〈关于全面推进政务公开工作的意见〉实施细则》，对舆情回应的时间、形式、要求、所要取得的效果做出了具体规定，并发布了相关惩戒意见。综观上述三个文件，第二个文件是根据第一个文件的内容细化而来的，第三个文件作为实施细则，则是第二个文件的升级版和细化版。目前，司法网络舆情处置工作正朝着规范化的方向发展，司法机关由原来的基本无标准、各自为政，发展到现在从指导思想和具体实操都有规可循。具体来看，相关文件从概念化的要求和理论性的指导思想，逐步深化、细化成可落实和参考的具体实施意见，以及可量化的衡量指标，这既为司法网络舆情应对工作向好的方向发展提出了客观要求，也促使司法机关减少拒绝回应或不规范回应舆情的做法。随着舆情工作的不断发展和人民要求的不断提升，当前的规定还将随之出现调整和修订，以更加科学、合理的方式指导司法网络舆情工作。网民"娱乐至死"的猎奇心态，朴素的正义观、恩仇观、道德观，集体狂欢式的参与快感，这些有不少与现代法治精神存在冲突，加剧了涉法舆情的处置难度。目前，网络舆论监督的制度尚不完善，有关部门应建立健全相关法律法规，使维护网络舆论监督程序有法可依，防止舆论监督权利行使不当甚至被滥用。我国考虑到统一出台法律涉及面广、难度较大，可以分步骤、分领域针对重点焦点工作率先启动。例如，规范诉讼参与人庭外言论的问题，可先纳入法庭纪律，相关制度要求诉讼参与人在法庭外不得发表针对案件实体部分的言论，避免影响案件审理。又如，《网络信息内容生态治理规定》已于 2020 年 3 月 1 日施行。最高法、最高检也出台了关于侵犯公民个人信息刑事案件的相关规定和司法解释。我国可考虑出台与规范网络舆论监督相衔接的更细化的法律法规。

2013—2020 年，在全面深化改革的新进程中，中央对司法改革制定了一个宏大的任务方案，其中，一个重要的目标就是防范和纠正刑事错案，内容涉及刑事司法制度、体制和工作机制等方方面面。这既是对过去一个时期治理刑事错案的经验的总结、提炼和推广，也是在不断反思的过程中对未来一个新时期刑事错案防范工作的全面部署。从这一全面部署中可以发现，我国刑事错案治理的情况已经出现了显著的改变。

（一）刑事错案纠正的效率大大提升

党的十八大以来，全国法院依法纠正冤假错案决心之大、力度之大前所未有，再审改判刑事案件 1.1 万件，依法纠正张氏叔侄案、呼格吉勒图案、聂树斌案等重大刑事冤假错案 58 件 122 人，让正义最终得以伸张。最高人民法院依法纠正张文中、顾雏军、赵明利等案件，引发强烈社会反响。2016 年年底至 2020 年 6 月间，我国通过审判监督程序甄别纠正涉产权刑事冤假错案 190 件 237 人，彰显了党中央依法保护产权和企业家人身财产安全的坚定决心，鼓励企业家专心创业、放心投资、安心经营。全国法院依法办理民商事再审审查案件 127 万件，启动再审 30 万件，改判 7.9 万件；办理行政再审审查案件 17 万件，启动再审 1.5 万件，切实维护了当事人合法权益，促进依法行政。①

各地法院严格规范减刑、假释、暂予监外执行工作，全面提升案件办理规范化水平和加强透明度，依法办理减刑案件 355 万件、假释案件 18 万件、暂予监外执行案件 2.2 万件。强化案件实体审查，2015 年以来，全国法院裁定 2.4 万件案件不予减刑、假释。②"实事求是、有错必纠"，是审判监督工作的灵魂，依法纠错和维护裁判权威是对审判监督程序的重要定位和价值导向。司法机关要敢于纠错、及时纠错、全面纠错，要坚持依法纠错和维护裁判权威有机统一，坚守法治底线，无论是纠正错误裁判还是维护裁判权威，都要在严格依法的前提下进行。

（二）改判无罪的案件比例显著上升

按照刑事诉讼法理以及我国立法的规定，我国对已经发生效力的刑事进行裁判，在两种情况下，法院、检察院都应当启动再审，改判被告人无罪：一是有确实、充分的证据，如真凶出现、"亡者归来"，证明原审裁判确有错误；二是原审裁判认定被告人有罪的证据不确实、不充分，但是也

---

① 罗沙．党的十八大以来全国法院再审改判刑事案件 1.1 万件［EB/OL］．新华网，2020-10-22．

② 胡云腾．改革开放 40 年刑事审判理念变迁［N］．人民法院报，2018-12-18（T31）．

没有确实、充分的证据证明其无罪，出现疑案。由于在第一种情况下，证明被告人无罪的证据确实、充分，尤其是在真凶出现、"亡者归来"的情况下，法院、检察院很难寻找合理的借口进行推脱，启动再审的难度相对较小。在第二种情况下，由于对证据到底是否确实、充分的判断存在一定的主观性，不存在非此即彼的客观判断标准，法院、检察院经常不愿启动再审，因此启动再审的难度大。

（三）长期难以纠正的个案均得以纠正

如前所述，在实践中刑事错案很难得到纠正。不少案件直到真凶出现、"亡者归来"，法院、检察院实在无法推脱，才迫不得已启动再审，改判被告人无罪。不过，值得注意的是，这种状况现在已经有所好转，很多个案件在多年，甚至十多年以前就已发现真凶，被冤者及其家人长期申诉，甚至申诉代理律师进行了艰苦抗争，终于得以纠正。党的十八大以后，中央加大了纠正冤假错案的力度，中央政法委、最高人民法院、最高人民检察院、公安部都专门就纠正冤假错案发布法律文件，提出具体举措。

（四）侦查阶段违法取证的现象明显减少

如前所述，侦查机关采用非法手段收集证据，尤其是采用刑讯逼供的手段获得虚假供述，检察机关、法院又轻信侦查机关获得的证据，用作认定案件事实的根据，这是导致发生冤案的最直接原因。因此，要解决刑讯逼供问题，就必须解决侦查阶段的违法取证问题，尤其是刑讯逼供问题。从全国检察机关纠正侦查阶段违法行为的数量来看，下降幅度非常明显。在2013年以前，全国检察机关纠正侦查阶段违法行为的数量一直逐年上升，这表明在2012年修正的刑事诉讼法实施以前，侦查人员采用非法手段收集证据的现象比较严重，而且这种趋势甚至持续到了2012年修正的刑事诉讼法实施的第一年，即2013年。但是，自2014年开始，这种趋势得以扭转，全国检察机关纠正侦查阶段违法行为的数量逐年减少，从2013年的

72718 件减少到 2016 年的 34230 件，减少了 53%。① 如果检察机关纠正侦查阶段违法行为的数量能够大体反映侦查阶段违法的实际情况，那么在 2012 年修正的刑事诉讼法实施后，侦查阶段违法取证的现象明显减少。

（五）对法律程序越加重视

在诉讼领域，一直存在着"重实体，轻程序"的问题。在司法裁判中，人们更重视的是实体判决结果，而往往忽视了判决结果应当经过正当程序。通过案例分析可以发现，很多刑事错案都是在这一思维方式的引导下产生的。面对这一问题，我国司法进行了修正，具有代表性的是 2010 年通过了《关于办理死刑案件审查判断证据若干问题的规定》和《关于办理刑事案件排除非法证据若干问题的规定》，2012 年、2018 年对刑事诉讼法进行了修改。通过对法律和规章的完善与修改，正当程序逐渐改变了司法传统思维方式。法律程序成为我国司法运行过程中越加重视的"看得见的正义"。

当然，制度改革后最重要的是经受实践的检验，中央全面的部署为我国刑事错案防范工作提供了指引。我国开始以主动的姿态、勇于探索的精神、敢于担当的责任心，不断地为减少错案、纠正错案、防范错案而探索出一条适合我国具体国情的刑事错案防范制度发展之路。

三、新时期我国刑事错案防范制度的创新点

达马斯卡（Mirjan R. Damaska）认为，程序法的意义和效果更加依赖于外部环境——尤其依赖于所在国家司法制度运行的制度背景。② 制度背景是程序法运行的土壤，刑事错案防范也是程序法运行的一部分，制度背景的治理与构建对程序法的运行至关重要。从我国当前刑事错案的发生模式来看，防范治理主要集中于三大问题：一是如何遏制非法侦查行为，规范侦查权力的运作；二是如何实现检察机关的诉讼监督职能，全面有效落

---

① 杨正万. 中国侦查监督研究四十年［J］. 贵州民族大学学报（哲学社会科学版），2019（3）：80-208.
② 达马斯卡. 比较法视野中的证据制度［M］. 吴宏耀，魏晓娜，译. 北京：中国人民公安大学出版社，2006：231-231.

实检察机关的客观公正义务；三是如何在审判阶段遵循疑罪从无原则，重视律师辩护意见。伴随着刑事诉讼法的修改、司法解释的更新以及部门指导意见的出台，我国错案治理的整体制度环境正在改善，但具体效果如何，还有待实践的检验。我国刑事错案防范制度的演进必须立足于我国具体国情，创造能解决我国问题的制度。依据上文①的研究，笔者从以下五方面为刑事错案防范制度变迁的创新建言献策。

（一）侦查讯问制度

侦查讯问是刑事诉讼的第一道关口，也是刑事错案防范的"虎口"。在进行侦查讯问制度创新之时，需要始终铭记讯问的目的，不是为了获取口供，而是通过讯问的方式获得与案件事实相关的可靠信息。同时，讯问技术的提升可以直接避免刑讯逼供的发生，为获取案件信息提供便利。因此，利用刑事科学技术发展完善侦查讯问制度，应是侦查讯问发展的未来方向。2018 年，我国已经进入融媒体时代，随着大数据、人工智能等科技的创新，信息成为社会不可或缺的重要枢纽，社会变化带动了制度的变迁，侦查讯问制度也要随着社会发展进行自我强化。犯罪地域范围的扩大、手段专业化、行动隐蔽性、信息传播的多样性、证据储存与取得的复杂性等，都在检验着侦查讯问制度的适用问题。

1. 侦查情报网络信息共享制度

侦查讯问的目的是获得与案件事实相关的可靠信息，信息的实效性与真实性都需要侦查人员进一步验证。在大数据时代背景下，涉案个人数据成为刑事案件首先应当获取的资源，通过构建讯问情报网络信息共享平

---

① 在本书第二章刑事错案成因分析中，笔者通过对 91 起刑事错案的分析总结出以下几点：侦查行为不规范问题，侦查监督不足、疑罪从轻、三机关配合有余制约不足问题。侦查行为不规范问题主要体现在侦查讯问环节，侦查监督主要是检察机关监督权力如何行使，疑罪从轻与三机关配合问题已经在我国刑事错案防范的全面部署之中有所体现，具体效果还有待实践的检验。因此，依据我国刑事错案防范制度变迁的规律以及现有改革目标，在实践的基础上，笔者从创新的角度选择侦查讯问制度、羁押听证制度、异地复查制度、辩护意见回应制度、认罪认罚从宽自愿性审查制度这五个具有代表性的未来我国刑事错案防范制度创新的路径提出个人的建议。

台，可以最高效地利用资源共享的终端获取与犯罪嫌疑人或者与案件相关的信息。一方面侦查讯问人员可以利用警方已经掌握的信息通过审讯心理学的博弈与犯罪嫌疑人进行交谈，从而获取与案件事实相关的证据；另一方面侦查讯问人员可以通过情报共享的网络信息收集完善证据链，以印证犯罪嫌疑人的供述是否真实。信息共享的终端需要建立严密的防火装置，以防止出现信息泄露等潜在的风险。

以电信诈骗案件的讯问为例，电信诈骗具有受害人众多、团伙性、跨省甚至跨国广泛性等特征，在这一类型案件的讯问中掌握犯罪嫌疑人网络使用情况，登录时间、地点，网上通信工具等信息，对案件侦查具有重要价值。因此，侦查情报网络信息共享制度的构建，可以使网络信息平台得到有效的利用，同时，对网络信息的共享适用权利进行规范也是必要的。

2. 微表情检测适用制度①

微表情是另一种方式的"供述"。人类机体会在特定的环境中做出习惯性的行为，这种原理跟人工智能具有异曲同工之处。人体因其自身所独有的基因属性会具有不同的特点，通过对个人生活特点的采集形成固定的数据库，数据库因为人体自然而然的反应而具有一定的惯性和固定性，例如，生气时皱眉、说谎时抖腿等特征的收集，可以为侦查人员的讯问提供信息支援。当然，微表情的适用不能作为定案的依据，但是，在侦查讯问阶段完全可以作为访谈的工具，攻破犯罪嫌疑人的心理防线。为了更好地使微表情检测在侦查讯问阶段得以适用，完善制度规范也是题中之义。

---

① 美国 Paul Ekman 教授将人类的面部表情分为六类：高兴、惊讶、悲伤、愤怒、厌恶、恐惧。其中，心理学家和神经学家发现，欺骗者会通过情绪欺骗试图压抑某些反映真实情绪的信号，但无法完全压抑，导致其真实情绪信号泄露，这便出现了微弱且快速的面部动作，即微表情。微表情特指人类试图压抑或隐藏真实情感时泄露的，非常短暂且不能自主控制的面部表情。美国著名心理学家、表情和微表情的奠基者 Ekman 经过研究认为，微表情具有三个特点：持续时间不超过 1/5 秒，能反映人的真实情感，在全人类是普遍存在的。微表情可能是判断一个人真实情感的最有利的线索。经过几十年的理论发展和试验验证，微表情逐渐被学术界接受和认可，美国已经在这方面进行了几十年的研究工作，研究成果已被美国交通运输安全部用于多个机场的安检中，此外，在美国司法审讯、临床医学等领域也进行了应用测试。

3. 改良的警察培训制度：以英国 The PEACE Model 为参考（如图 4-1 所示）

英国在讯问规则与方式上的研究处于世界先进水平。调查发现，通过改良警察培训制度，侦查讯问中的供述率提高了 41.8%，超过 50% 的警察在未来一段时期的讯问中严格遵守讯问程序及规则。通过学者的研究可以发现，至少在一段时期内警察培训制度对防范刑事错案具有非常显著的作用，以警察培训制度的改良来防范刑事错案也是目前西方国家广泛认可的方式之一。英国讯问采取的是谈话式的讯问，通过 PEACE 模式正当、合法地询问所有谈话对象（证人、被害人和犯罪嫌疑人），谈话需要一定的技巧。

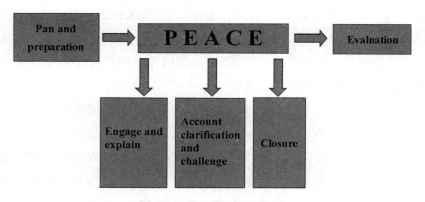

图 4-1　The PEACE Model

英国 The PEACE Model 模式①由培训警员关于侦查讯问的计划与准备、解除与解释、描述澄清与质疑、总结、最后评估组成。其中注意在讯问中不能向嫌疑人透露警方已经掌握的证据。研究证明，经验越是丰富的警官，越容易出现偏见。这一模式的缺点是随着时间的流逝，培训的技巧会逐渐丧失。英美专家均认为不是每一个警察都可以做一名审讯员。实际

① 资料来源于 2018 年 5 月 28 日学者理查德·A. 列奥（Richard A. Leo）、安迪·格里菲斯（Andy Griffith）在中国人民公安大学举行"虚假供述与冤错案件"的讲座笔记。

上，该模型在我国预审制度中起到了审讯技巧培训的作用，预审就是对案件的审讯，而预审员一般具有丰富的审讯经验与技巧。吸收国外的培训经验，结合我国预审制度，实现审讯员的专业化是可行的防范刑事错案的方法。

（二）羁押听证制度①

2016 年，聂树斌案件再审复查中，山东省高级人民法院采用举行听证会的方式来复查该案，听证制度开始进入人们的视野。听证制度源于西方参与性原则，在我国听证制度主要适用于行政诉讼与民事诉讼，在刑事诉讼中适用较少。随着公共参与度的提升，刑事诉讼成为公众关注的热点，听证制度逐渐被公众所接受，成为提升司法公信力的重要法宝。实际上，听证会的形式还可以提升律师、专业人士、当事人以及社会媒体对司法裁判的接受度。兼听则明，偏信则暗，在刑事司法中引入听证制度逐渐成为追求公平正义的有效途径。② 通过对刑事错案制度变迁模式的研究可以发现，多元行动者共同参与推动刑事错案制度变迁是我国的模式，这一模式将长期存在，而如何妥善解决多元行动者之间的矛盾与冲突，也是当代刑

---

① 2016 年，最高人民检察院颁布《人民检察院办理羁押必要性审查案件规定（试行）》，其中规定，人民检察院可以对羁押必要性审查案件进行公开审查，但是，涉及国家秘密、商业秘密、个人隐私的案件除外。公开审查可以邀请与案件没有利害关系的人大代表、政协委员、人民监督员、特约检察员参加。

② 案例：2016 年 12 月 22 日，被告人李某通过信用卡中介人员用假机动车行驶证、假房产证在武当山农商银行土关垭支行申请办理了一张"福卡信用卡"（授信额度为 3 万元），透支消费后无力偿还欠款，经银行多次催收，均未果。2018 年 6 月 11 日，李某被抓获归案，同月 15 日，李某因涉嫌信用卡诈骗罪，被检察院批准逮捕。2018 年 7 月 11 日，李某家属向该院提出变更强制措施申请。经审查，李某符合羁押必要性审查范围，该院驻所检察干警迅速展开调查，并召开羁押必要性审查案件公开听证会，征求人民监督员、侦查人员、涉案单位代表等人的意见和建议。会上，参会代表纷纷发表意见，认为李某认识到自己的错误，已及时偿还全部透支本息，并取得银行谅解，没有社会危害性，因此同意变更强制措施。根据评议结果，该院综合检察部向公诉部提出变更强制措施的建议，公诉部采纳建议，为李某办理了监视居住手续。人民监督员张娟认为："羁押必要性审查公开听证会的召开，严格贯彻宽严相济刑事政策，通过释法说理，取得了侦查机关及当事人的支持和谅解，降低了羁押率，有效化解社会矛盾，取得了较好的法律效果和社会效果。"

事错案治理面临的问题。听证制度引入是多元行动者共同的需要，通过这一形式为多元主体提供平等对话的空间，为矛盾与冲突的解决创造了新的疏通方式。同样，在羁押必要性审查时引入听证制度，可以更合理地对侦查权进行监督，以防止错案的产生。

羁押权的正确行使是防范刑事错案过程中强化侦查监督的关键。通过对 91 起刑事错案的羁押时间的描述统计分析发现，平均羁押时间超过 6 年。① 人民检察院在对疑案羁押权进行审查的过程中适用听证制度有利于听取社会不同的观点，增强对案件的侦查监督，倒逼侦查机关规范化执法，对防范刑事错案具有重要的意义。

（三）异地复查制度

在个案再审复查中创新地采用了异地复查制度，异地复查制度可以避免在刑事错案的预防、发现、纠正过程中出现地方体制保护主义。传统的司法三机关长期相互配合，导致制约不足，最终形成司法地方保护，阻碍了刑事错案防范制度的发展。在司法改革中，巡回法庭的构建在一定程度上遏制了司法地方保护。异地复查制度摆脱了地方司法的束缚，缓解了巡回法庭的压力，是刑事错案防范的重要方式。同时，制度分析法认为交换是制度系统与外部环境之间的反馈环路。交换可以加速制度系统间信息流动，如果增加系统的复杂性与多样性，那么系统的演化可能就是上升的；如果消除或减少系统复杂性与多样性，那么系统的演化可能就是倒退的。② 通过这一理论，可以发现交换在制度中的重要意义。异地复查就是一种地域交换，可以减少在案件复查过程中出现的复杂性与多样性。

从以往刑事错案发现与纠正过程可以看出，地方体制保护问题突出，为了防范刑事错案的产生，使刑事错案及时被发现和纠正，建议完善异地复查制度。以往法院对于复查概念的使用缺乏明确的法律依据，异地复查其实是异地申诉审查。从形式合法性而言，异地复查指令超越了现行刑事

① 91 起刑事错案的平均羁押时间超过 2459 天，一年折合 365 天，约等于 6.7 年。

② 顾自安. 制度演化的逻辑：基于认知进化与主体间性的考察 [M]. 北京：科学出版社，2011：67.

诉讼法解释的有关内容，但申诉审查实属授权性立法漏洞事项，刑事申诉异地审查与刑事诉讼法指令再审制度的立法目的、立法结构相吻合，而且保障司法公正、破除地方性保护以及有效利用司法资源也为其提供了正当性基础，最高法院可修改刑事诉讼法解释或者制定专门司法解释来与刑事诉讼法相衔接。刑事申诉异地审查制度的核心在于异地程序的启动以及申诉终结制度的配套，在最高法院有意建立申诉两级审查的模式背景下，由上一级法院根据案件具体情况决定启动异地审查，这样符合我国的司法实际。当然，只有在申诉审查程序规范、完备的前提下，异地审查与本地审查才能有效分工和配合，共同实现程序性价值目标。将异地复查与巡回法庭制度相结合，分工合作，形成合力，这将打破地方司法保护，为刑事错案的防范与纠正营造更加公平、公正的氛围。

（四）辩护意见回应制度①

现代刑事诉讼的基本构造是控、辩、审三方模式，但是长久以来，我国庭审中辩方羸弱的现实，导致刑事诉讼基本构造发生扭曲，易产生司法不公。从已经发现并纠正的91起刑事错案案例来看，在刑事错案审理时，庭审中的辩护意见不被采纳占绝大多数，而在刑事错案再审时，事实又证明了律师辩护意见的可靠性与重要性。为了避免发生这一问题，防范刑事错案制度中需要构建辩护意见回应制度，来保证庭审中法官重视律师辩护意见。被告人的辩护权是其全部诉讼权利的核心，对辩护人正确的辩护意见不予回应或不合理的拒绝，都侵害了被告人的辩护权。缺乏基本的程序保障，被告人的辩护权利将形同虚设。依据我国刑事诉讼法规定，作为刑事诉讼中独立的诉讼参与人，辩护人不是被告人的代言人，其享有独立的观点和主张。辩护意见的被采纳率，是考察辩护效果的重要体现。但在实践中，辩护人不享有独立的上诉权，当辩护人的辩护意见未在判决书里予以体现、被告人又未提起上诉时，辩护人将无力救济，因此，有必要在刑

① 叶琦，孙红日．刑事判决书针对辩护意见的"回应性说理"之提倡：以 S 市基层法院无罪辩护的刑事判决书为样本 [J].法律适用，2017（13）：89-94.

事诉讼中建立程序性救济机制。当律师正确的辩护意见不被采纳时，律师可以向司法部部长陈述自己的意见，或直接向上诉法院提出重新审查的要求。笔者建议，当辩护意见在判决书中未得到回应或回应不合理时，法律赋予辩护人就其辩护意见部分独立提出上诉的权利。

对辩护意见回应制度的设计，笔者有以下三点建议：首先，改变法官对辩护意见的态度，需要双方共同努力。辩护意见长期以来被法官忽视，其重要原因不仅在于法官，还有审判缺乏独立性、干扰过多，律师职业共同体不被尊重与律师水平参差不齐等多种原因。这些原因导致辩护意见"五花八门"，最终不被采纳。因此，辩护意见回应制度应采用激励的方式鼓励法官回应辩护意见。其次，辩护意见回应应当形成法律文书并具有一定的证明力。辩护意见回应书与判决书、裁判文书一起共同形成案件说理，增强案件审理的公正性与公开性。最后，辩护意见回应制度的构建需要分流不同案件类型，以进行辩护意见回应。"诉讼爆炸"导致基层法院面临巨大的工作压力，辩护意见的回应制度增加了法院的工作量，为避免制度流于形式，必须对进行回应的案件加以分流。

（五）认罪认罚从宽自愿性审查制度

2020 年前 8 个月，检察机关办理刑事案件认罪认罚从宽制度适用率达83.5%。[①] 相对于普通轻罪案件，在认罪认罚的轻罪案件中，冤假错案更易出现。这是因为，首先为了减缩办案时间，提高诉讼效率，有可能存在办案人员以不当或虚假利益引诱或以不实信息欺骗，促使犯罪嫌疑人、被告人同意认罪认罚的情形。其次，在诉讼过程中，无罪的犯罪嫌疑人、被告人可能为避免漫长的诉讼，不甘忍受被羁押的痛苦或被指控的严厉刑罚，两害相权取其轻，选择认罪认罚，承受相对轻微的刑罚，以期尽快摆脱诉讼或者出狱。再次，认罪认罚案件要求犯罪嫌疑人、被告人对其涉嫌的犯罪事实、罪名以及认罪认罚的法律后果等有明确的认识，即符合自愿

---

① 吴友海．基层检察实务中的认罪认罚从宽适用问题［J］.中国检察官，2020（7）：38-41.

性标准。但是如果犯罪嫌疑人、被告人基于认识错误而认罪认罚，例如，行为本应是正当防卫，但是因存在法律认识错误而认罪，则很有可能出现冤假错案。最后，依据刑事诉讼法有关规定，在适用刑事速裁程序认罪认罚、可能判处 3 年以下有期徒刑刑罚的案件中，庭审环节可以大为简化，能够省掉法庭辩论、法庭调查环节，这有利于提高诉讼效率，但同时增加了轻罪冤假错案发生的可能性。

这种可能性被国外有关经验所证明，密歇根法学院成立的"全美洗冤登记中心"（The National Registry of Exonerations）所统计的 1702 个无辜者案件中，竟有 261 个案件当事人承认了犯罪，与检方进行了辩诉交易，错误认罪率达到 15%。因此，在认罪认罚的轻罪案件中，对冤假错案的防范更应加强重视。①

在法庭审理过程中，应当注重审查被告人认罪认罚的自愿性，重点审查以下三点：其一，在审前阶段的认罪协商中，检察机关是否充分履行了告知义务，被告人是否充分了解了所认之罪的性质及其可能由此承担的法律后果；其二，被告人是否充分获得了有效的法律帮助；其三，向被告人以口头言词的方式确认被告人在审前认罪协商中没有遭到有关机关或者人员的威胁、引诱或者欺骗。以上对自愿性的审查不仅应当贯穿于庭审过程，还应当体现在判决书中，判决书应当将以上情况予以明确说明，而不能仅以一句"被告人对认罪认罚无异议"来代替自愿性的判断。

综上所述，笔者选取了目前刑事错案成因中未被我国刑事错案防范制度予以设计完善的五个制度创新点，为未来刑事错案防范制度变迁的新路径提供参考性意见。

四、多元行动者共同推动刑事错案防范制度发展的思考

（一）要以创新思维打破僵滞状态

思想是行动的先导，打破路径依赖的前提是解放思想，以破除禁锢创

---

① 涂钒. 美国专家证据可采性研究［D］. 上海：华东政法大学，2021：35.

新的固化思维。创新思维是突破深层次的惯性和制度性障碍的思想动力，由此带动行为方式从"路径依赖"向"路径创新"转变。破除路径依赖必须立足于制度变迁路径本身，要探索刑事错案防范制度运行的发展轨迹和演变规律，从中寻找并牢牢把握可以突破、创新和优化的部分。

（二）要把握关键节点，克服路径依赖的阻力

按照历史制度主义的观点，制度变迁的进程一般是持续而连贯的，在方式上通常表现出渐进性的特征，可以将其分为"一般时期"和"关键节点时期"。关键节点时期是制度安排面临重新设计和调整、制度变迁面临加速或转弯的特殊时期，因而是行动者凭借其改革冲力扭转治安制度路径依赖负面效应的最佳时期。"关键节点时期对于制度变迁是最为重要的，也是需要多方权衡后再审慎采取行动策略的时期。"① 整个制度体系在关键节点上的冲力十分强大，决策者在此时段做出的不同选择与决策影响着制度发展方向和道路，进而推动不同制度结果的形成。因此，关键节点是制度安排进行重新设计和调整的时段，也是制度得以重构、获得新生的契机。

（三）要重视制度设计，慎重决策

从某种程度上来说，任何一项细微的制度设计对于该制度未来的变革都是初始制度，都会成为未来制度变迁的基础。由于路径依赖的存在，制度选择的任何差错都会随时间的流逝而在后期发展中自我强化，问题和漏洞的不断扩大会使制度变迁方向偏离目标，即"差之毫厘，失之千里"。刑事错案防范制度选择的每一步都是极为重要的，"在偏离的路径上走得愈远，回到正确路径需要的代价就会愈高"②，因此，任何不恰当的决策都可能带来不良的社会效果，导致制度陷入低效、停滞甚至倒退的局面。因此，刑事错案防范制度决策的做出应当以谨慎为原则，在充分考虑决策直接效果的基础上，还要对长远影响进行全方位的预判，不能因为追求短期

---

① 徐明君．马克思与诺斯制度变迁理论比较研究［D］．南京：东南大学，2017：79.
② 段宇波．制度变迁的历史与逻辑——历史制度主义的视角［D］．太原：山西大学，2017：84.

的社会效果和部门利益而放弃长远的治安战略性目标，避免错误决策形成固化而导致积重难返的情况出现。例如，在我国以往的刑事错案防范实践中，对运动式治理方式过于依赖，因而使今天的错案治理很难摆脱运动式治理模式的影响。同时，要站在宏观视角密切观察和审视治安制度变迁的整个过程，正确选择制度发展的路径与方向，实时评估制度发展是否偏离了原定目标。如果变迁路径发生偏离，要尽早采取措施加以调整和纠正，避免问题扩大。

（四）法律本身也是多元的，即"法律多元论"

人们应当通过合理调整多元化的推动制度演进行动者的关系，以降低负面作用出现的可能性。历史制度主义认为，享有不同权力资源的集团之间的冲突导致制度的产生，制度一旦在这种不平等的关系中形成，就会使既有的不平等的权力关系存续下去，只有在制度行动者之间的权力关系发生变化时，才能期待制度发生变化。因此，需要平衡多元行动者之间的力量，实现共同推动的合力，以促进制度的变迁。三轨道治理结构如下：第一轨道治理，即领域治理。在政治领域、科学领域、媒体领域都已经形成了自我治理结构，每一个治理领域都存在意见分歧，通过不同个体共同遵循的协商民主等各种规则而形成集体行动，从而构成了第一轨道的治理，可以称为"领域治理或子系统自我治理"。第二轨道治理是跨域治理。两个领域之间或两个子系统之间往往也会发生信息与知识流动、系统沟通，形成不同领域间的跨领域治理。在不同的政治、经济和社会环境中，可能会采用权力、金钱和信任等手段，达到跨领域治理的目的。第三轨道治理是统筹治理。所有治理结果最后的享受者和评判者都是民众，民众也是治理最关键的行动者。任何共同体治理或领域治理最终皆由民众接受或参与。民众的代理人——议会和政府，则是综合和统筹公民与各子系统、形成共同行动的协调者与统筹者。① 这就是第三轨道治理——统筹治理，即

---

① 刘传明．"治理中的代表"：当代中国地方人大代表的角色研究［D］．长春：吉林大学，2023：23.

将各分支治理相互配合起来，形成整体性治理结构，从而形成全局性治理。关于社会治理创新，我们所要探索的最为直接的课题是社会治理体系的重新规划问题，包括社会治理中的行动者、体制、运行机制、环境、问题、方法和路径等方面的创新性构想。

其中，社会治理体系中的行动者是一个首先需要加以厘定的重要问题。我们已经进入一个开放的社会，社会的多元化正在成为时代的新特征，由法律单一主体肩负社会治理职责的时代正渐行渐远，多元化纠纷解决机制正开始在社会治理中扮演越来越重要的角色。在这种情况下，社会治理中的行动者就是一个由政府、非政府组织和其他社会自治力量构成的多元行动者。在这样一个多元化的行动者系统中，法律应当扮演什么样的角色，又是一个需要优先解决的问题。这是人类社会治理史上的一个巨大的变革过程，对法治提出的要求也具有挑战性。如果法律制度在此过程中不能主动地开展一场自我变革的运动，就会阻碍社会治理文明化的脚步。从客观情况来看，社会治理行动者的多元化打破了行动者在社会治理中的垄断地位，正是社会治理主体多元化的客观历史运动迫使治理必须走在治理体系和治理能力现代化的道路上，而多元行动者又反过来推动了社会治理体系的发展，促成社会治理体系的健全，并推动一种新的制度的建立。从法律制度具体到刑事错案防范制度，其演进也需要在多元行动者共同参与下，逐步走向治理体系与治理能力的现代化之路。

与此同时，对于刑事错案的治理，不管人类怎么努力设计程序规则和证据规则以防止错误裁判，都不可能彻底防止错案的发生。但这不应是人们保持现状、慰藉自我的借口，这恰是人们不断寻找制度缺陷来完善司法制度的动力。随着一些冤假错案的曝光，刑事司法的公信力也受到重挫。从当前学界的研究倾向来看，大多将矛头指向中国刑事司法的权利保障缺陷上，甚至将错案的发生归咎于中国刑事诉讼强调发现客观真实的传统理论上，这是一个令人感到困惑的研究方向。

发生了错案，无疑表明当前诉讼、证据制度在避免错误判决方面还与理想的制度之间存在差距，我们应当认真"检查"刑事司法当中的每一个

"零部件",寻找阻碍真相被发现的"故障",再对其进行有针对性的"检修"。我们恰恰需要认认真真地从"发现真相"的角度彻底反思我国当前的诉讼制度。在众多错案中,刑事错案又以限制自由甚至剥夺生命的方式提醒着世人,要时刻努力防范错案的发生。因为大错铸成,便无可挽回。那么究竟该如何防范?显然,从历史来看,我国经历了从依靠国家的政策性防范阶段、依靠刑事诉讼法的综合性防范阶段,最后过渡到了刑事错案防范的独立制度体系阶段。这一过程的实现,不仅仅源于刑事诉讼法的发展,也源于国家法治水平的整体提升。一直以来,我国对刑事错案的研究都处在刑法、刑事诉讼法研究的边缘,缺乏以刑事错案为中心的独立式研究。本书以刑事错案的基本问题为向导,通过对刑事错案成因的深入分析,梳理了我国1979—2020年刑事错案防范制度变迁的经验与成果,为未来刑事错案防范制度变迁路径提供新思路。

在刑事错案的成因研究中可以发现,我国刑事错案的成因已经突破了法律的界限。刑事错案的成因涉及的因素包括政治、组织体系、社会、文化以及经济发展等方方面面。这也决定了要想对我国刑事错案防范进行深入的研究,不能仅仅采用法学方法,还需要拓展到更广阔的领域来展开。因此,笔者选取了制度范式对刑事错案的防范进行研究。

关于中国制度的形成,最早的思考源于费孝通先生的《乡土中国》,其关于"捆绑在土地上的中国"的论述,提醒着当代学者应当认真地看待中国问题。在此思路下,通过对制度的研究发现,制度范式是一套成熟的分析方法,被广泛应用于经济学、社会学、政治学等其他各个学科。制度范式自身所具有的知识兼容性和宏观性,为不同学科的研究提供了不同的视野。在纵览了博大的制度范式后,笔者选取了道格拉斯·诺斯的制度认识与历史制度主义这两种比较公认的研究方法,一是用以认识制度,二是用以梳理多年来我国的刑事错案防范实践。认识制度采用了诺斯制度认识的基本概念,对我国刑事错案防范实践的梳理要运用历史制度分析法。通过学习发现,适用历史制度分析的前提是对研究历史的类型进行划分,并且以一段长期而稳定的发展历史为蓝本展开。自中华人民共和国成立后，经历了十年"文革"，法治发展出现断层，如果以此为素材进行研究，则无法正确地区分 1978 年以后是制度构建还是制度变迁。因此，本书选取了 1979—2020 年这一时间段为研究素材。

利用制度分析法，笔者对这一时期的重要历史节点进行划分，划分的依据是以该制度与刑事错案防范的关联性为基础。不同阶段的刑事错案防范实践产生了不同的经验，这些经验是未来我国刑事错案防范实践的宝贵财富。同时，笔者将制度分析法中的动力分析、路径依赖、路径选择、制度设计等理论与刑事错案防范司法实践进行结合，总结出，我国刑事错案防范制度是渐进型制度变迁模式，制度变迁的动力源于多元行动者的共同推动。通过制度分析法的研究可以发现，渐进型制度变迁具有稳定性的特征，也就是多元行动者的推动力是逐渐演变的结果，渐进型的变迁模式决定了我国刑事错案防范制度变迁的动力将以多元行动者共同推动的方式长期存在。与此同时可以发现，在多元行动者共同推动模式里也存在着矛盾与冲突，如何妥善地处理矛盾也是未来刑事错案防范制度变迁所面临的问题。

在使用制度分析法时，笔者同样发现该方法存在的局限性。例如，马克斯·韦伯一直反对制度变迁理论，尤其反对社会发展史的直线条思维和论断。无论是强调自然进化论的传统，还是强调经济决定政治文化的传统，都受到了韦伯的批评。因为韦伯的解释理论让他发现了，任何社会变迁和制度变革都不可能是直线条的，社会发展中的各种无法预测的偶然性事件无时无刻不在影响着历史的进程，所以韦伯的理论更符合历史制度主义者所谓历史无效论的标准。[①] 因为这种倒溯式的方式以及关键节点的自由裁量，可能带来研究的偏差。但是我们也要看到，最关键的不是研究方法的精确性，而是梳理后可清晰呈现出的改革开放 40 多年来，我国刑事错

---

① 韦伯. 新教伦理与资本主义精神 [M]. 闫克文，译. 上海：上海人民出版社，2018：123.

案防范的司法实践经验。刑事错案防范与治理的经验与成果着实来之不易，因此，必须以制度的方式巩固这些来之不易的成果并继续推动其发展，笔者认为这也是新一代法学人的责任与使命。

参考文献

（一）著作类

［1］弗洛里奥. 错案 ［M］. 赵淑美，译. 北京：法律出版社，1984.

［2］费孝通. 乡土中国：修订版 ［M］. 上海：上海人民出版社，2013.

［3］樊崇义. 底线：刑事错案防范标准 ［M］. 北京：中国政法大学出版社，2015.

［4］陈瑞华. 刑事诉讼的前沿问题 ［M］. 5 版. 北京：中国人民大学出版社，2016.

［5］陈瑞华. 刑事诉讼的中国模式 ［M］. 北京：法律出版社，2008.

［6］陈永生. 刑事冤案研究 ［M］. 北京：北京大学出版社，2018.

［7］姜保忠. 以审判为中心视角下刑事错案防范机制研究 ［M］. 北京：法律出版社，2017.

［8］白泉民. 国家治理与刑事审判功能发挥问题研究 ［M］. 北京：法律出版社，2015.

［9］刘启刚. 侦查心理研究 ［M］. 北京：中国人民公安大学出版社，2018.

［10］刘莹. 怎样运用刑事证据 ［M］. 北京：人民法院出版社，2018.

［11］吴庆宝. 避免错案裁判方法 ［M］. 北京：法律出版社，2018.

［12］韩德利，李成道. 依法治国的理论与实践 ［M］. 北京：中国政法大学出版社，2017.

[13] 田幸. 当代中国的司法体制改革 [M]. 北京：法律出版社，2017.

[14] 达恩史戴特. 失灵的司法：德国冤错案启示录 [M]. 北京：法律出版社，2017.

[15] 苑宁宁. 刑事冤案比较研究：一个国际的视角 [M]. 北京：中国人民公安大学出版社，2016.

[16] 衣家奇，姚华，徐蕾. 公正司法：司法是如何运行的 [M]. 北京：法律出版社，2017.

[17] 程中原. 1977—1982 实现转折，打开新路 [M]. 北京：人民出版社，2017.

[18] 沈德咏. 严格司法与诉讼制度改革：推进以审判为中心的刑事诉讼制度改革策论 [M]. 北京：法律出版社，2017.

[19] 江国华. 错案追踪 2000—2003 [M]. 北京：中国政法大学出版社，2016.

[20] 江国华. 错案追踪 2004—2005 [M]. 北京：中国政法大学出版社，2016.

[21] 徐昕. 错案、申冤与司法政策：专号 [M]. 厦门：厦门大学出版社，2016.

[22] 唐亚南. 刑事错案产生的原因及防范对策：以81起刑事错案为样本的实证分析 [M]. 北京：知识产权出版社，2016.

[23] 王洪. 制定法推理与判例法推理 [M]. 北京：中国政法大学出版社，2016.

[24] 刘鹏飞，周亚琼. 网络舆情热点面对面：突发公共事件舆情案例库：2015 [M]. 北京：新华出版社，2016.

[25] 时延安，刘计划. 大案聚焦：前行的中国刑事法制 [M]. 北京：中国言实出版社，2016.

[26] 法规应用研究中心. 最高人民法院最高人民检察院司法解释与指导案例：刑事卷 [M]. 北京：中国法制出版社，2016.

[27] 杨宇冠. 完善人权司法保障制度研究 [M]. 北京：中国人民公

安大学出版社，2016.

[28] 田力男，郑曦. 非法证据排除规则的理论与实践 [M]. 北京：中国政法大学出版社，2015.

[29] 沈玮玮，叶开强. 人民司法文明建设的历史实践 1931—1959 [M]. 广州：中山大学出版社，2016.

[30] 中国检察学研究会检察基础理论专业委员会. 司法体制改革中司法责任制的发展与完善：第五届中国检察基础理论论坛文集 [M]. 北京：中国检察出版社，2016.

[31] 刘仕毕. 法眼观澜：一个法律人眼中的现实、历史、灵魂 [M]. 北京：知识产权出版社，2016.

[32] 中共中央党史研究室. 中国共产党的九十年：改革开放和社会主义现代化建设新时期 [M]. 北京：中共党史出版社，党建读物出版社，2016.

[33] 周其华. 法学研究前瞻 [M]. 北京：中国检察出版社，2016.

[34] 谢进杰. 无罪的程序治理：无罪命题在中国的艰难展开 [M]. 桂林：广西师范大学出版社，2016.

[35] 曹普. 当代中国改革开放史. 上 [M]. 北京：人民出版社，2016.

[36] 金飒. 正当程序与侦查讯问规范化研究 [M]. 北京：法律出版社，2016.

[37] 赵秉志. 刑事法判解研究 [M]. 北京：人民法院出版社，2016.

[38] 姚奎彦. 公正司法与司法公信：审判理论与实务研究 [M]. 北京：法律出版社，2016.

[39] 谢望原. 刑事正义与学者使命 [M]. 北京：中国人民大学出版社，2016.

[40] 中国法学会，编. 全面推进依法治国的地方实践：2015 年卷 [M]. 北京：法律出版社，2016.

[41] 李奋飞. 正义的救赎：影响中国法治进程的十大刑案 [M]. 北

京：人民出版社，2016.

[42] 柯特勒. 美国八大冤假错案 [M]. 刘末，译. 北京：商务印书馆，1997.

[43] 利奥. 警察审讯与美国刑事司法 [M]. 刘方权，朱奎彬，译. 北京：中国政法大学出版社，2012.

[44] 英国的司法与司法制度 [M]. 梁龙，李浩培，译. 北京：商务印书馆，1947.

[45] 英国内政部，最高人民检察院法律政策研究室. 所有人的正义：英国司法改革报告（中英文对照）[M]. 北京：中国检察出版社，2003.

[46] 麦高伟，威尔逊. 英国刑事司法程序 [M]. 刘立霞，译. 北京：法律出版社，2003.

[47] 罗奇. 错案问题比较研究 [M]. 北京：中国检察出版社，2015.

[48] 最高人民检察院法律政策研究室. 支撑 21 世纪日本的司法制度：日本司法制度改革审议会意见书（中文、日文、英文对照）. [M]. 北京：中国检察出版社，2004.

[49] 日本法务省综合研究所. 日本犯罪白皮书 [M]. 李虔，译. 北京：中国政法大学出版社，1987.

[50] 黄士元. 正义不会缺席：中国刑事错案的成因与纠正 [M]. 北京：中国法制出版社，2015.

[51] 刘品新，王燃，陈颖. 所有人的正义：中国刑事错案预防与救济指南 [M]. 北京：中国法制出版社，2015.

[52] 陈国庆. 冤错案件纠防论：《最高人民检察院关于切实履行检察职能防止和纠正冤假错案的若干意见》辅导读本 [M]. 北京：中国检察出版社，2015.

[53] 廖保平. 摸着历史过河 [M]. 广州：花城出版社，2015.

[54] 潘修平. 最新司法冤案、悬案揭秘 [M]. 北京：中国政法大学出版社，2015.

[55] 张保生，常林. 中国证据法治发展报告：2013 [M]. 北京：中

国政法大学出版社, 2015.

[56] 《依法治国新举措》编写组. 依法治国新举措 [M]. 北京: 新华出版社, 2015.

[57] 叶青. 国家治理体系与治理能力现代化进程中法制对策研究 [M]. 上海: 上海社会科学院出版社, 2015.

[58] 张曙. 中央纪委第一书记陈云 [M]. 北京: 中国方正出版社, 2015.

[59] 汪习根. 发展人权与法治研究: 加强人权司法保障 [M]. 武汉: 武汉大学出版社, 2015.

[60] 罗书平. 冤错案件的防范与纠正 [M]. 北京: 中国民主法制出版社, 2015.

[61] 中国法学会法制文学研究会. 中国法治文化. 第10辑 [M]. 北京: 群众出版社, 2015.

[62] 陈业宏, 唐鸣. 中外司法制度比较. 上 [M]. 2版. 北京: 商务印书馆, 2015.

[63] 张黎群, 张定, 严如平, 等. 胡耀邦: 1915—1989. 第2卷 [M]. 北京: 北京联合出版公司, 2015.

[64] 最高人民检察院侦查监督厅. 侦查监督指南. 第15辑 [M]. 北京: 中国检察出版社, 2015.

[65] 中国法学会法制文学研究会. 中国法治文化. 第9辑 [M]. 北京: 群众出版社, 2015.

[66] 徐汉明, 徐建波, 张建升. 2014年度法治发展综合评估项目成果蓝皮书 [M]. 北京: 中国检察出版社, 2015.

[67] 最高人民法院新闻局. 司法公正的进程: 2015年"两会"期间新闻宣传及报道选编 [M]. 北京: 人民法院出版社, 2015.

[68] 徐汉明. 问题与进路: 全面深化司法体制改革 [M]. 北京: 法律出版社, 2015.

[69] 胡志风. 侦查取证行为的程序控制实证研究 [M]. 北京: 法律

出版社 . 2015.

[70] 中国行为法学会，中南大学 . 中国法治实施报告：2014 [M].
北京：法律出版社，2015.

[71] 孙海龙 . 审判权运行机制改革 [M]. 北京：法律出版社，2015.

[72] 加勒特 . 误判：刑事指控错在哪了 [M]. 北京：中国政法大学
出版社，2015.

[73] 田森 . 死刑大审判：死刑二审审判复核监督及实证分析 [M].
北京：中国长安出版社，2014.

[74] 李奋飞 . 正义的底线 [M]. 北京：清华大学出版社，2014.

[75] 江必新 . 辩证司法观及其应用 [M]. 北京：中国法制出版
社，2014.

[76] 孙谦 . 人民检察制度的历史变迁 [M]. 北京：中国检察出版
社，2014.

[77] 刘桂明 . 正义不会缺席 [M]. 北京：中国检察出版社，2014.

[78] 中国检察日报社 . 2013 中国法治蓝皮书 [M]. 北京：中国检察
出版社，2014.

[79] 章晨 . 中国特色社会主义政治制度集成：中国司法制度 [M].
北京：中国民主法制出版社，2017.

[80] 陈树森 . 我国案例指导制度研究 [M]. 上海：上海人民出版
社，2017.

[81] 何平立 . 西方政治制度史 [M]. 北京：中国政法大学出版
社，2015.

[82] 王建国 . 司法制度原理 [M]. 郑州：郑州大学出版社，2014.

[83] 吕思勉 . 中国制度史：上 [M]. 北京：中国和平出版社，2014.

[84] 苏东斌 . 人与制度 [M]. 北京：中国经济出版社，2006.

[85] 陈明明，任勇 . 国家治理现代化：理念、制度与实践 [M]. 北
京：中央编译出版社，2016.

[86] 崔新生 . 制度简史 [M]. 北京：中国工人出版社，2002.

［87］张能全. 社会转型中的刑事司法改革与制度创新研究［M］. 北京：中国政法大学出版社, 2017.

［88］焦盛荣. 以审判为中心的刑事诉讼制度建设研究［M］. 北京：中国政法大学出版社, 2017.

［89］袁庆明. 新制度经济学［M］. 上海：复旦大学出版社, 2012.

［90］刘圣中. 历史制度主义［M］. 上海：上海人民出版社, 2010.

［91］韩毅. 历史的制度分析：西方制度经济史学的新进展［M］. 沈阳：辽宁大学出版社, 2002.

［92］费孝通. 怎样做社会研究［M］. 上海：上海人民出版社, 2013.

［93］苏力. 法治及其本土资源［M］. 北京：中国政法大学出版社, 1996.

［94］苏力. 也许正在发生：转型中国的法学［M］. 北京：法律出版社, 2004.

［95］黄宗智. 中国乡村研究. 第 11 辑［M］. 福州：福建教育出版社, 2014.

［96］黄宗智. 中国研究的范式问题讨论［M］. 北京：社会科学文献出版社, 2003.

［97］卞建林. 中国诉讼法治发展报告：2016［M］. 北京：中国政法大学出版社, 2017.

［98］卞建林. 中国诉讼法治发展报告：2015［M］. 北京：中国政法大学出版社, 2016.

［99］卞建林. 中国诉讼法治发展报告：2014［M］. 北京：中国政法大学出版社, 2015.

［100］卞建林. 中国诉讼法治发展报告：2012—2013［M］. 北京：中国政法大学出版社, 2014.

［101］杨炳芝, 李春霖. 中国诉讼制度法律全书［M］. 北京：法律出版社, 1993.

（二）学术期刊

［1］王增福．有反必肃，有错必纠，认真做好刑事案件的复查工作
［J］．人民司法，1978（4）．

［2］学习文件，研究案例，总结经验：辽宁省召开复查"三类案件"
座谈会［J］．人民司法，1978（2）．

［3］南京市中级人民法院．抓紧申诉复查工作，认真落实党的政策
［J］．人民司法，1978（2）．

［4］最高人民法院关于平反纠正的冤错案件的诉讼卷宗如何处理问题
的批复［J］．人民司法，1978（2）．

［5］张瑞．认真做好冤案、错案和申诉案件的复查工作［J］．人民司
法，1978（2）．

［6］张懋．要准确地认定反革命罪：谈所谓"恶攻"案件［J］．人民
司法，1979（12）．

［7］时昌富，徐惟清．复查冤假错案要注意做好思想政治工作［J］．
人民司法，1979（11）．

［8］福建省邵武县人民法院．重新复议维持原判案件，切实做到有错
必纠［J］．人民司法，1979（11）．

［9］江西省高安县人民法院．邓沐龙冤案是怎样造成的［J］．人民司
法，1980（12）．

［10］武彪．关于法律监督机关的作用［J］．社会科学，1982（11）．

［11］吴撷英．西方国家的冤假错案［J］．法学杂志，1984（6）．

［12］林莉红．对冤假错案的赔偿应称司法损害赔偿［J］．法学，1987
（9）．

［13］王兆志．指名问供是冤、假、错案形成的关键［J］．公安大学
学报，1995（1）．

［14］戴煌．胡耀邦与平反冤假错案［J］．炎黄春秋，1995（11）．

［15］朱钦胜．陈云与平反冤假错案［J］．党史研究与教学，2011

（3）．

[16] 王海光．平反冤假错案的历史进程和历史意义 [J]．当代中国史研究，1999（Z1）．

[17] 云南省冤假错案可打投诉电话 0871-3053110 [J]．蜜蜂杂志，2000（10）．

[18] 蔡定剑．冤假错案与人权保护 [J]．法学，2000（4）．

[19] 李志萍．利用档案平反冤假错案 [J]．云南档案，2001（6）．

[20] 李君．邓小平与冤假错案的平反 [J]．聊城大学学报（哲学社会科学版），2002（4）．

[21] 贺海仁．平反冤假错案与权利救济：1978—1982 [J]．法学，2003（11）．

[22] 谢佑平．防止冤假错案，有赖于健全的刑事程序法 [J]．法学，2005（5）．

[23] 赵晶．思痛与痛思：读《美国八大冤假错案》[J]．清华法治论衡，2007（2）．

[24] 汪星辉．浅论我国刑事诉讼中冤假错案频发根源及法律对策 [J]．湘潮（理论），2007（3）．

[25] 刘晓鹏．从纠正冤假错案开始：人民法院跨越三十年 [J]．政府法制，2008（24）．

[26] 兰兵，王玉梅．平反冤假错案 落实党的政策：改革开放初期吉林省的拨乱反正 [J]．兰台内外，2008（5）．

[27] 冯振强．冤假错案中的刑事责任 [J]．法制与社会，2008（28）．

[28] 李丽芳．从社会认知的角度看冤假错案及其对策 [J]．中国商界（下半月），2008（4）．

[29] 张泽涛．建构辨认规则，防止冤假错案 [J]．清华法治论衡，2008（1）．

[30] 刘显花．"冤假错"案的发生原因及预防对策之我见 [J]．法制

资讯，2009（4）.

[31] 刘亚勤. 提高刑事技术鉴定水平，杜绝冤假错案 [J]. 中国刑事警察，2010（6）.

[32] 叶青. 从冤假错案的纠正看中国刑事司法体制的改革动向 [J]. 探索与争鸣，2011（12）.

[33] 夏晨超. 从冤假错案看逮捕证明标准的完善 [J]. 江苏技术师范学院学报，2011，17（3）.

[34] 肖慎明，张小敏. 如何预防和减少冤假错案的发生："预防刑事错案国际研讨会"会议综述 [J]. 证据学论坛，2013，18（0）.

[35] 周召. 困境与出路：关于刑事冤假错案防范中审判权功能的思考 [J]. 黄河科技大学学报，2013，15（6）.

[36] 周平. 遏制刑事"冤假错案"顶层设计的法治思考 [J]. 中国刑事法杂志，2013（10）.

[37] 常锋. 防范冤假错案须"三管齐下"："刑事案件冤假错案防范机制构建"研讨会观点述要 [J]. 人民检察，2013（19）.

[38] 刘力伟. 学习贯彻习近平总书记重要批示精神，坚守防止冤假错案底线 [J]. 公安学刊（浙江警察学院学报），2013（4）.

[39] 郑少三. 构建防范冤假错案综合体系 [J]. 法制资讯，2014（12）.

[40] 赵静. 从冤假错案看我国刑事非法证据排除规则 [J]. 法制与社会，2014（31）.

[41] 邵妍. 冤假错案的成因及预防 [J]. 法制博览，2015（36）.

[42] 孙记. 论我国刑事错案防范的研究范式 [J]. 黑龙江教育（理论与实践），2015（11）.

[43] 王怡辰. 非法证据排除规则的刑事错案预防功能 [J]. 法制与社会，2015（28）.

[44] 李小侠. 英国的刑事错案反应机制及对中国的借鉴 [J]. 信阳师范学院学报（哲学社会科学版），2015，35（5）.

［45］樊崇义，刘文化.客观与理性：刑事错案责任追究制度的理念建构［J］.安徽大学学报（哲学社会科学版），2015，39（4）.

［46］陈永生.论刑事错案的成因［J］.中外法学，2015，27（3）.

［47］樊崇义，胡志风.美国通过可靠证据遏制刑事错案的机制考察［J］.国家检察官学院学报，2015，23（3）.

［48］倪思蓓.从证据意识看刑事错案的成因［J］.法制与社会，2015（11）.

［49］贾宇，马谨斌.论检察环节刑事错案防纠机制之完善［J］.河北法学，2015，33（5）.

［50］金泽刚.法官错判的原因与防治：基于19起刑事错案的样本分析［J］.法学评论，2015，33（2）.

［51］王春芳.刑事错案成因初探［J］.法制与社会，2015（7）.

［52］董玉庭，黄大威.刑事错案产生的原因与制度防范：以张氏叔侄案为标本［J］.辽宁大学学报（哲学社会科学版），2015，43（1）.

［53］自正法.司法场域视野下刑事错案纠预机制之重构：基于典型错案的实证考察［J］.北大法律评论，2016，17（2）.

［54］何家弘.疑罪从无［J］.人民法治，2016（12）.

［55］胡德葳，董邦俊.论我国刑事司法职权配置下侦查权的定位：以"刑事错案"问题为出发点［J］.法律科学（西北政法大学学报），2016，34（6）.

［56］高锋志，李建革.刑事错案防范之检察对策性思考［J］.人民检察，2016（16）.

［57］刘品新.论刑事错案的制度防范体系［J］.暨南学报（哲学社会科学版），2016，38（7）.

［58］李思远.证据裁判原则与刑事错案的防范［J］.河北科技大学学报（社会科学版），2016，16（2）.

［59］陆栋.防范刑事错案的侦查机制研究：以刑事诉讼为视角［J］.湖南警察学院学报，2016，28（2）.

［60］左卫民．"印证"证明模式反思与重塑：基于中国刑事错案的反思［J］．中国检察官，2016（7）．

［61］左卫民，万毅．我国刑事诉讼制度改革若干基本理论问题研究［J］．中国法学，2003（4）．

［62］穆书芹．侦查阶段刑事错案防范之侦查理念、行为与制度构建［J］．中国刑事法杂志，2016（1）．

［63］吴高庆，华夏怡．英国刑事错案纠正机制及其对我国的启示［J］．浙江树人大学学报（人文社会科学），2016，16（1）．

［64］胡洋奕．刑事错案救济机制研究：中国版"无辜者计划"探微［J］．成都理工大学学报（社会科学版），2016，24（1）．

［65］陈敏．证据裁判视角下刑事错案的生成与防治［J］．法学家，2017（6）．

［66］徐久生，林强．检视与应对：刑事错案追责失范现象解构［J］．东南法学，2017（2）．

［67］姜保忠．论刑事司法和刑事错案的成本［J］．法学杂志，2017，38（9）．

［68］牛雨来．刑事错案成因分析及抑制机制流程再造［J］．法制与社会，2017（26）．

［69］倪春乐，吴桐．论侦查环节刑事错案的防治［J］．中国人民公安大学学报（社会科学版），2017，33（4）．

［70］吴雪君．浅议刑事错案的产生原因及预防［J］．法制博览，2017（22）．

［71］杜蕊．我国刑事错案实证研究［J］．法制与社会，2017（22）．

［72］张博宇．我国刑事错案防范机制研究［J］．法制博览，2017（18）．

［73］李建明．刑事错案预防视野下的刑事司法理念现代化［J］．法治现代化研究，2017，1（3）．

［74］尚华．事实认定模式与我国刑事防错机制的完善［J］．环球法

律评论，2017，39（3）．

[75] 陈涛．刑事错案救济中的检察担当：以美国"定罪完善小组"制度为例［J］．宁夏社会科学，2017（3）．

[76] 唐丰鹤．错案是如何生产的：基于61起刑事错案的认知心理学分析［J］．法学家，2017（2）．

[77] 尹洪阳．刑事"错案观"之理性解读：以王桂荣玩忽职守案为分析样本［J］．中国政法大学学报，2017（1）．

[78] 黄蔚菁．美国刑事错案的警察伪证实证研究［J］．证据科学，2018，26（6）．

[79] 吴洪淇．刑事诉讼中的专家辅助人：制度变革与优化路径［J］．中国刑事法杂志，2018（5）．

[80] 邓辉，徐光华．影响性刑事冤假错案的产生、纠错、追责与民意的关联考察：以22起影响性刑事冤假错案为主要研究范本［J］．法学杂志，2018，39（4）．

[81] 吴洪淇．刑事证据制度变革的基本逻辑：以1996—2017年我国刑事证据规范为考察对象［J］．中外法学，2018，30（1）．

[82] 张雪．侦查环节下辨认制度造成刑事错案成因及对策［J］．法制博览，2019（2）．

[83] 申国君，张书铭，桑先军．论刑事执行检察在防控刑事错案中的功能与路径：以《人民检察院组织法》修订与《刑事诉讼法》修改为视角［J］．中国检察官，2019（1）．

[84] 马啸，狄小华．人工智能背景下刑事错案悖论及消解［J］．湖湘论坛，2019，32（2）．

（三）报纸

[1] 赵志疆．冤假错案不能止于道歉［N］．中国青年报，2007-04-14（3）．

[2] 王松苗．打造防范冤假错案的制度链［N］．人民日报，2013-

11-26（5）．

　　［3］张先明．坚决守住防范冤假错案的司法底线［N］．人民法院报，2013-11-22（2）．

　　［4］陈国庆．健全防止和纠正冤假错案工作机制［N］．检察日报，2013-09-16（3）．

　　［5］卢圣香．防范冤假错案，实现公平正义［N］．人民法院报，2013-07-31（2）．

　　［6］游伟．防范冤假错案需强化违法查究机制［N］．人民法院报，2013-05-13（2）．

　　［7］侯保宗．国外预防和纠正冤假错案的制度借鉴［N］．河南法制报，2014-12-18（9）．

　　［8］李铖锋．用制度防止冤假错案［N］．团结报，2014-12-25（4）．

　　［9］李学军．刑事错案的预防［N］．法制日报，2015-07-15（11）．

　　［10］樊崇义．守住底线，防止错案［N］．检察日报，2015-06-04（3）．

（四）其他

　　［1］普联和．从平反冤假错案看解放思想、实事求是的重要性［C］//中国延安精神研究会，河南省延安精神研究会．纪念改革开放30周年理论研讨会论文集．中国延安精神研究会，2008.

　　［2］刘德福．冤假错案与侦讯程序的法律再造［C］//江西省犯罪学研究会，两岸经贸交流权益促进会．海峡两岸法学论坛：江西省犯罪学研究会年会（2010年）论文集．江西人民出版社有限责任公司，2010.

　　［3］黄淑彬，赵兴．保障"眼球对眼球"的权利，有效防止冤假错案：我国刑事被告人对质权的实现路径研究［C］//最高人民法院．全国法院第25届学术讨论会获奖论文集：公正司法与行政法实施问题研究．上册．国家法官学院科研部，2013.

[4] 周平. 遏制刑事"冤假错案"法治理念的再造 [C] //中国检察学研究会检察基础理论专业委员会. 诉讼法修改与检察制度的发展完善：第三届中国检察基础理论论坛文集. 湖北省人民检察院法律政策研究室，2013.

[5] 岳红丽. 刑事错案的认定及相关研究 [C] //河北省法学会. 深化司法体制改革：第六届河北法治论坛. 上册. 河北省法学会，2015.

[6] 蔡一军. 大数据时代刑事侦查的方法演进与潜在风险：以美国的实践为借镜的研究 [C] //中国犯罪学学会预防犯罪专业委员会，上海政法学院刑事司法学院. 犯罪学论坛. 第3卷. 中国犯罪学学会预防犯罪专业委员会，2016.

[7] 赵言泽，周强. 科学证据与刑事错案的发生 [C] //最高人民法院. 尊重司法规律与刑事法律适用研究（下）：全国法院第27届学术讨论会获奖论文集. 国家法官学院科研部，2016.

[8] 张社军，叶鹏. 审判中心主义语境下侦查人员出庭作证的困境与出路：以防范刑事错案为切入点 [C] //最高人民法院. 尊重司法规律与刑事法律适用研究（下）：全国法院第27届学术讨论会获奖论文集. 国家法官学院科研部，2016.

[9] 唐楠栋. 渐进式识别：刑事错案的三层认定标准：司法改革背景下法官承担错案责任语境下展开 [C] //最高人民法院. 尊重司法规律与刑事法律适用研究（下）：全国法院第27届学术讨论会获奖论文集. 国家法官学院科研部，2016.

[10] 董凯. 中美刑事错案比较研究 [D]. 黑龙江大学，2017.

（五）外文文献

[1] ROBERTSON J. Misleading DNA Evidence：Reasons for Miscarriages of Justice [J]. Australian Journal of Forensic Sciences，2016，48（3）.

[2] GILL P. Analysis and implications of the miscarriages of justice of Amanda Knox and Raffaele Sollecito. [J]. Forensic Science International：Genet-

ics，2016，23.

［3］BOLTON-KING R S. Preventing Miscarriages of Justice：A Review of Forensic Firearm Identification. ［J］. Science & justice：journal of the Forensic Science Society，2016，56（2）.

［4］GILL P. DNA Evidence and Miscarriages of Justice ［J］. Forensic Science International，2018，294.

［5］BOLTON-KING R S. Corrigendum to "Preventing Miscarriages of Justice：A Review of Forensic Firearm Identification" ［J］. Sci. Justice，2016，56（2）.

［6］JENKINS S. Methodological Challenges of Conducting "Insider" Reflexive Research with the Miscarriages of Justice Community ［J］. International Journal of Social Research Methodology，2013，16（5）.

［7］DAVIES G，PIASECKI E. No More Laissez Faire? Expert Evidence，Rule Changes and Reliability：Can More Effective Training for the Bar and Judiciary Prevent Miscarriages of Justice? ［J］. The Journal of Criminal Law，2016，80（5）.

［8］CORDNER S. Forensic Pathology and Miscarriages of Justice ［J］. Forensic Science，Medicine，and Pathology，2012，8（3）.

［9］JONES D. Miscarriages of Justice：The Role of Homicide Review ［J］. Medicine，Science，and the Law，2011，51（2）.

［10］ZELLICK G. The Causes of Miscarriages of Justice ［J］. The Medico-Legal Journal，2010，78（1）.

［11］NICK T. Miscarriages of Justice：Compensation ［J］. The Journal of Criminal Law，2007，71（5）.

［12］BOHM R M. Miscarriages of Criminal Justice：An Introduction ［J］. Journal of Contemporary Criminal Justice，2005，21（3）.

［13］MULLIN C. Miscarriages of Justice in the UK ［J］. The Journal of Legislative Studies，1996，2（2）.

[14] VERHEIJ B. Proof with and without Probabilities: Correct Evidential Reasoning with Presumptive Arguments, Coherent Hypotheses and Degrees of Uncertainty [J]. Artificial Intelligence and Law , 2017, 25 (1) .

[15] EVANS J S. Miscarriages of Justice: A Police Perspective [J]. The Police Journal: Theory, Practice and Principles, 1993, 66 (1) .

附　录

中央政法委关于切实防止冤假错案的规定
（中政委〔2013〕27号）

为深入贯彻落实习近平总书记和孟建柱、郭声琨同志的重要批示精神，深入贯彻落实中央政法委员会第四次全体会议精神，依法惩罚犯罪，尊重和保障人权，提高司法公信力，维护社会公平正义，现就严格遵守法律程序制度，坚守防止冤假错案底线作如下规定。

一、讯问犯罪嫌疑人、被告人，除情况紧急必须现场讯问外，应当在规定的办案场所进行；犯罪嫌疑人被送交看守所羁押后，讯问应当在看守所讯问室进行并全程同步录音或者录像。侦查机关不得以起赃、辨认等为由将犯罪嫌疑人提出看守所外进行讯问。

二、侦查机关移交案件时，应当移交证明犯罪嫌疑人、被告人有罪或者无罪、犯罪情节轻重的全部证据。严禁隐匿证据、人为制造证据。

三、在侦查、审查起诉、审判时发现有应当排除的证据的，应当依法予以排除，不得作为提请批准逮捕、批准或决定逮捕、移送审查起诉、作出起诉决定和判决的依据。对于采用刑讯逼供等非法方法收集的犯罪嫌疑人、被告人述和采用暴力、威胁等非法方法收集的证人证言、被害人陈述，不得作为定案的根据。

四、人民检察院依法对侦查活动是否合法进行监督，及时提出收集、固定和完善证据的意见和建议，必要时指派检察官参加侦查机关对重大案件的讨论和对犯罪有关的场所、物品、人身、尸体的复验、复查。

五、人民检察院严格把好审查逮捕、审查起诉和抗诉关，对不符合法定逮捕、起诉条件的案件，依法作出不批准逮捕、不起诉的决定；对符合抗诉条件的案件，特别是无罪判处有罪、有罪判处无罪、量刑畸轻畸重的案件，依法提出抗诉。

六、坚持证据裁判原则。依法应当出庭的证人没有正当理由拒绝出庭或者出庭后拒绝作证，法庭对其证言真实性无法确认的，该证人证言不得作为定案的根据。证据未经当庭出示、辨认、质证等法庭调查程序查证属实的，不得作为定案的根据。

七、严格执行法定的证明标准。只有被告人供述，没有其他证据的，不能认定被告人有罪和处以刑罚。对于定罪证据不足的案件，应当坚持疑罪从无原则，依法宣告被告人无罪，不能降格作出"留有余地"的判决。对于定罪证据确实、充分，但影响量刑的证据存在疑点的案件，应当在量刑时作出有利于被告人的处理。

八、人民法院、人民检察院、公安机关办理刑事案件，必须以事实为依据，以法律为准绳，不能因为舆论炒作、当事人及其亲属上访闹访和"限时破案"、地方"维稳"等压力，作出违反法律规定的裁判和决定。

九、切实保障律师会见、阅卷、调查取证和庭审中发问、质证、辩论等辩护权利。人民法院、人民检察院、公安机关在侦查终结、审查起诉、死刑复核等环节，应当依法听取辩护律师的意见。对于被告人及其辩护人提出的辩解辩护意见和提交的证据材料，人民法院应当认真审查，并在裁判文书中说明采纳与否的理由。

十、对确有冤错可能的控告和申诉，人民检察院、人民法院应当依法及时复查。经复查，认为刑事判决、裁定确有错误的，依法提出（请）抗诉、再审。人民检察院对本院及下级院确有错误的刑事处理决定，依据法定程序及时纠正。

十一、对罪犯提出的申诉、控告、检举材料，监狱或其他刑罚执行机关不得扣压，应当及时转送或者提请有关机关处理。有关机关应当认真审查、及时处理，并将处理结果通知监狱或其他刑罚执行机关。罪犯提出申诉、控告的，不影响对其减刑、假释。

十二、建立健全合议庭、独任法官、检察官、人民警察权责一致的办案责任制，法官、检察官、人民警察在职责范围内对办案质量终身负责。对法官、检察官、人民警察的违法办案行为，依照有关法律和规定追究责任。

十三、明确冤假错案的标准、纠错启动主体和程序，建立健全冤假错案的责任追究机制。对于刑讯逼供、暴力取证、隐匿伪造证据等行为，依法严肃查处。

十四、建立健全科学合理、符合司法规律的办案绩效考评制度，不能片面追求破案率、批捕率、起诉率、定罪率等指标。

十五、各级党委政法委应当支持人民法院、人民检察院依法独立公正行使审判权、检察权，支持政法各单位依照宪法和法律独立负责、协调一致地开展工作。对事实不清、证据不足的案件，不予协调，协调案件时，一般不对案件定性和实体处理提出具体意见。

最高人民法院印发《关于建立健全防范刑事冤假错案工作机制的意见》的通知

各省、自治区、直辖市高级人民法院，解放军军事法院，新疆维吾尔自治区高级人民法院生产建设兵团分院：

为深入贯彻落实中央政法委员会《关于切实防止冤假错案的规定》，我院制定了《关于建立健全防范刑事冤假错案工作机制的意见》，现印发给你们，请认真遵照执行，并及时转发下级人民法院。

各级人民法院在刑事审判工作中要严格依法履行职责，牢固树立惩罚犯罪与保障人权并重的观念，以事实为根据，以法律为准绳，坚守防止冤假错案的底线，切实维护司法公正。

最高人民法院

2013 年 10 月 9 日

最高人民法院关于建立健全防范刑事冤假错案工作机制的意见

为依法准确惩治犯罪，尊重和保障人权，实现司法公正，根据《中华人民共和国刑事诉讼法》和相关司法解释等规定，结合司法实际，对人民法院建立健全防范刑事冤假错案的工作机制提出如下意见：

一、坚持刑事诉讼基本原则，树立科学司法理念

1. 坚持尊重和保障人权原则。尊重被告人的诉讼主体地位，维护被告人的辩护权等诉讼权利，保障无罪的人不受刑事追究。

2. 坚持依法独立行使审判权原则。必须以事实为根据，以法律为准绳。不能因为舆论炒作、当事方上访闹访和地方"维稳"等压力，作出违反法律的裁判。

3. 坚持程序公正原则。自觉遵守刑事诉讼法有关规定，严格按照法定程序审判案件，保证准确有效地执行法律。

4. 坚持审判公开原则。依法保障当事人的诉讼权利和社会公众的知情权，审判过程、裁判文书依法公开。

5. 坚持证据裁判原则。认定案件事实，必须以证据为根据。应当依照法定程序审查、认定证据。认定被告人有罪，应当适用证据确实、充分的证明标准。

二、严格执行法定证明标准，强化证据审查机制

6. 定罪证据不足的案件，应当坚持疑罪从无原则，依法宣告被告人无罪，不得降格作出"留有余地"的判决。

定罪证据确实、充分，但影响量刑的证据存疑的，应当在量刑时作出有利于被告人的处理。

死刑案件，认定对被告人适用死刑的事实证据不足的，不得判处死刑。

7. 重证据，重调查研究，切实改变"口供至上"的观念和做法，注重实物证据的审查和运用。只有被告人供述，没有其他证据的，不能认定被告人有罪。

8. 采用刑讯逼供或者冻、饿、晒、烤、疲劳审讯等非法方法收集的被

告人供述，应当排除。

除情况紧急必须现场讯问以外，在规定的办案场所外讯问取得的供述，未依法对讯问进行全程录音录像取得的供述，以及不能排除以非法方法取得的供述，应当排除。

9. 现场遗留的可能与犯罪有关的指纹、血迹、精斑、毛发等证据，未通过指纹鉴定、DNA 鉴定等方式与被告人、被害人的相应样本作同一认定的，不得作为定案的根据。涉案物品、作案工具等未通过辨认、鉴定等方式确定来源的，不得作为定案的根据。

对于命案，应当审查是否通过被害人近亲属辨认、指纹鉴定、DNA 鉴定等方式确定被害人身份。

三、切实遵守法定诉讼程序，强化案件审理机制

10. 庭前会议应当归纳事实、证据争点。控辩双方有异议的证据，庭审时重点调查；没有异议的，庭审时举证、质证适当简化。

11. 审判案件应当以庭审为中心。事实证据调查在法庭，定罪量刑辩论在法庭，裁判结果形成于法庭。

12. 证据未经当庭出示、辨认、质证等法庭调查程序查证属实，不得作为定案的根据。

采取技术侦查措施收集的证据，除可能危及有关人员的人身安全，或者可能产生其他严重后果，由人民法院依职权庭外调查核实的外，未经法庭调查程序查证属实，不得作为定案的根据。

13. 依法应当出庭作证的证人没有正当理由拒绝出庭或者出庭后拒绝作证，其庭前证言真实性无法确认的，不得作为定案的根据。

14. 保障被告人及其辩护人在庭审中的发问、质证、辩论等诉讼权利。对于被告人及其辩护人提出的辩解理由、辩护意见和提交的证据材料，应当当庭或者在裁判文书中说明采纳与否及理由。

15. 定罪证据存疑的，应当书面建议人民检察院补充调查。人民检察院在二个月内未提交书面材料的，应当根据在案证据依法作出裁判。

四、认真履行案件把关职责，完善审核监督机制

16. 合议庭成员共同对案件事实负责。承办法官为案件质量第一责任人。

合议庭成员通过庭审或者阅卷等方式审查事实和证据，独立发表评议意见并说明理由。

死刑案件，由经验丰富的法官承办。

17. 审判委员会讨论案件，委员依次独立发表意见并说明理由，主持人最后发表意见。

18. 原判事实不清、证据不足，第二审人民法院查清事实的，不得发回重新审判。以事实不清、证据不足为由发回重新审判的案件，上诉、抗诉后，不得再次发回重新审判。

19. 不得通过降低案件管辖级别规避上级人民法院的监督。不得就事实和证据问题请示上级人民法院。

20. 复核死刑案件，应当讯问被告人。辩护律师提出要求的，应当听取意见。证据存疑的，应当调查核实，必要时到案发地调查。

21. 重大、疑难、复杂案件，不能在法定期限内审结的，应当依法报请延长审理期限。

22. 建立科学的办案绩效考核指标体系，不得以上诉率、改判率、发回重审率等单项考核指标评价办案质量和效果。

五、充分发挥各方职能作用，建立健全制约机制

23. 严格依照法定程序和职责审判案件，不得参与公安机关、人民检察院联合办案。

24. 切实保障辩护人会见、阅卷、调查取证等辩护权利。辩护人申请调取可能证明被告人无罪、罪轻的证据，应当准许。

25. 重大、疑难、复杂案件，可以邀请人大代表、政协委员、基层群众代表等旁听观审。

26. 对确有冤错可能的控告和申诉，应当依法复查。原判决、裁定确有错误的，依法及时纠正。

27. 建立健全审判人员权责一致的办案责任制。审判人员依法履行职责，不受追究。审判人员办理案件违反审判工作纪律或者徇私枉法的，依照有关审判工作纪律和法律的规定追究责任。

最高人民检察院关于切实履行检察职能防止和纠正冤假错案的若干意见

为了认真贯彻执行《关于切实防止冤假错案的规定》（中政委〔2013〕27 号），提高法律监督水平，确保检察机关办案质量，坚决防止和纠正冤假错案，结合检察机关办案实际，提出以下意见。

一、充分认识检察机关在防止和纠正冤假错案中的重要责任

1. 人民检察院作为国家的法律监督机关，在刑事诉讼中应当准确、及时查明犯罪事实，追究犯罪，保障无罪的人不受刑事追究。各级检察机关一定要进一步增强责任感和使命感，把严防冤假错案发生作为检察工作必须坚决守住、不能突破的底线，以高度负责的态度办好每一起案件，严把案件事实关、证据关、程序关、法律适用关，努力做到不枉不纵，不错不漏。

2. 检察人员要牢固树立社会主义法治理念，始终坚持以事实为根据，以法律为准绳，始终坚持有法必依，执法必严，违法必究；始终坚持惩罚犯罪与保障人权并重、实体公正与程序公正并重、互相配合与依法制约并重，坚持依法独立公正行使检察权；积极适应修改后刑事诉讼法的新要求，增强人权意识、程序意识、证据意识、时效意识、监督意识，始终牢记法律监督机关的职责，依法监督，规范监督，敢于监督，善于监督。

二、严格规范职务犯罪案件办案程序

3. 人民检察院办理直接受理立案侦查的案件，应当全面、客观地收集、调取犯罪嫌疑人有罪或者无罪、罪轻或者罪重的证据材料，并依法进行审查、核实，严禁刑讯逼供和以威胁、引诱、欺骗以及其他非法方法收集证据，不得强迫任何人证实自己有罪。

4. 严格遵守法律程序。在办案中不得规避管辖、滥用强制措施和侦查

措施、违法延长办案期限。讯问犯罪嫌疑人，应当在规定的场所进行，保证犯罪嫌疑人的饮食和必要的休息时间并记录在案。

5. 依法保障犯罪嫌疑人在侦查阶段的辩护权。检察机关侦查部门在第一次开始讯问犯罪嫌疑人或者对其采取强制措施的时候，应当告知犯罪嫌疑人有权委托辩护人。在案件侦查过程中，犯罪嫌疑人委托辩护律师的，检察机关应当依法告知辩护律师犯罪嫌疑人涉嫌的罪名和案件有关情况。对于特别重大贿赂犯罪案件，应当依法保障辩护律师的会见权，及时作出是否许可会见的决定；有碍侦查的情形消失后，应当通知辩护律师，可以不经许可会见犯罪嫌疑人；侦查终结前，应当许可辩护律师会见犯罪嫌疑人。检察人员可以主动听取辩护律师的意见；辩护律师要求当面提出意见的，检察人员应当听取意见并制作笔录。

6. 严格执行全程同步录音、录像制度。在每次讯问犯罪嫌疑人的时候，对讯问过程实行全程录音、录像，并在讯问笔录中注明。因未严格执行相关规定，或者在执行中弄虚作假造成不良后果的，依照有关规定追究主要责任人员的责任。侦查部门移送审查逮捕、审查起诉时，应当将讯问录音、录像连同案卷和证据材料一并移送审查。

7. 规范指定居所监视居住的适用。严格依法定条件适用指定居所监视居住，严格遵守审批程序，不得随意扩大指定居所监视居住的适用范围，加强对指定居所监视居住的决定和执行活动是否合法的监督。

三、严格把好审查逮捕和审查起诉关

8. 正确把握审查逮捕、审查起诉标准。严格把握法律规定的逮捕、起诉标准，既要防止人为提高标准，影响打击力度，又要坚持法定标准，凡是不符合法定逮捕、起诉条件的，依法不捕、不诉。

9. 在审查逮捕和审查起诉工作中，要重点审查下列案件：（1）故意杀人、故意伤害致人重伤或死亡、强奸、绑架等暴力犯罪案件；（2）抢劫、盗窃等侵犯财产权利的犯罪和爆炸、放火等危害公共安全的犯罪，可能判处十年以上有期徒刑、无期徒刑或者死刑的案件；（3）犯罪嫌疑人、辩护人明确提出办案程序严重违法，作无罪辩护的案件；（4）犯罪嫌疑人控告刑讯逼供的案件；（5）超期羁押、久拖不决的案件；（6）犯罪嫌疑人拒不认罪或者供述反复的案件；（7）事实不清、证据不足的案件；（8）案件的主要证据存在疑问的案件；（9）承办人与所在部门或有关部门意见不一致的案件；（10）其他重大复杂犯罪案件。

10. 注重证据的综合审查和运用。要注重审查证据的客观性、真实性，尤其是证据的合法性。在审查逮捕、审查起诉过程中，应当认真审查侦查机关是否移交证明犯罪嫌疑人有罪或者无罪、犯罪情节轻重的全部证据。辩护人认为侦查机关收集的证明犯罪嫌疑人无罪或者罪轻的证据材料未提交，申请人民检察院向侦查机关调取，经审查认为辩护人申请调取的证据已收集并且与案件事实有联系的，应当予以调取。只有犯罪嫌疑人供述，没有其他证据的，不得认定犯罪嫌疑人有罪。对于命案等重大案件，应当强化对实物证据和刑事科学技术鉴定的审查，对于其中可能判处死刑的案件，必须坚持最严格的证据标准，确保定罪量刑的事实均有证据证明且查证属实，证据与证据之间、证据与案件事实之间不存在无法排除的矛盾和无法解释的疑问，全案证据已经形成完整的证明体系。在提起公诉时，应当移送全部在案证据材料。

11. 依法讯问犯罪嫌疑人。办理审查逮捕、审查起诉案件，应当依法讯问犯罪嫌疑人，认真听取犯罪嫌疑人供述和辩解，对无罪和罪轻的辩解应当认真调查核实，对前后供述出现反复的原因必须审查，必要时应当调取审查讯问犯罪嫌疑人的录音、录像。审查逮捕、审查起诉过程中第一次讯问犯罪嫌疑人，应当讯问其供述是否真实，并记入笔录。对被羁押的犯罪嫌疑人要结合提讯凭证的记载，核查提讯时间、讯问人与讯问笔录的对应关系。

12. 在审查逮捕、审查起诉中要高度重视、认真听取辩护律师的意见。犯罪嫌疑人已经委托辩护律师的，要按照法律要求，认真听取辩护律师的意见；辩护律师提出书面意见的，应当附卷。辩护律师提出不构成犯罪、无社会危险性、不适宜羁押、侦查活动有违法犯罪情形等书面意见的，办案人员必须进行审查，在相关法律文书中叙明律师提出的意见并说明是否采纳的情况和理由。

13. 依法排除非法证据。采用刑讯逼供等非法方法收集的犯罪嫌疑人供述和采用暴力、威胁等非法方法收集的证人证言、被害人陈述，应当依法排除，不得作为批准、决定逮捕或者提起公诉的依据。收集物证、书证不符合法定程序，可能严重影响司法公正的，应当及时要求侦查机关补正或者作出书面解释；不能补正或者无法作出合理解释的，对该证据应当予以排除。对非法证据依法予以排除后，其他证据不能证明犯罪嫌疑人实施犯罪行为的，应当不批准或者决定逮捕，已经移送审查起诉的，可以将案件退回侦查机关补充侦查或者作出不起诉决定。

14. 及时调查核实非法取证的材料或者线索。当事人及其辩护人、诉讼代理人报案、控告、举报侦查人员采用刑讯逼供等非法方法收集证据并提供涉嫌非法取证的人员、时间、地点、方式和内容等材料或者线索的，人民检察院应当受理并及时进行审查，对于根据现有材料无法证明证据收集合法性的，应当及时进行调查核实。

15. 做好对讯问原始录音、录像的审查。对于侦查机关随案移送或者人民检察院调取的讯问犯罪嫌疑人录音、录像，认为可能存在非法取证行为的，应当审查相关的录音、录像；对于重大、疑难、复杂案件，必要时可以审查全部录音、录像。经审查，发现讯问过程存在违法行为，录音、录像内容与讯问笔录不一致等情形的，应当要求侦查机关予以纠正、补正或者作出书面解释；发现讯问笔录与讯问犯罪嫌疑人录音、录像内容有重大实质性差异的，或者侦查机关不能补正或者作出合理解释的，该讯问笔录不能作为批准、决定逮捕或者提起公诉的依据。

16. 对以下五种情形，不符合逮捕或者起诉条件的，不得批准逮捕或者提起公诉：（1）案件的关键性证据缺失的；（2）犯罪嫌疑人拒不认罪或者翻供，而物证、书证、勘验、检查笔录、鉴定意见等其他证据无法证明犯罪的；（3）只有犯罪嫌疑人供述没有其他证据印证的；（4）犯罪嫌疑人供述与被害人陈述、证人证言、物证、书证等证据存在关键性矛盾，不能排除的；（5）不能排除存在刑讯逼供、暴力取证等违法情形可能的。

17. 正确对待社会舆论对办案的影响和当事人的诉求。对于重大敏感案件和当事人有过激行为的案件，加强办案风险评估预警，既要充分尊重舆论监督，充分考虑当事人的诉求，又要坚持用法治思维和法治方式处理问题，抵制和排除各种干扰，依法独立、公正作出决定。

四、坚决依法纠正刑事执法司法活动中的突出问题

18. 进一步健全对立案后侦查工作的跟踪监督机制，加强对公安机关办理刑事案件过程的监督。对命案等重大复杂案件、突发性恶性案件、争议较大的疑难案件、有重大社会影响的案件，应当与侦查机关协商，及时派员介入，通过介入现场勘查、参加案件讨论等方式，提出取证意见和适用法律的意见，引导侦查人员依法全面收集、固定和完善证据，防止隐匿、伪造证据。对命案等重大案件报请延长羁押期限的，应当讯问犯罪嫌疑人和听取律师意见。侦查监督、公诉、渎职侵权检察、监所检察等各职能部门应当通力合作，加大对刑讯逼供、暴力取证、隐匿伪造证据等违法行为的查处力度，区分情况采取提出口头纠正意见、发出纠正违法通知书等方式及时提出意见；涉嫌犯罪的，及时立案侦查；对侦查环节存在的普遍性、倾向性问题，适时向侦查机关通报情况，必要时提出检察建议。

19. 加强对所外讯问的监督。做好对拘留、逮捕之前讯问活动的监督；发现未依法将犯罪嫌疑人送入看守所的，应当查明原因、所外看押地点及讯问情况；重点监督看守所如实、详细、准确地填写犯罪嫌疑人入所体检记录，必要时建议采用录像或者拍照的方式记录犯罪嫌疑人身体状况；对于侦查机关以起赃、辨认等为由提解犯罪嫌疑人出所的，应当及时了解提解的时间、地点、理由、审批手续及是否存在所外讯问等情况，做好提押、还押时的体检情况记录的检察监督。

20. 强化对审判活动的监督。重点做好死刑案件的审查和出庭工作，认真审查死刑上诉和抗诉案件。落实检察长和受检察长委托时副检察长列席人民法院审判委员会会议制度，对审判委员会讨论的案件等议题发表意见。

21. 加强死刑复核案件的法律监督。省级人民检察院对于进入死刑复核程序的案件，认为死刑二审裁判确有错误，依法不应当判处死刑，以及

严重违反法定程序可能影响公正审判的，或者发现被告人自首、立功、达成赔偿协议取得被害方谅解等新的证据材料和有关情况，可能影响死刑适用的，应当及时向最高人民检察院报告。最高人民检察院办理死刑复核监督案件，要认真审查相关案卷材料，重视当事人及其近亲属或者受委托的律师递交的申诉材料，充分考虑办案检察院、被告人、辩护人及被害人的意见，对于事实、证据存在疑问的案件，必要时可以通过调阅案卷、复核主要证据等方式进行核查。对于定罪证据不足的案件，应当坚持疑罪从无原则；对于定罪证据确实、充分，但影响量刑的证据存在疑点的案件，应当依法提出监督意见。

22. 强化刑罚执行和监管活动监督。加强对久押不决案件的分析、研究和指导，做好与有关政法部门的配合协调，区别不同情况，及时妥善清理并依法处理。要加强看守所、监狱监管执法检察，依法严厉打击"牢头狱霸"和体罚虐待被监管人等行为。加强死刑执行临场监督，发现不应当执行死刑的，立即建议停止执行。

23. 对确有冤错可能的申诉应当及时复查。健全刑事申诉案件的接收、受理、办理、移送、答复及跟踪监督制度，坚持和完善刑事申诉案件"两见面"制度，对于具有冤错可能的申诉案件，依法进行复查，复查结果要及时通知申诉人。要高度重视在押和服刑人员的举报和申诉，发现有疑点、有错案可能的，要及时提请原办案部门审查处理。加强对不服人民法院生效裁判申诉案件的办理力度，重点加强对有罪判无罪、无罪判有罪、量刑畸轻畸重的监督，经审查认为判决、裁定确有错误的，应当及时提出抗诉。上级人民检察院对下级人民检察院办理的重大、复杂、疑难或者有阻力的抗诉案件，要及时进行督办。对本院及下级院确有错误的刑事处理决定，依据法定程序及时纠正。依法履行国家赔偿义务，加大刑事被害人救助工作力度。

五、完善防止和纠正冤假错案的工作机制

24. 深化检察官办案责任制改革，建立健全办案质量终身负责制。要明确各层级的办案责任，特别是完善办案组织形式，深化检察官办案责任制改革。对故意违反法律和有关规定，或者工作严重不负责任，导致案件实体错误、程序违法以及其他严重后果或者恶劣影响的，对直接负责的主管人员和其他直接责任人员，依照有关规定予以行政处分或者纪律处分；对于刑讯逼供、暴力取证、徇私舞弊、枉法裁判构成犯罪的，依法追究刑事责任。对发生的冤假错案隐瞒不报、压而不查、故意拖延不予纠正的，应当追究相关人员的责任。完善检察官依法行使职权的保障机制。

25. 积极推进案件管理机制改革，强化对案件的流程监控和质量管理。统一案件进出口管理，加强办案期限预警、办案程序监控、法律文书使用监管、涉案财物监管以及执法办案风险评估预警等工作。

26. 实施案件质量分析评查通报，建立和完善符合司法规律的考评体系。各分、州、市院每季度要对刑事案件质量进行全面分析，形成案件质量综合分析报告进行通报，促进办案质量和执法水平的提高。要改变简单通过办案指标和各种统计数据排队形成绩效排位的做法，把结果考评与过程管理、定期考评与动态指导、综合考评与个案评查结合起来，把办案数量、质量、效率、效果、安全等因素结合起来综合评价业务工作，防止片面追求立案数、批捕率、起诉率、有罪判决率等。在与公安机关、人民法院沟通、协调的基础上，根据各执法环节的特点，确立科学合理的办案绩效考评体系。

27. 落实案件协调报告制度。对于事实不清、证据不足的案件，不得提请有关部门组织协调。参与协调案件时，要严格依照事实、证据和法律发表意见。检察机关的重要意见不被采纳的，及时向上级院报告。明知事实不清、证据不足、适用法律不当而不提出意见或协调后不及时向上级院汇报，造成冤假错案的，坚决按照"谁决定谁负责、谁办案谁负责"的原则严肃追究责任。发现有关协调意见可能产生冤假错案的，可以向上级甚至越级报告，以防冤假错案的发生。

公安部关于进一步加强和改进刑事执法办案工作
切实防止发生冤假错案的通知

（公通字〔2013〕19号）

各省、自治区、直辖市公安厅、局，新疆生产建设兵团公安局：

今年以来，浙江张辉、张高平叔侄强奸案等冤假错案被新闻媒体曝光后，引发社会各界广泛关注。对此，中央领导同志高度重视，批示要求进一步提升执法为民理念、健全完善执法制度、增强队伍素质和执法能力，有效防止冤假错案发生，切实维护人民群众合法权益。为进一步加强和改进公安刑事执法办案工作，确保严格规范公正文明执法，现就有关要求通知如下：

一、进一步增强法治思维。切实打牢防止冤假错案的思想基础。要从贯彻落实依法治国方略、维护社会公平正义的高度，充分认识冤假错案的严重危害性，进一步端正执法为民思想，增强法治思维。要进一步强化依法办案意识，通过组织开展冤假错案剖析点评和"回头看"等活动，教育广大民警严格依照法定的权限、时限和程序履行职责，绝不能因为舆论压力、领导意志、立功心切等，突破法律底线，违法违规办案。要树立打击犯罪和保障人权并重的理念，彻底摒弃"宁错勿漏"的错误执法观，把保证有罪的人受到刑事追究和保障无罪的人不受刑事追究摆在同等重要的位置。要进一步强化证据意识，既注重收集有罪、罪重的证据，也注重收集无罪、罪轻的证据，防止因证据收集不全面、不充分导致冤假错案发生。要从根本上转变破案定罪过于依赖"口供"的做法，坚决遏制刑讯逼供、暴力取证等非法取证行为，尽快实现侦查办案由"抓人破案"到"证据定案"的转变。要进一步强化程序意识，以程序公正保障实体公正，防止为了办案速度、办案效果而出现违反程序、变通程序甚至放弃程序等情形。要进一步从思想认识和执法制度上明确，查明案情、侦查破案的标准是依法确定有罪或无罪，能否移送起诉。要进一步强化监督意识，主动接受人民检察院的法律监督和人民群众、新闻媒体和社会各界的监督，依法保障律师在侦查阶段的各项权利。

二、进一步健全完善执法制度和办案标准，从源头上有效防止冤假错案发生。要健全完善执法办案场所建设、管理和使用制度，将犯罪嫌疑人带到公安机关后，要按照规定流程先对其进行人身安全检查、信息采集和涉案财物、随身非涉案财物保管，之后在办案区讯问室依法及时开展讯问；犯罪嫌疑人被拘留、逮捕后，要依法及时送看守所羁押，并在看守所讯问室内讯问，讯问过程要全程录音或录像。要健全完善证据的固定、保管、移送制度，确保证据的真实性、合法性和证明力。要健全完善网上执法办案制度，及时发现、提醒、纠正执法问题，以网上流程化管理促进刑事执法办案规范化。要充分发挥法制部门在执法管理中的职能作用，探索建立刑事案件"统一登记、归口办理、统一审核、统一出口"的执法管理机制。要积极与检察院、法院等部门协调沟通，统一常见多发刑事案件和经济犯罪、网络犯罪、跨国犯罪、电信犯罪等新型犯罪的立案追诉标准及其证据形式、规格和标准，规范取证要求，为广大民警执法办案提供标准化、规范化指引，尽量减少因标准不统一、认识不统一导致不诉不判情形发生。要进一步完善证据审查判断标准，细化非法证据排除规则，明确非法证据的类型、表现形式、排除方法和有关要求，对证据之间存在矛盾的，要严格全面地进行审查分析。

三、进一步强化案件审核把关，及时发现纠正刑事执法办案中存在的问题。各级公安机关领导、办案部门负责人、法制部门以及专兼职法制员要认真履行案件审核审批职责，切实加强对刑事案件的日常审核把关，重点把好事实关、证据关、程序关和法律关，确保侦查终结的案件达到案件事实清楚、证据确实充分、排除合理怀疑、犯罪性质和罪名认定准确、法律手续完备、符合依法应当追究刑事责任的标准，确保每起案件都经得起诉讼和时间的检验。对重大、敏感案件，各级公安法制部门要从受（立）案开始，加强对案件"入口""出口"等重点环节的法律审核，及时发现和纠正执法问题。要建立健全重大疑难案件集体讨论制度，对案情复杂、定案存在重大争议、社会广泛关注或可能判处死刑等重大疑难案件，要由公安机关领导班子多名成员、办案部门负责人、法制部门负责人集体研究办理意见，集体研究意见以及不同意见如实记录备查。要进一步加强案件法律审核专门力量建设，全面提高审核把关能力，使案件法律审核队伍的素质与所承担的审核工作任务相适应。

四、进一步规范考评奖惩，推动形成正确的执法绩效观。要严格执行中央政法委、公安部关于建立健全执法办案考评机制的有关文件精神，进一步健全完善执法办案考评标准，不提不切实际的"口号"和工作要求，不得以不科学、不合理的破案率、批捕率、起诉率、退查率等指标搞排名通报，严禁下达"刑事拘留数""发案数""破案率""退查率"等不科学、不合理考评指标，积极引导广大民警既要多办案，更要办好案，坚决防止广大民警因办案指标和"限时破案"压力而刑讯逼供、办错案、办假案；对在考评年度内发生冤假错案的，年度执法质量考评结果直接确定为不达标。要健全完善执法质量考评与队伍管理相结合的机制，在申报优秀公安局、干部任用、晋职晋级、评优评先等工作中，要把执法质量作为重要考核依据；要进一步落实案件主办人责任，对优秀的办案集体、案件主办人在表彰奖励、晋职晋级时予以政策倾斜。需要予以表彰奖励的，必须事先征求法制部门的意见，坚决杜绝"带病奖励"，确保奖励质量。对出现案件质量问题的，要追究主办人责任。经公安机关领导审批后发生冤假错案的，主要领导、分管领导要负主要责任。要商人民法院建立无罪判决通报机制，今后凡是被人民法院判决无罪的案件，各地公安机关都要逐案解剖、点评、通报。要建立冤假错案责任终身追究机制，对有故意或重大过失的执法办案人员，要依法追究责任。

五、进一步加强刑事执法办案队伍建设，全面提升依法办案能力和水平。要通过集中培训、个人自学、网上学法、以案释法等多种途径和方式，组织广大民警认真学习《刑法》《刑事诉讼法》和《公安机关办理刑事案件程序规定》，使其准确把握法律精髓，正确适用法律。要进一步加强人民警察职业道德教育，使广大民警牢固树立"忠诚、为民、公正、廉洁"的核心价值观，切实增强执法办案责任心，有效防止因工作不负责任、应当收集的证据不及时收集导致案件事实不清、证据不足等情况出现。要进一步加强调查取证操作规范培训，组织广大民警旁听自己或身边民警办理的案件，并就执法办案中的得失开展讨论，不断增强民警证据意识和办案取证能力。要进一步落实执法资格等级考试制度，对不具备执法办案资格、不适应刑事执法办案需要的民警，要及时予以调整。要根据审讯犯罪嫌疑人、技术侦查、现场勘查、检验鉴定等工作需要，大力加强刑事执法办案专业队伍建设和刑事技术基础工作建设，切实依靠现代科学技术全面提高科学取证能力。

　　各地接此通知后，请迅速传达至基层公安机关和全体民警，并结合本地实际抓好贯彻落实。贯彻落实情况请及时上报。

公安部

2013 年 6 月 5 日

后 记

　　本书是我博士学位论文的一个成果。在 2016 年实习期间，我第一次接触到刑事错案，与刑事错案受害人家属的交流让我直观地感受到司法不公造成的伤害。在以后的学习中，我脑海中总是会浮现当时的情景，所以我暗下决心要写一篇研究刑事错案的论文。在这一动力的驱使下，我在攻读博士学位期间四处搜集错案资料，用三年的时间回应刑事错案受害人家属的期盼。正如本书所论述的，我国刑事错案不仅仅是法律问题，还是全社会与国家的问题，其复杂的成因决定了我国刑事错案的治理不能仅仅依靠刑事诉讼法的发展。"公正的审判是件不易的事情。"这是法国律师勒内·弗洛里奥（René Edmond Floriot）在考察法国司法制度和总结自己 50 年刑事辩护经验后得出的结论。2013 年，在中国再审法庭上，一位被告人面对法官和检察官说了一段话："今天你们是法官、检察官，但你们的子孙不一定是法官、检察官，如果没有法律和制度的保障，以后你们的子孙很有可能和我一样被冤枉，徘徊在死刑的边缘。"说这段话的人叫张高平，是浙江"张氏叔侄案"刑事错案的受害人。这两段话虽立场不同，但都发人深省。当下，我国刑事错案防范研究需要独立的制度体系，以巩固目前我国刑事错案研究取得的成果和经验，并予以继承和发展。

　　想到这些，我决定以刑事错案制度防范研究作为博士学位论文的题目，这也得到了我的导师刘万奇教授的大力支持。博士生活的确很艰苦，这份苦来自学业，也来自生活，但是刘教授的豁达与幽默时刻感染着我，也激励着我，感谢刘教授，我真心地说一句：您辛苦了！在此，我也感谢中国人民公安大学法学院博士生导师组的樊学勇教授、李玉华教授、白俊华教授、周欣教授在论文开题与考核中提出的意见，他们也为本书的写作提供了不同的角度与思路。

　　本书是由内蒙古师范大学思想政治教育理论与实践研究中心资助完成的，特此感谢！同时，我也要感谢内蒙古师范大学马克思主义学院院长吴海山和主任金春荣一直以来对我的支持与关心！特别感谢中国政法大学吴宏耀老师，在学习中他为我提供了交流的机会与平台，还要谢谢我的师妹张婕好，她帮我查资料、核对原文。感谢一起学习生活的小师妹姬健、陈沁芳，她们陪伴我走过"最艰苦的岁月"！

　　最后，感谢我的家人。我从 2009 年上本科一直到 2019 年博士研究生毕业并参加工作，十年寒窗苦读，我的父母一直在背后默默地为我付出，为我遮风挡雨，没有他们就没有今天的我。也许脚下的路充满着未知与挑战，但是看到一直陪伴着我的他们，我的心底就充满了温暖与力量，希望自己在未来足够强大，来回报这一份份真情。我将心怀感恩，脚踏实地，勇敢向前。

白文静

2024 年 5 月